大夏书系·名师课堂

诗意语文课谱

王崧舟十年经典课堂实录与品悟

王崧舟 林志芳 著

华东师范大学出版社

序一　谱写自己的诗意人生

2004年9月18日，为庆祝《小学语文教师》创刊200期，应该刊编辑部邀请，我在上海浦东尚德实验学校执教《一夜的工作》。该课在现场引起了强烈震撼和反响，课后，我将自己的语文教育称为"诗意的语文"。嗣后，我在全国小语界正式提出了"诗意语文"的主张。

从此，我在诗意语文的道路上孜孜矻矻、上下求索，享受着一路行走的美与好。我先后在全国29个省份开设诗意语文观摩课近千节、讲座三百多场次，出版《王崧舟教学思想与经典课堂》《诗意语文——王崧舟语文教育七讲》《王崧舟讲语文》《听王崧舟老师评课》等专著，在省级以上公开刊物发表论文一百多篇。

我还与诗意语文的同道们先后组织策划了3届"全国诗意语文教学观摩研讨会"、3届"全国诗意语文实践策略教学观摩研讨会"，现场受众达一万余人。2009年，我们依托山东济南师范学校，成立了"全国诗意语文研究与发展中心"，在不到2年的时间内，中心共发展了87所实验学校，刊发了4期《诗意语文》会刊。在诗意语文的指导下，王自文老师执教的《古诗两首》荣获全国第五届小学语文青年教师阅读教学观摩活动一等奖，王春燕老师执教的《猴王出世》荣获全国第七届小学语文青年教师阅读教学观摩活动一等奖，罗才军老师执教的《伯牙绝弦》荣获全国第八届小学语文青年教师阅读教学观摩活动特等奖。冯铁山教授等人主编的《诗意语文学本》也于2007年由广西教育出版社出版发行。

诗意语文自草创迄今，大体经历了三个阶段。

第一阶段：朦胧的激情。这一阶段的诗意语文，在邂逅课堂激情的高峰体验之后，欲罢不能，视激情为语文课堂的最高价值，其教学往往以情感为突破口，以情感为主线，以情感为语文教学的主攻目标，以课堂是否感动人心为衡量教学效果的核心尺度，所以，彼时也有人称我为"情感派"的代表人物，但这个阶段对"情"尤其是"激情"的课程解读、生发机制、理论基础、实践原则、操作范式等等，还处于一种"知其然而不知其所以然"的朦胧状态。

第二阶段：去激情化。这一阶段的诗意语文，一方面，被外界对"激情的泛化导致语文的弱化"的批评和责难所困扰；另一方面，对课堂上一再点燃和唤醒的激情体验也逐渐产生了某种审美疲劳和倦怠。于是，我在那些对外依然号称"诗意语文"的课堂上开始有意无意地淡化激情、回避激情，甚至人为地压抑本该自然生发的教学激情。历史地看，去激情化在某种程度上拯救了诗意语文，它使诗意语文更像语文，更具语文味，它满足了人们呼唤语文坚守自己的"独当之任"的课程诉求。

第三阶段：激情的协奏。如果说"朦胧的激情"是诗意语文在课改狂热期所表现出来的某种媚俗，那么，"去激情化"则在去狂热之媚的同时又不幸成了另一种意义上的媚俗。当媚俗成了某种定势时，恰恰是诗意语文丧失自己的本真和立场的时候。物极必反！于是，在对激情进行了肯定和否定之后，诗意语文再次回归了生命的激情状态。但是这状态，是植入了自觉反思和理性沉思之后的澄明，是真正确立了自己的课程立场和价值取向之后的义无反顾，它与媚俗无关，与狂热绝缘。此时的诗意语文，依然深情款款，激情满满，但这情早已自觉地扎入了语文的大地，早已心甘情愿地承载起了语文的"独当之任"。它有了清醒的课程边界意识，却仍如实地追寻着语文的审美之道。它充满劳绩，但依然诗意地栖居在语文的大地上。

回顾诗意语文的三个演变阶段，我们不难发现，诗意语文的核心和灵魂有且只有一个字："情"。有人叹曰，诗意语文怎一个"情"字了得！如果说在流派林立的语文教育界，诗意语文是依凭何种"课程元素"得以安身立命，以何种"课程标识"有别于诸多流派，那么，我想就是一个"情"字了。此情非彼情，它有着审美的品格、语文的特质、理性的积淀、生命的关切。此情亦彼情，它一定在情境中被激发，一定关乎个体的内在体验，一定是整体的生命律动，一定折射出相应的态度和价值皈依。

一、诗意语文的价值取向

对于语文课程价值，诗意语文有着自己的解读和拣择。

首先，对于课程的本体价值，诗意语文倾向于母语的诗性品质。汉语的诗性品质，集中表现在其"以象见意的诗性特征"（辛国刚），它是中国诗性文化的终极表达，也是汉语有别于印欧语系的根本性特征。显然，汉字是汉语诗性品质的基因。象形是汉字诗性品质的基础表征，"每个汉字都像一张充满感情向人们诉说着生活的脸"（诗人郑敏）。汉语同样感性郁郁，在表达人的内心感受和体验上要比拼音文字直接、自然。汉语能"随物赋形"，重"意合"而轻"形合"，更接近人的瞬间体验而非理性思维。诗意语文强调汉语的诗性品质，旨在更好地实现语文教育的民族化。

其次，对于课程的内容价值，诗意语文倾向于对文本的审美解读。文本解读从总体上来说有三种方式，即功利解读、科学解读和审美解读。功利解读以了解和掌握文本提供的有用信息和知识为己任；科学解读以探寻和发现文本的客观规律为鹄的；审美解读则以观照和体认文本的情感境界为旨趣，最终走向自我理解。这是由语文课程的载体特征所决定的。不可否认，"文学作品"是语文课程的主要载体。在文学解读中，必须切实把握文学感情化的特性和规律，着力于作品中"情化的自然"的审美透视。当然，审美解读，不仅关注文本的审美内容，同样也关注它的审美形式。审美解读，为语文教育的审美化奠定了方法论基础。

再次，对于课程的过程价值，诗意语文倾向于教学的陶冶功效。作为一门具有多重复合功能和价值的课程，语文教育的形象性、情感性、人文性、思想性、实践性等，都是其进行生命陶冶的优势。陶冶性教学，强调理解言语生命、回归言语生活、融入言语情感、激活言语体验、丰富言语想象、培植言语人格。陶冶性教学，正是语文教育生命化的一个必然选择。

最后，对于课程的主体价值，诗意语文倾向于学生的游戏天性。儿童具有游戏的天性，这使他们比成人更容易进入"全人"的状态。这种状态，是不计功利、剪除压力的自由状态，是全然进入、全心投入的忘我状态，是无中生有、化虚为实的想象状态，是物我同一、主客双泯的解脱状态。这样的状态，实为诗意的状态。对这种游戏天性的顺应、引导和牧养，成为儿童言语人生乃至诗意人生中的一抹温暖的亮色，这也是语文教育儿童化的秘诀。

二、诗意语文的实践策略

诗意语文拒绝一切教育实践的程式化、套路化，有智慧生起之道，但绝无依样画葫芦的定法。

第一，文本细读

诗意语文的实践，始自对"文本诗意"的阐释。文本诗意，就是那些

"人人心中有，个个笔下无"的言语秘妙。它可能是某种言语表现形式，也可能是动人的情感、独特的思想、深刻的哲理、重要的信息，或者形式与内容两者兼得，但这所有的一切都只能存身于"不朽的文字"中。对此，只有实现对文本的充分细读，才能真正完成对文本诗意的内化和重构。

第二，整合

教学目标的落实，或"点式"，即落实一个是一个，相互之间各不搭界；或"线性"，即前后之间存在逻辑关联，需要一个挨一个逐次落实。但还有些目标的落实，既非点式，也非线性，而是你中有我、我中有你，各自的实现都同时影响和作用于其他目标的达成，此所谓"网状"。以诗性尺度观照目标，那么，"网状"的实现过程最富诗意。因此，尽可能地将语文教学的知识、技能、习惯、思想、情感、态度等目标编入一张有机的、整体的网，是诗意语文的自觉追求。

第三，陌生化

"陌生化"是彰显教学结构诗意的基本策略。"陌生化"策略强调教学结构呈现的出人意料、教学结构转换的意想不到，以此增强教学结构对学生的吸引力和驱动力。教学结构要遵循学生的身心发展规律和课程的逻辑秩序，但这只是形而上层面的一种规约，具体到每一堂课、每一个文本的教学上，则是不应该也不可能有固定的模式、刻板的程序的。充满诗意的教学结构，总是在"熟悉"和"陌生"的两极之间寻求期待的视野和投入的张力。

第四，诗性言说

诗意语文自然离不开诗意的教学语言，即"诗性言说"。但诗性言说并非只是一味的华丽、绚烂、文学化，那种大段的、话剧式的、独白意味的教学语言，常常是对"诗意"的一种"去诗意"。诗性言说的关键在于它的表现力和穿透力。语言的表现力，跟语言的造型密不可分。在教学语言中，提问语言、讲述语言和评价语言尤其需要注意造型。

第五，举象

引导学生将语言文字还原成一定的形象、印象和意象，从而实现语言视域和生命视域的融合，乃是诗意语文的基本策略。基于审美解读的诗意语文，力求透过文本描绘的感性形式，即物象形态，着力揭示它所蕴涵的情感内涵和审美本质。

第六，造境

在举象的基础上，引导学生借助语言文字创造出某种特定的情境、意境和心境。在这里，情境指向课堂，意境指向文本，心境指向学生，它们统一于"不朽的文字"中。"境"意指一种"象"的连续体，是各种"象"的剪接、叠加和组合的产物，是一种氛围、一种场。

第七，入情

置身于语言文字所造的境中，引导学生体验其所承载的情感、情味和情怀。在这里，"情"既是一种教学的动力和引力，它驱使学生沉入文本，心甘情愿地与文本作多层面的、深入的对话，更是一种重要的课程资源和目标，是语文课程本体意义上的存在。显然，"情"在诗意语文眼中是手段和目的的同一体。

第八，会意

在特定的情境中，引导学生感悟并理解语言文字所包含的意义、意趣和意蕴。从根本上说，诗和思是相通的、殊途同归的。拒绝哲思的诗是肤浅的，消解诗意的思是苍白的。诗意的背后总是承载着对生命、对自然的一种当下的洞悉和了悟。

第九，因声求气

在特定的情境中，通过诵读品评，探求语言文字的声气、节奏和神韵。因为文字本身是不出声的，就像断了气的生命，而诵读则把无声文字还原为有声语言，在这还原过程中就有可能比看更容易、更快捷、更全面地把握语言的思想内涵，特别是进入语言的情感状态和精神世界。

第十，寻根

在特定情境中，引导学生开掘语言文字背后的价值取向、精神母题和文化传承。文化作为人类物质活动的产物和精神活动的结晶，从一开始就与语言结下了不解之缘。文化论视域下的诗意语文，对文字的文化意味自有一种特殊的敏感和追寻。

总之，诗意语文是这样一种存在：它在教学中追求思想的力量，但对于仅仅以某种抽象的思辨抵达思想，它说——不；它拒绝冷漠和麻木，它的展开充满感情，但对于只把这理解为直白地宣泄某种情绪和社会意识，它说——不；它的呈现方式以具象为旨趣，但假如具象只意味着对现象的简单还原，它说——不；它的各种教学要素总在特定情境中，但对游离于语言文字之外的种种渲染和演绎，它说——不；它复活言语的内在之气，但声音的表现倘若只被加以机械的操练和刻板的模塑，它说——不；它是文化的，但对文化所作的任何形式的宏大叙事和过度诠释，它说——不。

三、诗意语文与诗意人生

语文教育的化境，当是诗意人生的引领。诗意人生，就是指充满"诗意"的言语人生。诗意人生的引领和确证，是一个无限开放、生生不息的过程，它对诗意语文更多地展现出某种彼岸的意义。

第一，止于至善

诗意，滋生于悲天悯人的情怀。人性中最美好的一切，皆始于对生命、对自身、对他人的关爱和怜惜。诗意语文，正是要依托和借助一切"不朽的文字"，在童年时期为学生培植"善根"，为他们的人生涂上一抹温暖的底色。

第二，自由对话

叶秀山先生在分析海德格尔的"人诗意地栖居在大地上"时，指出"诗意的境界"实乃"自由的境界"。生命的自由，表现在主体自由、社会自由和个性自由，无论何种自由形态，首先它都要求人成为一种独立的、具有完整人格的主体。正如雅斯贝尔斯所言："教育，不过是人对人的主体间灵肉交流活动，包括知识内容的传授、生命内涵的领悟、意志行为的规范，并通过文化传递功能，将文化遗产教给年轻一代，使他们自由地生成，并启迪其自由天性。"诗意语文，是人与人之间的精神的自由对话。因其自由，思想即为独立，情感即为自主，意志即为能动。因此，诗意语文的首要任务就是倾听学生自己的思想、情感和意志，诗意语文追求的学习氛围是自由、自然的氛围，诗意语文致力于培养的是具有自由品质的人。

第三，精神相契

诗意的境界，是一种"感时花溅泪，恨别鸟惊心"的境界。徐复观先生说过："真正好的诗，它所涉及的客观对象，必定是先摄取在诗人的灵魂之中，经过诗人感情的熔铸、酝酿、而构成他灵魂的一部分，然后再挟带着诗人的血肉以表达出来，于是诗的字句都是诗人的生命，字句的节律也是生命的节律。"诗意语文，正是这种人与人之间的精神契合，是"我"与"你"的对话与敞亮。这种契合，是包括学生、教师、文本、作者在内的各自的精神被深深地卷入、沉浸和交融，是用生命阐释生命的意义，建构富有独特个性的生命化理解，创造精神领域的共识和同在。

第四，体验幸福

诗意是一种不为外力所迫的自由自在，因此，也是一种幸福的境界。赵汀阳先生指出，幸福要有"双重关注"，既关注结果的价值，也关注通向结果的行动的价值。诗意语文之诗意，重在对话过程中的欣赏和体验，这一过程，恰似"山阴道上行，山川自相映发，使人应接不暇"。一个人，只有在天真烂漫的创造性活动中实现着自己的生命追求，他才是一个幸福的人。

第五，成就自我

诗意体验，是一种生命的高峰体验。自我实现的人，常常会伴随着这样的高峰体验。诗意语文，就是要努力使学生在语文学习中获得高峰体验，在当下实现自我。从目的上看，诗意语文并不局限于语文知识的掌握、语文能力的发展、语文习惯的养成。因为知识、能力、习惯毕竟是外在于生命的东西，是人认识和改造外部世界的工具。诗意语文，更为关注的是在引领学生掌握知识、发展能力、养成习惯的过程中，启迪其智慧，陶冶其性情，温暖其心灵，充盈其精神，达成生命的自我实现。

我有一个梦——"让语文教育成为生命的诗意存在"。这个梦的诞生，是对生命超越的祈祷。尼采向我吐露了这一秘密："我就是那必须永远超越的东西。"因为，我是人！人必将诗意地栖居在大地上！

王崧舟

序二　不为点缀而为自救的讲述

这是借自刘再复先生的句子，是他在"红楼四书"序言里的标题。我极爱这套书，因为他读红楼的姿态很独特，那是一种切肤的体认，是一种恍如隔世的熟悉与亲切，这样的阅读，不是头脑的阅读，而是生命的阅读与灵魂的阅读。他关于《红楼梦》的写作动力只是对思索下去的渴求，讲述完全是为了确认自己、救援自己。更重要的是，他只读，只悟，却不考、不辨、不论。于是，那些零散的感悟虽简短，却真切、灵动、跳跃，令人爱不释眼。

我对王崧舟语文教育思想的"阅读"，有着与刘再复对《红楼梦》极为相近的情感与姿态。我常常想，我留在语文教学这片土壤中而没有跑到单纯的文学评论、文学研究的天地里去，只是因为王崧舟。

至今记得初相见时的震撼。2008年春天——当时，我在师范学校执教小语教法尚不足两年。一个平常的周末，我毫无准备地听到了王老师执教的《慈母情深》。我几乎呆在那里，啊?! 原来语文的课堂可以这样！原来教学的境界可以这样!! 接下来是几日的食不知味，夜不能寐。我在当日凌晨写下《草色遥看近却无》，试着描摹自己对王崧舟课堂教学的印象。之后的一段日子里，我都在搜集关于王老师的材料，想找出其中的"秘妙"。

感谢李振村先生，2008年夏天，在"新经典语文教育论坛"的培训会上，他建议我赴"王崧舟工作室"学习一段时间。

于是，有了我在王老师身边的日子。

我读王老师所有的文字，我看王老师所有的课，我听王老师所有的讲座，我试着梳理王崧舟语文教学思想的特质：

课堂教学的艺术化追求。是的，吸引我们走近王崧舟的多半是他教学中鲜明的艺术特质。就像《长相思》里的"山一程，水一程"，就像《慈母情深》中那处处可见的"震耳欲聋"，就像《枫桥夜泊》里寒山寺的夜半钟声，王崧舟的课堂彰显着一份难以言说的精致与唯美、儒雅与厚重。当独特的文本解读、巧妙的教学设计、极富感染力的教学语言与精湛的书法、精美的图片，以及摄人心魄的音乐一起呈现在我们面前时，我们常常瞠目结舌，唯有轻叹。就像王小庆老师所言，"他的课已经不能算作课了，应该是个艺术品才是"。王崧舟老师自己也曾说，"我确实把自己的每一堂课都当作一个艺术品来创作"。想起教育界对"教育到底是科学还是艺术"的争辩，我不敢说自己知道答案，但是，不讲究艺术的教学注定不会走得太远。

　　深刻独特的思想探求。王崧舟极善思考，他的教育观透着哲思，常常直抵教育的本质，甚至生命的本质。他的语文主张，无论是早些年提出的"语感教学法"，还是近几年风靡大江南北的"诗意语文"，都有着非常坚实的哲学、美学、教育学基础，而且都有比较成熟完备的理论与实践体系。他提出的"好课三味"，何等精准！他提出的"课的境界"，何等空灵！他对"语文意识"的呼唤与实践、对"本色语文"的超逸与回归，又是何等深刻！我知道王崧舟的粉丝里有小学老师、初中老师、高中老师，还有大学教授；我知道王崧舟的知音里有语文老师、英语老师、音乐老师，还有数学老师；我甚至听说有一位清洁工捧着《长相思》的教学实录爱不释手，一位交警拿着《全国著名特级教师王崧舟诗意语文研究专辑》（《小学语文教师》2008年增刊）读至凌晨！思想的力量是能够超越年段、超越学科、超越职业的，我也相信这力量必将跨越时空，历久弥香。

　　求新求变的"陌生化"寻求。"思者先行，行者无疆"，在语文教育的路上，王崧舟就是一位永不止步的行者。我们都知道王崧舟的"磨课"，他对自己课堂教学的挑剔几近苛刻。我曾亲眼看过他执教的4个版本的《枫桥夜泊》，每一遍都在修改，每一次都在超越。不仅是一个课品，从《万里长城》到《荷花》，从《只有一个地球》到《一夜的工作》，从《长相思》到《两小儿辩日》，从《枫桥夜泊》到《普罗米修斯》……王崧舟从不在课品中重复自己，几乎每一次亮相都会带给小语界新的惊喜。沈大安先生说："超越作为王崧舟生命的根性，渗透在他的每一个课品的创作之中。"曹春华老师说："他时时凭着一种有计划的超越精神打量着自己，并以超越的姿态憧憬着自己前行的方向。"2010年暑假，他推出了自己的新课《与象共舞》，在这个课品上，他竟然尝试了"一个人的同课异构"！此课一出，举座震惊。我问他，为什么要把自己逼到这样的境地？他轻轻一笑，只说了两个字——"超越"。是的，只有王崧舟在超越王崧舟，当今天的王崧舟超越了昨天的王崧舟，昨天的王崧舟就已不复存在，而今天的王崧舟依然灿烂地活着。

　　丰厚底蕴的文化诉求。因为工作的缘故，我接触过大量的小语名师，也接触过许多高校的学者、教授，我知道许多人都有良好的阅读习惯。但是，我很少看到有人像王崧舟这样酷爱阅读，阅读早已是他生命的存在方式。正是这不懈的阅读为他积淀了厚厚的学养与底蕴，面对王老师，我常常会有望洋兴叹的感慨。也许正是因为这样，王老师才能在语文教学里举重若轻吧。

干净慈悲的教育情怀。工作室的墙上，绿底白字是王老师手书的"教育当以慈悲为怀"。慈悲是一种生命的境界，是只可意会的境界。佛祖拈花，庄周临水，微笑间，天地澄澈。其实，王崧舟在语文界是一种独特的现象，一方面，追随者无数，景仰者万千；另一方面，他又时时处在小语界的风口浪尖，对他的争论从未中断过。但是，王崧舟一直泰然自若地浅浅笑着，毁也罢，誉也罢，他就是这样淡定笃行地走着。我有时候想，小语界熙熙攘攘，那么多的人、那么多的事，其实都在他的心里。转念又想，小语界熙熙攘攘，那么多的人、那么多的事，其实都不在他的心里！大多数人都不知道，在华贵的外表之下，王崧舟语文教育思想的本质就是一颗"赤子之心"——绝对的宽容、绝对的慈悲、绝对的纯净。

时人提及王崧舟，多言"诗意语文"，这些年对王崧舟的争论也多因"诗意"二字而起。有人说，在语文前面加上任何定语都是不正确的。是的，"白马非马"。但是，这个世界上从来都不存在一匹只叫作"马"的马，只能是白马、黑马、红马或其他。再者，放下这些争辩，有多少人能真正体味"诗意"的内涵？"诗意"是一个多么灵动而开放的字眼！若以为"诗意"仅仅是诗歌一样的语言与情景，那就失之太多了！诗意，是一种生存的状态，是生命最初与最高的境界，诗意即本色，是海德格尔讲的"精神的返乡"。

王崧舟更多地把"诗意语文"定义为一种境界。他说："诗意语文是对语文教育理想境界的一种追寻，也是对语文教育本色和本真的一种深刻自觉和回归。一切优秀的语文教学，必定是诗意的语文；一切风格鲜明的语文教学，无论素朴还是绚烂，无论激情澎湃还是理趣盎然，无论散发着平民气息还是充满了贵族气质，在它们之上，必有皎皎如明月、灿灿似星辰的诗意流布其间、充盈内外。"

其实，没有"诗意"的语文还是语文吗？作为语文教育的一种理想境界，叫不叫"诗意语文"又如何？……

那年，我离开王崧舟工作室回到北国，竟大病一场，夜夜辗转。对语文，对教育，对王崧舟，总觉得胸中有无数的感慨，却难以讲述。我也迷惑于自己的沉迷，不知该如何做。终于，在一个又一次梦回的冬日的清晨，我忽然顿悟：王崧舟语文教育思想里有我教育生命的精神故乡啊！我何不专心做这方面的研究呢？纵使语文教育有"弱水三千"，我也可以"单取一瓢"！从那一刻起，我的心便安顿下来。我着手对王老师所有的课进行梳理，一一写出自己的品鉴。我相信它是我的救赎，就像红楼是我的救赎。

　　同样是没有评，没有论，没有考辨，只有"悟"，刘再复的红楼之悟扬弃了实证与逻辑，抽离了概念与范畴，那"悟"便是禅的方式，是明心见性、直逼要害、道破文眼的审美方式。我的这些零星的文字，同样是心灵间片刻闪过的言语，难免稚嫩，却是一种切肤的体认；难免浅陋，却是我教育生命的确证。

　　现在，把它捧出来，放在你的手上。

　　我放下，从此自在。

林志芳

"诗意语文"年表
—— 王崧舟十年经典课堂列表(2001—2010)

时　间	课　品	意　义
2001 年	《荷花》	诗意语文的发轫
2002 年	《圆明园的毁灭》	课堂节奏的范式
2003 年	《只有一个地球》	"感悟"和"质疑"的视域融合
2004 年	《一夜的工作》	诗意语文的开山之作
2005 年	《长相思》	诗意语文的代表作
2006 年	《两小儿辩日》	教学风格的转型
2007 年	《慈母情深》	"语文意识"的觉醒
2008 年	《枫桥夜泊》	由文学到文化的探索
2009 年	《普罗米修斯》	神话文本的美学解读与想象
2010 年	《与象共舞》	一个人的"同课异构"

目录
contents

第一编　美的萌动与初绽
——《荷花》课堂实录与品悟

『课品综述』一朵芙蕖，开过尚盈盈 / 3
『课文呈现』荷花 / 4
『课堂品评』照水荷花细细香 / 5
『课程反思』"冒"出来的语文诗意 / 15

第二编　节奏，成就名园悲歌
——《圆明园的毁灭》课堂实录与品悟

『课品综述』名园失梦　万世悲歌 / 23
『课文呈现』圆明园的毁灭 / 24
『课堂品评』沉默的圆明园 / 25
『课程反思』抑扬顿挫：寻求理想的情感解读模式 / 35

第三编　磨出"感悟"与"质疑"的两全
　　　　——《只有一个地球》课堂实录与品悟

『课品综述』喧哗中沉静的探索 / 41
『课文呈现』只有一个地球 / 42
『课堂品评』"问"出语文的情韵与意味 / 43
『课程反思』"磨"你千遍也不厌倦 / 56

第四编　诗意的确证与感动
　　　　——《一夜的工作》课堂实录与品悟

『课品综述』泪光里"美丽的日出" / 69
『课文呈现』一夜的工作 / 70
『课堂品评』你是这样的人 / 71
『课程反思』致力于形成一种场 / 88

第五编　为了艺术而存在的课堂
　　　　——《长相思》课堂实录与品悟

『课品综述』为了艺术而存在的课堂 / 95
『课文呈现』长相思 / 96
『课堂品评』"见"到一种诗的境界 / 96
『课程反思』在"可解"与"不可解"之间寻求"和解" / 107

第六编　风格的华丽转身
　　　　　——《两小儿辩日》课堂实录与品悟

『课品综述』艺术是"自由的游戏"／113
『课文呈现』两小儿辩日／114
『课堂品评』"辩"出智慧的篇章／115
『课程反思』是"唯美"还是"游戏",这是一个问题／129

第七编　语文意识的回归之旅
　　　　　——《慈母情深》课堂实录与品悟

『课品综述』语文意识烛照下的"慈母情深"／141
『课文呈现』慈母情深／142
『课堂品评』慈母情深深几许／144
『课程反思』植入"语文意识"／165

第八编　语文教学之于文化
　　　　　——《枫桥夜泊》课堂实录与品悟

『课品综述』客船夜半钟声渡／173
『课文呈现』枫桥夜泊／174
『课堂品评』钟声出寒山,经典传千年／174
『课程反思』返回中国文化的原点／196

第九编　爱是唯一的神话
　　　　——《普罗米修斯》课堂实录与品悟

『课品综述』如果，遇见 / 203
『课文呈现』普罗米修斯 / 204
『课堂品评』爱的神话：超越英雄 / 206
『课程反思』神话文本的美学解读与文化想象 / 226

第十编　在思维的断裂处
　　　　——《与象共舞》课堂实录与品悟

『课品综述』为了理性探究而存在的课堂 / 235
『课文呈现』与象共舞 / 236
『课堂品评』《与象共舞》（A版）：指向理解与感悟 / 237
　　　　　　《与象共舞》（B版）：指向运用与表达 / 248
『课程反思』两极之辩：是阅读本位还是写作本位 / 263

第一编

美的萌动与初绽
——《荷花》课堂实录与品悟

『课品综述』

一朵芙蕖，开过尚盈盈

这是王崧舟老师2001年的课，越过十年的光阴回望，我们依然会被其中的智慧与美感动着。

回到十年前，谁也无法绕过那场争辩。"什么是语文？""语文到底姓什么？"世纪之交，课改前夕，新旧思想激烈交锋，对语文本体的思考从未这般热闹异常而又举步维艰。语文教育开始在工具与人文之间衡量，在语言与精神之间徘徊，在理性与感悟之间摇摆。

《荷花》一课，就在这样风雨飘摇的争辩声里，不偏不倚，亭亭而立。

简简单单的教学设计，课路顺着文路。朗读、品味、写话，语文的味道十足，特别是对一个"冒"字的赏析，堪称关键词教学的典范！另一方面，执教者又以美为主线，让学生在潜心会文的过程中去发现、感悟荷花的美，将荷花拟人化、生命化、情态化，进而用自己的情感和语言去创造荷花的美。语言学习与审美熏陶，既相得益彰又水乳交融。

当时，王崧舟正潜心研究"语感教学法"，他读着王尚文先生的《语感论》，强调提高语文综合素养的一个重要基础是养成语感，提出"把发展语感的主动权交给学生"。在他的设计里，《荷花》一课旨在引导学生在精读细赏之后使课文烂熟于心，自然融入其原有的语言背景中，直至渗入潜意识之中。假以时日，学生稍有近似的情境诱发，便会瞬间"唤起"，巧妙串联，浑然一体，达到"天成的直觉、直觉的天成"般的语感境界。

如此说来，《荷花》一课的美与诗意，竟有些无心插柳的"意料之外"。王老师自己也称这一课是无意间擦出了"美"的火花。然而细细思量，语感是一种以精神直觉为内核，裹挟着人的情感、想象、理性、意志乃至潜意识的精神形态与机制，它强调感性陶冶，强调意会，这些都与审美的心理机制大致相同。感与悟，意与情，当它们与《荷花》这样文质兼美的文本相遇时，诗意与美的流淌，又实属"情理之中"。重视语感，强调意会，必然会遇见诗意，遇见美。

或许，此课的美在今天看来如叶老的文字，少了些"炫目的光芒"，但它"最宜取法"，在那个风雨飘摇的年月，给了我们温暖的感动与喜悦。彼时，王崧舟语文教育思想里的"诗意"也恰似那年早春只可遥望的草色，朦朦胧胧，初现端倪。

站在今天回首，越过十年的光阴，这一课就是一朵纯美素雅的荷花，在我们的记忆里盈盈地开着。

『课文呈现』

荷 花

清早，我到公园去玩，一进门就闻到一阵清香。我赶紧往荷花池边跑去。

荷花已经开了不少了。荷叶挨挨挤挤的，像一个个碧绿的大圆盘。白荷花在这些大圆盘之间冒出来。有的才展开两三片花瓣儿。有的花瓣儿全展开了，露出嫩黄色的小莲蓬。有的还是花骨朵儿，看起来饱胀得马上要破裂似的。

这么多的白荷花，一朵有一朵的姿势。看看这一朵，很美；看看那一朵，也很美。如果把眼前的一池荷花看作一大幅活的画，那画家的本领可真了不起。

我忽然觉得自己仿佛就是一朵荷花，穿着雪白的衣裳，站在阳光里。一阵微风吹过来，我就翩翩起舞，雪白的衣裳随风飘动。不光是我一朵，一池的荷花都在舞蹈。风过了，我停止了舞蹈，静静地站在那儿。蜻蜓飞过来，告诉我清早飞行的快乐。小鱼在脚下游过，告诉我昨夜做的好梦……

过了一会儿，我才记起我不是荷花，我是在看荷花呢。

（注：本课选自人教版义务教育课程标准实验教科书小学语文三年级下册第3课）

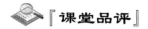『课堂品评』

照水荷花细细香

一、呈象感形——你看到了怎样的荷花

师：今天咱们学《荷花》这篇课文。哪些同学看到过荷花？看过的请举手。

（生纷纷举手）

师：还真不少，还想不想再看看荷花？

生：（齐答）想。

师：好！咱们一起来欣赏。看完以后，大家再来交流交流，你看到了怎样的荷花。

（师播放有关荷花的视频）

（生欣赏视频）

师：都陶醉了，是吧？来，跟大家说说，你看到了怎样的荷花。

［感觉是进入审美经验的门户，而音乐和图画是创设审美氛围最有效的途径。王老师通过影像还原给学生一种可视的美、可感的美。孩子们在进入情境之后，自然是迫不及待地要表达自己对荷花的评价和欣赏。正所谓"呈于象，感于目，会于心"（叶燮）。］

生：我看到了美丽的荷花。

生：我看到了正在开放的荷花、还没有开放的荷花和全部开放的荷花。

师：你看到的是各种形状的荷花。

生：我看到了白色的荷花。

师：你注意到了荷花的颜色。但老师有个建议，能不能为荷花的颜色换一个美美的词语？

生：雪白的荷花。

师：雪白，噢！比普普通通的"白色"这个词可美多了。要是再加一个"雪白"，那就更美啦！

生：我看到了雪白雪白的荷花。

师：听！多美的一个词语！也只有这样的词语，才配得上荷花呀！

生：我看到了各种各样的美丽的荷花。

生：我看到了千姿百态的荷花。

师：好一个"千姿百态"！比刚才老师说的那个"各种形状"要强一百倍！

生：我看到了绿油油的荷叶像大圆盘一样，托着美丽的荷花。

师：好花要有绿叶衬啊！你不但关注到了荷花，还注意到了碧绿的荷叶，看得真够全面。

生：我看到了刚开的荷花露出了嫩黄色的小芽。

师：噢，那不叫小芽，叫小莲蓬。（板书"小莲蓬"，组织学生正音）谁还有话想说吗？

生：我看到了亭亭玉立的荷花。

师："亭亭玉立"，太好了！请教一下，这个词语你是从哪儿学来的？

生：从课外书上。

师：好！只要做个有心人，哪儿都能学到语文。

［开端看似寻常，教师用多媒体呈现荷花的影像，然后让学生说说"你看到了怎样的荷花"。孩子们说出的词语可能只有一个、两个，但这无关紧要，要紧的是他们愿意倾诉。

巧妙的是王老师的点拨与引导："你注意到了荷花的颜色。但老师有个建议，能不能为荷花的颜色换一个美美的词语？""你不但关注到了荷花，还注意到了碧绿的荷叶，看得真够全面。""听！多美的一个词语！也只有这样的词语，才配得上荷花呀！"……于是，从"白色"到"雪白雪白"，从"各种各样"到"亭亭玉立""千姿百态"，学生的描述由笼统到具体，由简单到丰富。

语言的训练、语感的沉淀恰似隐隐的荷香袅袅，更似润物无声的春雨细细。］

二、诵读感知——作者怎样看荷花

师：这么美的荷花，同学们还想看吗？

生：（齐答）想！

师：打开书本，咱们到书本上去看看荷花。请大家自由朗读课文，一边读一边体会，你觉得写这篇文章的作者，他是怎样看荷花的。

［从"作者是怎样看荷花的"切入，极妙！一石激起千层浪。问题本身也暗暗渗透了写法的指导：要想把状物类的文章写漂亮，观察可是最关键的。］

（生自由朗读课文，师前后巡视）

师：（在巡视中插话）哪些地方、哪些段落让你体会到他是怎样看荷花的，找出来，可以再读一两遍。

（生自由选择段落朗读）

师：老师在巡视中发现，这位同学读得特别投入，咱们先请她来交流交流。你读了课文之后发现，那个"我"是怎样看荷花的。

生：我觉得他是在有滋有味地看荷花。

师：有滋有味地看荷花。你是从什么地方体会到的？能读给大家听听吗？

生：（朗读）我忽然觉得自己仿佛就是一朵荷花，穿着雪白的衣裳，站在阳光里。一阵微风吹过来，我就翩翩起舞，雪白的衣裳随风飘动。不光是我一朵，一池的荷花都在舞蹈。

师：作者是有滋有味地看荷花，你呢，是有滋有味地读荷花。还有谁也想有滋有味地读读这段话？

生：（朗读）我忽然觉得自己仿佛就是一朵荷花，穿着雪白的衣裳，站在阳光里。一阵微风吹过来，我就翩翩起舞，雪白的衣裳随风飘动。不光是我一朵，一池的荷花都在舞蹈。

师：谁听出来了，他有哪几个词语读得特别有滋味？

生："雪白的衣裳""微风吹过来""翩翩起舞"，还有"随风飘动"，我觉得他读得特别好。

师：愿意见好就学吗？好！咱们一起来欣赏欣赏他的朗读。

生：（朗读）我忽然觉得自己仿佛就是一朵荷花，穿着雪白的衣裳，站在阳光里。一阵微风吹过来，我就翩翩起舞，雪白的衣裳随风飘动。不光是我一朵，一池的荷花都在舞蹈。

师：嗯！连老师都被你读得想翩翩起舞了！好！他们几位体会到了有滋有味地看荷花，你们呢？

生：我觉得他不光是有滋有味地看，也是如痴如醉地看。

师：哪儿让你体会到了如痴如醉？

生：（朗读）我忽然觉得自己仿佛就是一朵荷花，穿着雪白的衣裳，站在阳光里。一阵微风吹过来，我就翩翩起舞，雪白的衣裳随风飘动。不光是我一朵，一池的荷花都在舞蹈。

师：从哪儿看出他痴了，他醉了？

生：他觉得自己就是一朵荷花，而且在翩翩起舞。

师：人成了花，花成了人。这不就是如痴如醉吗？来，咱们一起跟着作者再痴一回、醉一回，好吗？

生：（齐读）我忽然觉得自己仿佛就是一朵荷花，穿着雪白的衣裳，站在阳光里。一阵微风吹过来，我就翩翩起舞，雪白的衣裳随风飘动。不光是我一朵，一池的荷花都在舞蹈。

师：太好了！除了这段话，谁还从别的地方发现作者是怎样看荷花的。

生：我从第二段中发现，他是在仔仔细细地看荷花。

师：读给大家听听，咱们一起体会体会，他是不是在仔仔细细地看荷花。

生：（朗读）荷花已经开了不少了，荷叶挨挨挤挤的，像一个个碧绿的大圆盘。白荷花在这些大圆盘之间冒出来。有的才展开两三片花瓣儿。有的花瓣儿全展开了，露出嫩黄色的小莲蓬。有的还是花骨朵儿，看起来饱胀得马上要破裂似的。

师：同学们发现没有，这段话生字多、新词多，非常难读，是不是？你们自己先练读练读这段话，争取读正确、读流利。

[了解了学生诵读的难点，给予他们的就是针对学情的贴心关照。]

（生自由练读这段话）

师：谁有信心读好这段话？谁有？老师期待着你自信的小手——

生：（朗读）荷花已经开了不少了，荷叶挨挨挤挤的，像一个个碧绿的大圆盘。白荷花在这些大圆盘之间冒出来。有的才展开两三片花瓣儿。有的花瓣儿全展开了，露出嫩黄色的小莲蓬。有的还是花骨朵儿，看起来饱胀得马上要破裂似的。

师：不简单哪！每个字都读得那么清晰、那么准确，为她的自信和水平鼓掌。（掌声响起）向她学习，咱们一起来读一读。注意读正确、读流利。

生：（齐读）荷花已经开了不少了，荷叶挨挨挤挤的，像一个个碧绿的大圆盘。白荷花在这些大圆盘之间冒出来。有的才展开两三片花瓣儿。有的花瓣儿全展开了，露出嫩黄色的小莲蓬。有的还是花骨朵儿，看起来饱胀得马上要破裂似的。

[《荷花》的语言规范、精美、鲜活，面对这样的文本，王老师在课堂上不折不扣地引导学生美美地读，读原汁原味的文字。最终学生越读越想读，越读越爱读，越读越会读。]

师：真好！刚才他就是从这段话中发现，作者是在仔仔细细地看荷花。何以见得呢？何以见得作者是在仔仔细细地看荷花呢？

生：因为他看到了千姿百态的荷花。

生：因为他连花瓣儿中的小莲蓬都发现了。

生：因为他不但注意到了荷花，还看到了挨挨挤挤的荷叶。

生：因为他对每一种荷花都作了仔细的观察。

师：说得好！现在老师来读一段话，看看从中你能发现作者是怎样看荷花的。（朗读课文）"这么多的白荷花，一朵有一朵的姿势。看看这一朵，很美；看看那一朵，也很美。如果把眼前的一池荷花看作一大幅活的画，那画家的本领可真了不起。"好！你发现了什么？

生：我觉得作者也是在仔仔细细地看荷花。

生：我觉得作者是在带着想象看荷花。因为他把一池荷花看成了一大幅活的画，还表扬画家的本领可真了不起。

生：我觉得作者是带着欣赏的眼光来看荷花的。他看任何一朵荷花都觉得很美。

生：我觉得作者是在津津有味地看荷花。

师：说的都很有道理。对课文，不仅要说得好，还要读得好。谁来读读这段话？

生：（朗读）这么多的白荷花，一朵有一朵的姿势。看看这一朵，很美；看看那一朵，也很美。如果把眼前的一池荷花看作一大幅活的画，那画家的本领可真了不起。

师：谁还想读？想读的咱们一起读。

生：（齐读）这么多的白荷花，一朵有一朵的姿势。看看这一朵，很美；看看那一朵，也很美。如果把眼前的一池荷花看作一大幅活的画，那画家的本领可真了不起。

师：其实，我更想说，你们的本领也真了不起！你看，才读了几遍课文，就读得这样准确、流利，还能读出自己的感情来。

[一个问题，吹皱一池春水。表面上看，这个环节始终在探究"作者是怎样看荷花的"。其实，醉翁之意不在酒，教师并不是真的要学生去寻找一

个确切的答案,问题本身只是为学生提供一条走进文本、走近作者的路。

于是,有了"有滋有味"地看、"有滋有味"地读;"如痴如醉"地看、"如痴如醉"地读;"仔仔细细"地看、"仔仔细细"地读……那"有滋有味""如痴如醉""仔仔细细"当然不只是作者看荷花时的状态,更是学生诵读和品味文本时的情状啊!

整个板块的鲜活恰似碧绿如玉的荷叶,充满设计的智慧却又不露声色。]

三、品读悟情——"冒"出来的荷花

师:读了几遍书,我们体会到文章里的那个"我",他是在认真地看荷花,仔细地看荷花,想象着看荷花,身临其境地看荷花,如痴如醉地看荷花,有滋有味地看荷花。是吧?这样看荷花才叫美啊!我想,看荷花是这样,读荷花更需要这样。就这么仔细地、投入地、有滋有味地来读,先读一读二、三两个自然段,好吗?一边读一边找,把你认为写得最美的句子画下来,体会体会,这个句子美在什么地方。

(生默读,找最美的句子)

["找出最美的句子",又是一个虚设的问题。句子个个都好,哪个最美并不重要,重要的是在比较品评中涵泳体味。]

师:我发现同学们在书上画了很多,觉得这个句子写得很美,那个句子写得也很美。是不是?咱们交流的时候,就把你认为写得最美的那个句子挑出来,先读给大家听,然后说说你觉得这个句子美在什么地方,好不好?

生:我觉得这句话写得很美:"荷叶挨挨挤挤的,像一个个碧绿的大圆盘。"

师:美在哪儿呢?

生:"碧绿""大圆盘",我觉得这些词都写得很美。

生:我觉得这句话写得很美:"有的还是花骨朵儿,看起来饱胀得马上要破裂似的。"花骨朵儿好可爱的。

生:我觉得这个句子写得很美:"这么多的白荷花,一朵有一朵的姿势。看看这一朵,很美;看看那一朵,也很美。"我觉得"一朵有一朵的姿势",写出了每一朵荷花的美丽。

生:我最喜欢这句话:"有的花瓣儿全展开了,露出嫩黄色的小莲蓬。"

师:那么多的句子,为什么最喜欢这个句子?

生：因为我特别喜欢露出了嫩黄色的小莲蓬。

师：噢，你是喜欢那个小莲蓬呀，而且还是嫩黄色的，是不是啊？雪白雪白的花瓣儿，跟嫩黄嫩黄的小莲蓬配在一起，真的很美！

生：我觉得这句话最美："如果把眼前的一池荷花看作一大幅活的画，那画家的本领可真了不起。"他是用幻想的方法来看这一池荷花的。

师：他展开了自己的想象，把它看成是一大幅活的画。画是活的，谁见过？嗯，这句话是写得挺美的，我也有同感。老师也来读个句子，你们体会体会，这个句子美在哪里？（朗读）"白荷花在这些大圆盘之间冒出来。"句子很简单，不仔细品味，你是很难发现它的美的。

［这既是一种节奏的调整，也是一种顺势而为的重点楔入。已经有五个学生谈了对五句话的审美感悟，是该调整节奏的时候了。我们不难发现，对前面五句话的解读都是一种浅尝辄止式的对话，而深入开掘式的对话则从眼下拉开了帷幕。这也可以算是一种"背面敷粉，欲扬先抑"的节奏处理艺术。前五句无疑是在为这一句的闪亮登场造势、蓄势。而这一句"千呼万唤始出来"，会给学生一种强烈的心理暗示：此句大有来头，需要仔细理会。］

生：我觉得这个"冒"字写得特别美。到底美在哪儿，我也说不清楚。（笑声）

生：我也觉得"冒出来"很美，让我感觉到荷花长得很茂盛。

生：我也认为"冒"很美，就是说荷花正在拼命往上长。

师："说不清"是正常的，"说得清"才是超常的。（笑声）既然你"说不清"，那我们就更得好好地体会体会。你们觉得，这个"冒"字还可以换成别的什么字？

生：露出来。

生：钻出来。

生：长出来。

生：顶出来。

生：穿出来。

生：伸出来。

师：但是，你们说的这些字眼作者用了没有呢？没有！尽管意思差不多，但作者一个都没用，就用了这个"冒"字，是不是？为什么呢？（学生都没有反应）不着急，好的字眼、美的字眼，是需要花时间慢慢去嚼的。这样，你们先读读这段课文，体会体会，你觉得荷花从挨挨挤挤的荷叶之间怎样地长出来，才可以叫作冒出来。

（生自由朗读）

师：谁嚼出"冒"的味道来了？你觉得怎样长出来才叫冒出来。

生：我觉得比较快地长出来是冒出来，不是很慢地长。

师：迅速地长出来。好，这是你的感觉。

生：悄悄地钻出来。

师：悄悄地钻出来，有点害羞的味道，嗯，这是你嚼出来的味道。

生：争先恐后地长出来。

师：争先恐后地长出来。这一朵急着要长出来，那一朵也急着要长出来，谁也不让谁。我们从中体会到了荷花的一种心情，什么心情？

[四两拨千斤。轻轻一拨，将学生的精神触角由对荷花外形的揣摩深入到对荷花内心的体验。]

生：急切的心情。

师：冒是怎样地长？冒是急切地长。

生：迫不及待的心情。

生：非常高兴的心情。

生：非常激动的心情。

生：欢天喜地的心情。

师：太好了！迫不及待地长，兴高采烈地长，非常激动地长，欢天喜地地长，这就是冒出来呀！你们还有别样的体会吗？

生：心花怒放地长出来。

生：快快乐乐地长出来。

生：亭亭玉立地长出来。

师：是啊，同学们，作者不用"长"，不用"伸"，不用"钻"，就用了"冒"这个字眼。为什么？因为"冒"让我们嚼出了荷花的急切、荷花的激动、荷花的争先恐后、荷花的迫不及待、荷花的心花怒放。

[较之第一板块的暗香袅袅、第二板块的碧绿鲜活，这一板块的教学无疑就是一朵亭亭的荷花了。在这里，赏一个"冒"字，意境全出；着一个"美"字，一切皆活。

正如武凤霞老师在赏析此课时写道："冒"的教学，是本课的一大亮点。荷花其神其韵，都在一"冒"字。这是一个看似平常、实则蕴藉极深的文眼，是一口富含精神和意味的文字的泉眼。稍不注意，它就有可能像泥鳅一样从你的感觉之手中滑落。但王老师毕竟是大家,一句"老师也来读个句子,你们体会体会",将大家闺秀"冒"的红盖头掀了起来;又一句"'冒'字还可以换成别的什么字",呼唤出一排以"长"字为代表的小家碧玉齐刷刷地站到学生的眼前;最令人击节称奇的却是这一句:怎样地长出来才叫冒出来?于是,风情万种的"冒"字在学生悟性和灵性的滋养下诞生了!]

四、移情入境——我就是那一朵荷花

师:想不想看一看这样冒出来的荷花?
生:(齐答)想!
师:(播放课件,随着音乐和画面旁白)白荷花在这些大圆盘之间冒出来,那么急切,那么激动,那么争先恐后,那么心花怒放。看看这一朵,很美;看看那一朵,也很美。白荷花们仿佛想说些什么?仿佛又想做些什么?
(生欣赏摇曳多姿的荷花)
师:同学们,尽情地展开你想象的翅膀。你就是一朵白荷花,白荷花就是你自己。现在,你最想说些什么?最想做些什么?请写在练习纸上。
(音乐响起,生独立写话)

[从语文训练的角度看,这是一次旨在表达的写话。从精神体验的角度看,这又是一次水到渠成的审美想象。不仅要欣赏美,还要创造美,想象写话就是对美的感受与认识的实践,是审美情操的深化与体现。]

师:白荷花们,此时此刻,此情此景,你想说些什么?你想做些什么?
生:(读小练笔)我是一朵美丽的荷花,从这些大圆盘之间冒出来,我想让前来观看的游人们更早地看到我美丽的面孔。
生:(读小练笔)我是一朵洁白的荷花,从这些大圆盘之间冒出来,我骄傲地说:"瞧!我长得多美呀!"
生:(读小练笔)我是一朵亭亭玉立的荷花,从这些大圆盘之间冒出来,我变成了一个美丽的小姑娘,穿着洁白美丽的衣裳,穿着碧绿的裙子,在随风飘舞。
师:荷花仙子来了!真是三生有幸啊!(笑声)
生:(读小练笔)我是一朵招人喜欢的荷花,从这些大圆盘之间冒出来,我想要跟别的荷花比美,你们谁也没有我这样美丽动人。
师:我欣赏你的自信!自信的荷花才是美丽的荷花。

生：（读小练笔）我是一朵孤独的荷花，从这些大圆盘之间冒出来，我多想找几个小伙伴跟我一起捉迷藏啊！

师：谁想跟这朵荷花交朋友？

（生纷纷举手）

师：不孤独，孩子，不孤独。你有朋友，瞧！他们都是你的朋友。

生：（读小练笔）我是一朵姿态万千的荷花，从这些大圆盘之间冒出来，我想说："我终于长成一朵美丽而漂亮的荷花了，可以让许多游客来观赏我。"

师：将自己的美献给游客，你不但有一个美丽的外表，更有一颗美丽的心灵。

生：（读小练笔）我是一朵快乐的荷花，从这些大圆盘之间冒出来，我想说："夏天可真美，我也要为夏天添一些色彩。"

生：（读小练笔）我是一朵充满希望的荷花，从这些大圆盘之间冒出来，我希望自己变得越来越美丽，这样我就可以成为花中之王了！

师：同学们，其实呀，每个人的心目中都绽放着一朵美丽的荷花。你们心中有，老师的心中同样也有。（播放视频，随着轻柔的音乐和唯美的画面，老师深情地朗诵——）

  荷花啊
  我只能在诗歌里模仿你的
  皎洁　素雅
  用含苞欲放的语言
  伴你一夏

  我要让蛙声
  像唢呐一样
  大声呱呱
  我要叫醒那些叫做泪水的
  露珠
  和你一起告别晚霞

  荷叶　绿水
  那是没有尽头的夜晚
  荷花啊
  我要送你回家

回到你我

秋天那边

繁华褪尽的家

荷花啊

你原本就是因

皎洁　素雅

而从池塘的古诗中

出韵的

光华

（全班鼓掌，下课）

［自"有我之境"至"无我之境"，阅读的最高体验莫过于"自化其身"的角色转换。花不异人，人不异花，在学生的想象写话中，课的情境由实到虚，角色的转换不动声色。

读与写的结合，鉴赏与创造的过渡，审美与想象的衔接，一切浑然天成。这样的教学正似叶子底下脉脉的流水，悠然意会，妙处难与君说。］

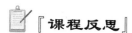

『课程反思』

"冒"出来的语文诗意

2001年，正是"暮春三月，江南草长，杂花生树，群莺乱飞"的时节，由全国小语会主办的"全国小学语文创新教育观摩研讨会"在我的故乡绍兴举行。应大会组委会的邀请，我将在会上执教三年级的《荷花》一课。

准确地说，《荷花》是叶圣陶先生专为语文教材的编撰而创作的一份习作样本，节选自《诗的材料》一文。记得沈从文先生在七十多年前曾这样评论过叶老的创作：

从创作中取法，在平静美丽的文字中，从事练习，正确地观察一切，健全地体会一切，细腻的润色，美的抒想，使一个故事在组织篇章中，具各样不可少的完全条件，叶绍钧的作品，是比一切作品还适宜于取法的。他的作品缺少一种炫目的惊人的光芒，却在每一篇作品上，赋予一种温暖的爱，以及一个完全无疵的故事。

据我所知，《荷花》的创作应该是在这段评论刊载之后的事了。叶老的文字，我是读过一些的，如《稻草人》，如《苏州园林》等，但印象都不是太深。这次因为要作为课文来上，读时自然就格外用了些心思。读完《荷花》，感觉果然细腻了许多，可以毫不夸张地说，沈先生的这番评论，诸如叶老文字背后透露出来的观察的特点、细腻的文字润色、美的抒想、赋予文字以一种温暖的爱，等等，在《荷花》一文中都可以找到切实的理据和体认。而这番感觉，在我精神抖擞地将《荷花》带入课堂，呈现在孩子们面前的时候变得尤为清晰和炫目，尽管《荷花》一文也确乎"缺少一种炫目的惊人的光芒"。

因为叶老文字的"平凡的亲切"，甚至素朴得有点寡味的单纯，在遭遇"白荷花在这些大圆盘之间冒出来"这样的文字时，孩子们天真地发出了这样的无奈：

我觉得这个"冒"字写得特别美。到底美在哪儿，我也说不清楚。

这是《荷花》一课在进入"品读细节"这一关口时，一个目光单纯的小女孩对我的"这个句子美在哪里"的回应，引得全场一片哄笑。

对孩子们可能出现的反应，我倒是做过一个比较周详的预案的。因此，这片突如其来的哄笑并未把我"笑"晕过去。我以为，这"说不清"的感觉，于晚上八点的那种极具私人色彩的阅读而言，是完全不必大惊小怪的；但进了课堂，成了一种有着明确的目标指向的课程性阅读时，"说不清"的感觉就不能简单地止于"说不清"了。通常，这"说不清"的感觉正是学习上颇为难得的"愤""悱"状态，而这"说不清"之处正该是我这个语文老师"道而弗牵""强而弗抑""开而弗达"的地方。

根据预案，我从容出招：

师："说不清"是正常的，"说得清"才是超常的。（笑声）既然你"说不清"，那我们就更得好好地体会体会。你们觉得，这个"冒"字还可以换成别的什么字？

（生纷纷举手：露。钻。长。顶。穿。伸。）

师：但是，你们说的这些字眼作者用了没有呢？没有！尽管意思差不多，但作者一个都没用，就用了这个"冒"字，是不是？为什么呢？

就通常的语文教学而言，走完这一步，流程的触角大多就会转向对"冒"字的赏析性解读。老师的提问通常会如此这般：

那么，用这个"冒"字，好处是什么呢？

细解这一问题，我们不难发现，其中隐含着这样一个毋庸置疑的结论：用"冒"字比用其他的字要好。显然，"冒用得好"作为一种定论是先于学生的解读而存在的，至于事实上究竟"好不好"，那是无须学生仔细理会的，他们只要按图索骥地找到"冒"字的好处就足够了。但倘若果真如此，我的语文课就将不可避免地滑向抽象、枯寂、毫无生趣可言的理性分析。

我清楚，这是个分水岭！一边会陷入习焉不察的老套，一边则通向一个充满悬念和诱惑的未知。它在带来风险的同时，也让我的教学步履迈向了扣人心弦的探究之路。凭直觉，我估计自己即将穿过的是一条开满鲜花的荆棘之路。

师：不着急，好的字眼、美的字眼，是需要花时间慢慢去嚼的。这样，你们先读读这段课文，体会体会，你觉得荷花从挨挨挤挤的荷叶之间怎样地长出来，才可以叫作冒出来。

听课老师明显地发现了我在教学方式上的异样。是的，我没有按照惯常的做法，让孩子们直截了当地比较"冒"和"长"的高下优劣，我不想引导他们咀嚼"冒"和"长"在言语意味上的差异，而是要引导他们在另一个更为感性、更为具体的平台上寻求两者之间的意义联系。显然，这种颠覆性的思路是一条迥异于传统教学的路子，这条路走得通吗？

生：我觉得比较快地长出来是冒出来，不是很慢地长。

师：迅速地长出来。好，这是你的感觉。

生：悄悄地钻出来。

师：悄悄地钻出来，有点害羞的味道。嗯，这是你嚼出来的味道。

生：争先恐后地长出来。

师：争先恐后地长出来。这一朵急着要长出来，那一朵也急着要长出来，谁也不让谁。我们从中体会到了荷花的一种心情，什么心情？

找一个字代替，不难！难的是真正用心去意会荷花的那种气质和神韵。"什么心情"，这轻轻一拨，就将学生的精神触角由对荷花外形的揣摩深入到对荷花内心的体验。从这一刻开始，孩子们对荷花的感悟已经进入了一种诗意的解读。荷花正在不知不觉地成为学生心中的一个精神伙伴甚至自己的精神的一个影子。

生：急切的心情。

师：冒是怎样地长？冒是急切地长。

生：迫不及待的心情。

生：非常高兴的心情。

生：非常激动的心情。

生：欢天喜地的心情。

师：太好了！迫不及待地长，兴高采烈地长，非常激动地长，欢天喜地地长，这就是冒出来呀！你们还有别样的体会吗？

生：心花怒放地长出来。

生：快快乐乐地长出来。

生：亭亭玉立地长出来。

师：是啊，同学们，作者不用"长"，不用"伸"，不用"钻"，就用了"冒"这个字眼。为什么？因为"冒"让我们嚼出了荷花的急切、荷花的激动、荷花的争先恐后、荷花的迫不及待、荷花的心花怒放。

""冒'比'长'好在哪里"，这是一种解读模式；"怎样地'长'才是'冒'"，这是另一种解读模式。就阅读思维的性质而言，前者属于抽象的理性分析，而后者则属于诗意的感性领悟。从孩子们的课堂表现来看，这条诗意学习的路不但走得通，而且大有"山阴道上行，山川自相映发，使人应接不暇"之感。

对于"冒"的诗性解读，我并未就此罢休。既然"诗意"之势在课堂上已经初露端倪，我何不顺水推舟、趁势而进呢？于是，当多媒体课件将一朵又一朵形神兼备、姿态万千的荷花图片呈现在孩子们的眼前时，我以课前预设的一个想象性写话将孩子心灵的触角又引向一种诗性的体验中。

师：同学们，尽情地展开你想象的翅膀。你就是一朵白荷花，白荷花就是你自己。现在，你最想说些什么？最想做些什么？请写在练习纸上。

（音乐响起，生独立写话）

师：白荷花们，此时此刻，此情此景，你想说些什么？你想做些什么？

生：（读小练笔）我是一朵美丽的荷花，从这些大圆盘之间冒出来，我想让前来观看的游人们更早地看到我美丽的面孔。

生：（读小练笔）我是一朵洁白的荷花，从这些大圆盘之间冒出来，我骄傲地说："瞧！我长得多美呀！"

生：（读小练笔）我是一朵亭亭玉立的荷花，从这些大圆盘之间冒出来，我变成了一个美丽的小姑娘，穿着洁白美丽的衣裳，穿着碧绿的裙子，在随风飘舞。

师：荷花仙子来了！真是三生有幸啊！（笑声）

生：（读小练笔）我是一朵招人喜欢的荷花，从这些大圆盘之间冒出来，我想要跟别的荷花比美，你们谁也没有我这样美丽动人。

师：我欣赏你的自信！自信的荷花才是美丽的荷花。

生：（读小练笔）我是一朵孤独的荷花，从这些大圆盘之间冒出来，我多想找几个小伙伴跟我一起捉迷藏啊！

师：谁想跟这朵荷花交朋友？

（生纷纷举手）

师：不孤独，孩子，不孤独。你有朋友，瞧！他们都是你的朋友。

这真是一个意外！但我以为，一个充满诗意的语文老师，应该总是敞开着自己的敏感。"孤独"一说，分明是学生对自己生存状态的一种隐讳的表达。其背后也许是一个破碎的家庭，也许是一段寂寞的时光，也许是一种郁悒的烦恼，也许是……这份深深的敏感和警觉，给了这个孤独的孩子，不，也给了所有曾经孤独或即将孤独的孩子们一抹温暖的精神底色。

生：（读小练笔）我是一朵姿态万千的荷花，从这些大圆盘之间冒出来，我想说："我终于长成一朵美丽而漂亮的荷花了，可以让许多游客来观赏我。"

师：将自己的美献给游客，你不但有一个美丽的外表，更有一颗美丽的心灵。

生：（读小练笔）我是一朵快乐的荷花，从这些大圆盘之间冒出来，我想说："夏天可真美，我也要为夏天添一些色彩。"

生：（读小练笔）我是一朵充满希望的荷花，从这些大圆盘之间冒出来，我希望自己变得越来越美丽，这样我就可以成为花中之王了！

这不就是语文训练吗？其实，诗意语文从来都不回避"训练"。有人以为，"诗意的"语文会将学生拔离语文实践的大地。因为"诗意"一词通常被理解为一种虚构、一种幻境、一种不着边际的飘浮。而事实恰恰相反，让学生诗意地栖居在语文大地上，其所倡言的终极视野正是"语文大地"。

"栖居"一词已经意味着学生在语文大地上的逗留，而"在语文大地上"的补充与强调，正是为了防止对"诗意"一词充满危险的误读。"诗意"并不飞翔凌越在语文大地的上空，相反，正是"诗意"，使学生可以真正栖居在语文大地上。

从某种意义上说，"栖居"必定意味着"训练"，但问题的关键在于我们处理"训练"的方式和艺术。就语文"训练"而言，大体存在两种表现方式：一种是教师有着明确的训练意图，学生也能明确地意识到自己在接受训练，我们称之为"显性训练"；还有一种是教师有着明确的训练意图，但学生却毫不知情，在自然而然的状态中接受训练，我们称之为"隐性训练"。诗意语文追寻的正是这样一种隐藏了训练意图的"训练"，一种"随风潜入夜，润物细无声"的"训练"，一种融入整体语境中的"有机训练"。

当这种训练被安顿在一个充满诗意的课境中时，谁也不会怀疑，此时的写话实践更是学生的一种自觉的精神诉求。精神境域的拓展和语文能力的培养共同演奏出一段和谐的生命乐章。花即是人，人即是花。人因了花而焕发出生命的情趣，花因了人而彰显出精神的高贵。这样的课堂境界，或可谓之"人花合一"的境界吧？

没想到，诗意语文的发轫，会是《荷花》的这个"冒"字！没想到，《诗的材料》居然成了"诗意语文"萌动的材料，这冥冥中似有一种天意。

第二编

节奏，成就名园悲歌
——《圆明园的毁灭》课堂实录与品悟

『课品综述』

名园失梦　万世悲歌

> 希腊有巴特农神庙，埃及有金字塔，罗马有斗兽场，巴黎有圣母院，而东方有圆明园。要是说大家没有看见过它，但大家梦见过它。
>
> ——雨果

那只能梦回的圆明园，本就是大清帝国六世皇朝用150年的想象力建造的梦。1860年，英法联军的一场大火将这宛若梦境的"亚洲文明的剪影"化为废墟，也将中国的那段历史烧成了刻骨铭心的耻辱与伤痛。

《圆明园的毁灭》，为人教版五年级上册第21课。它曾被多位名师演绎过，虽有不同的设计、不同的风格，解读与传递的却是同样的悲情。2002年，王崧舟老师也执教了这一课。

他带我们走进这万园之园，"漫步园内"，"流连其间"，又让我们眼睁睁地看着罪恶的大火把这"不可估量"的文明"化为灰烬"。他是把一种惊心动魄的美捧给我们看，然后将它生生地摔碎在我们面前！于是，在"欢喜"与"悲痛"之外，我们没有任何转身的空间。

继而是20秒的沉默，像乐曲里的一个休止符，又像文章里一个大大的感叹号，把我们的微笑凝住，使我们默默对着那断壁残垣。

沉默是永远的圆明园，遗世独立，爱恨满园。

王老师说："圆明园背后深藏着一种苍凉，一份沉重的屈辱。"他是把自己对祖国积弱受辱的痛切就着文本内在的精神价值，演绎为短暂的课堂人生了。课的情感洗练而又浓烈，凄美而又悲凉，为圆明园奉祭了一曲悲歌。

好课亦如歌。

品味这一课，牵动我们情感的正是课堂节奏的高低起伏、抑扬顿挫。节奏是一切艺术的灵魂。显然，王老师课堂上的节奏建构不是无意的契合，而是刻意的追求，他讲究起和伏的错落，讲究动与静的相生，讲究疏与密的结合。正如王乐芬老师所言："这一课'起'得山势渐奇，'承'得顺流而下，'转'得繁花千树，'荡'得银瓶乍破，'拓'得霹雳弦惊，'发'得万壑奔雷。起、承、转、荡、拓、发，一路峰回路转，风景迥异，却处处流露着'爱'之深、'恨'之切。瑰丽神奇的意象以切肤之痛的悲哀做底色，慷慨激愤的痛诉与浅唱低吟的赞叹共斟酌，环环紧扣，水乳交融。圆明园的千种风情、万般辉煌便在这大气磅礴的纵横捭阖中，一一铺排，怆然浮现。"

名园失梦，万世悲歌。

梦碎人杳，不愿回首，却总得让孩子们接过这份沉重——为了铭记，更是为了唤醒。

『课文呈现』

圆明园的毁灭

圆明园的毁灭是祖国文化史上不可估量的损失，也是世界文化史上不可估量的损失！

圆明园在北京西北郊，是一座举世闻名的皇家园林。它由圆明园、万春园和长春园组成，所以也叫圆明三园。此外，还有许多小园，分布在圆明园东、西、南三面，众星拱月般环绕在圆明园周围。

圆明园中，有金碧辉煌的殿堂，也有玲珑剔透的亭台楼阁；有象征着热闹街市的"买卖街"，也有象征着田园风光的山乡村野。园中许多景物都是仿照各地名胜建造的，如，海宁的安澜园，苏州的狮子林，杭州西湖的平湖秋月、雷峰夕照；还有很多景物是根据古代诗人的诗情画意建造的，如，蓬莱瑶台，武陵春色。园中不仅有民族建筑，还有西洋景观。漫步园内，有如漫游在天南海北，饱览着中外风景名胜；流连其间，仿佛置身在幻想的境界里。

圆明园不但建筑宏伟，还收藏着最珍贵的历史文物。上自先秦时代的青铜礼器，下至唐、宋、元、明、清历代的名人书画和各种奇珍异宝。所以，它又是当时世界上最大的博物馆、艺术馆。

1860年10月6日，英法联军侵入北京，闯进圆明园。他们把园内凡是能拿走的东西，统统掠走；拿不动的，就用大车或牲口搬运；实在运不走的，就任意破坏、毁掉。为了销毁罪证，10月18日和19日，三千多名侵略者奉命在园内放火。大火连烧三天，烟云笼罩了整个北京城。我国这一园林艺术的瑰宝、建筑艺术的精华，就这样化成了一片灰烬。

（注：本课选自人教版义务教育课程标准实验教科书小学语文五年级上册第21课）

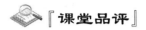『课堂品评』

沉默的圆明园

一、读写课题——感受一种悲怆

师： 同学们，把你写字的手高高举起，咱们一起认认真真地书写课题——"圆明园的毁灭"。"圆"是"圆满无缺"的"圆"，"明"是"光明普照"的"明"，后面这个"园"是皇家园林的"园"。（师边说边板书，生跟着书空）我们一起读——

生：（齐读）圆明园。

师： 再读——

生：（齐读）圆明园。

师： 大声读——

生：（齐读）圆明园。

师： 同学们，一座圆满无缺的皇家园林，一座光明普照的皇家园林，被英国和法国两个强盗给毁灭了。（板书：的毁灭）一起读——

生：（齐读）圆明园的毁灭。

师： 再读一遍——

生：（齐读）圆明园的毁灭。

［开门见山，读题入课。

"圆明园"之名取意于雍正皇帝的法号"圆明"。"圆"是指个人品德圆满无缺，超越常人；"明"是指政治业绩明光普照，完美明智。所谓"圆而入神，君子之时中也；明而普照，达人之睿智也"。

王老师没有把这些解释明言，只让孩子们举起手，一起恭恭敬敬地书写："圆"是"圆满无缺"的"圆"，"明"是"光明普照"的"明"，"园"是"皇家园林"的"园"。"一座圆满无缺的皇家园林，一座光明普照的皇家园林，被英国和法国两个强盗给毁灭了"，明朴实巧，貌淡实浓。教者可谓用心良苦，使课一开端就弥漫着一种无言的悲怆。］

二、首尾关照——凸显一份悲情

师：请同学们拿出课文，自由朗读《圆明园的毁灭》，边读边注意几个生字的读音。读完课文后想一想，你知道了什么？

（生自由朗读课文）

师：好！一遍已经读完。大家说一说，读了课文的第一自然段你知道了什么？把手举高一点。

生：我知道了圆明园的毁灭是祖国文化史上不可估量（把"量"读成了第四声）的损失。

师：注意，这里"不可估量"的"量"应该读成第二声。"不可估量"，读。

生：（朗读）不可估量。

师：（板书：不可估量）你知道了圆明园的毁灭是祖国文化史上不可估量的损失。还知道了什么？

生：我还知道了圆明园的毁灭是世界文化史上不可估量的损失。

师：（板书：不可估量）同学们，你对"不可估量"这个词是怎么理解的？

生：就是不可以计算的意思。

生：就是无法衡量的意思。

生：就是怎么估算也估算不出来的意思。

师：那么，当两个"不可估量"叠在一起的时候，又意味着什么呢？

生：就是这个损失实在是太大了，根本无法估量。

师：好！我们一起读读这一段，体会体会这种损失的无法估量。

生：（齐读）圆明园的毁灭是祖国文化史上不可估量的损失，也是世界文化史上不可估量的损失！

师：哪些同学已经将两个"不可估量"画下来了？（发现没人举手）不够敏感，赶紧把它们画下来。

（生画出"不可估量"）

师：同学们，打开课文，读到第一句话时，映入你眼帘的第一个词是"不可估量"，第二个词还是"不可估量"，你们的内心是一种什么滋味？

生：我觉得圆明园这样雄伟，却被这样毁灭了，十分可惜。

师：可惜。这是你的感受。

生：很悲哀。
师：你为谁而悲哀？
生：为祖国的文化而悲哀。
师：你仅仅是为祖国的文化悲哀吗？
生：也为世界文化感到悲哀。
师：除了悲哀，除了可惜，你们还有别样的滋味吗？
生：我感到痛恨。
师：痛恨谁？
生：痛恨毁灭圆明园的人。
师：他们配称"人"吗？他们是"人"吗？
生：是禽兽。
生：他们是强盗。
生：是畜生。
师：是禽兽！是强盗！是畜生！带着这种感受，我们来读这一段。
生：（齐读）圆明园的毁灭是祖国文化史上不可估量的损失，也是世界文化史上不可估量的损失！
师：别忘了，你读这段话的滋味，是痛惜，是痛恨，是悲哀！再读一遍——
生：（齐读）圆明园的毁灭是祖国文化史上不可估量的损失，也是世界文化史上不可估量的损失！
师：此时此刻，你的心情可以估量吗？（板书：不可估量）

[连书三个"不可估量"，教师所要凸显的痛惜之情同样"不可估量"。]

师：谁来告诉大家，读了文章的最后一段，你又知道了什么？
生：我知道了毁灭圆明园的是这两个强盗——英法联军。
师：哪两个强盗？分开来说。
生：一个是英国，一个是法国。
师：对，就是这两个强盗：一个是英国，一个是法国。
生：我还知道了他们为了销毁证据，烧了我们的圆明园。
师：烧了圆明园，最后剩下了四个字，哪四个字？
生：化为灰烬。
师：（板书：化为灰烬）仔细看一看，化为灰烬的是什么？

["化为灰烬的是什么？"这轻轻的叩问，撞开了屈辱。]

生：化为灰烬的是建筑艺术的精华。

师：建筑艺术的精华化为灰烬。（板书：化为灰烬）还有什么也化为灰烬了？

生：园林艺术的瑰宝。

师：园林艺术的瑰宝化为灰烬。（板书：化为灰烬）还有什么？

[连书三个"化为灰烬"。字字触目，字字惊心。]

生：奇珍异宝。

师：还有什么？

生：青铜礼器。

师：还有什么？

生：名人书画。

师：说得完吗？三天三夜也说不完啊！谁来读读这一段"化为灰烬"的文字？

生：（朗读）1860年10月6日，英法联军侵入北京，闯进圆明园。他们把园内凡是能拿走的东西，统统掠走；拿不动的，就用大车或牲口搬运；实在运不走的，就任意破坏、毁掉。为了销毁罪证，10月18日和19日，三千多名侵略者奉命在园内放火。大火连烧三天，烟云笼罩了整个北京城。我国这一园林艺术的瑰宝、建筑艺术的精华，就这样化成了一片灰烬。

[入课之后教师就首尾对照，直指"不可估量"与"化为灰烬"。咸丰十年，千古遗恨，尽在这"不可估量"与"化为灰烬"中。

出乎意料的重复板书，看似随意，实则充满匠心。眼睛被这两个词语刺得生疼，课的悲情进一步沉积，学生所感悟的不仅仅是课文，而且是一段历史。]

三、以乐衬哀——畅游一处梦境

师：同学们，除了第一段和最后一段，你还知道些什么？快速默读文章的中间部分，把你知道的记下来。

生：我知道了圆明园中有金碧辉煌的殿堂、玲珑剔透的亭台楼阁，象征着热闹街市的买卖街，象征着田园风光的山村乡野。

师：你知道的这一切，可以用一个词语来概括。哪个词语？（板书：宏伟建筑）

生：（齐读）宏伟建筑。

师：你还知道了什么？

生：我知道了圆明园在北京的西北郊，是一座举世闻名的皇家园林。

师：（板书：举世闻名）举世闻名是什么意思？

生：是世界上非常有名的意思。

生：不仅是我们中国人知道，而且名字还流传在外。

师：你是从哪一个字中读懂这一层意思的？

生：举。

师："举"是什么意思？

生：全世界。

师："举"是全的意思，"举世"是全世界的意思。全世界都知道谁？

生：圆明园。

师：全世界都知道它的名字，谁？

生：圆明园。

师：不仅中国人知道，连外国人也知道，它是谁？一起说——

生：（齐答）圆明园。

[好一个"举世闻名"的圆明园！释词之后，一唱三叹。语言训练与情感熏陶都在其间了。]

师：你还知道了什么？

生：我还知道了圆明园由圆明园、万春园和长春园组成，所以也叫圆明三园。此外，还有许多小园，分布在圆明园东、西、南三面，众星拱月般地环绕在圆明园周围。

师：写的依然还是宏伟建筑。还知道了什么？

生：我还知道了圆明园收藏着最珍贵的历史文物。上至先秦时代的青铜礼器，下至唐、宋、元、明、清历代的名人书画、各种奇珍异宝。

师：（板书：珍贵文物）同学们，你们知道的这一切概括成一句话，那就是：圆明园不但有举世闻名的——

生：（齐答）宏伟建筑。

师：还有举世闻名的——

生：（齐答）珍贵文物。

师：课文的哪个自然段写了圆明园的宏伟建筑？请一个同学读这一自然段，其他同学思考：在这个自然段中，作者一口气用了多少个"有"字？

生：（朗读）圆明园中，有金碧辉煌的殿堂，也有玲珑剔透的亭台楼阁；有象征着热闹街市的"买卖街"，也有象征着田园风光的山乡村野。园中许多景物都是仿照各地名胜建造的，如，海宁的安澜园，苏州的狮子林，杭州西湖的平湖秋月、雷峰夕照；还有很多景物是根据古代诗人的诗情画意建造的，如，蓬莱瑶台，武陵春色。园中不仅有民族建筑，还有西洋景观。漫步园内，有如漫游在天南海北，饱览着中外风景名胜；流连其间，仿佛置身在幻想的境界里。

师：好！读得很好！长长的一段话，读得非常准确、非常流利，真是不简单。同学们，在写圆明园的宏伟建筑时，作者一口气用了几个"有"字？

生：一共用了七个"有"字。

师：来，一个一个读给大家听。圆明园中——

生：有金碧辉煌的殿堂。

师：这是第一有。圆明园中——

生：有玲珑剔透的亭台楼阁。

师：这是第二有。圆明园中——

生：有象征着热闹街市的"买卖街"。

师：这是第三有。圆明园中——

生：有象征着田园风光的山乡村野。

师：这是第四有。圆明园中——

生：有很多景物是根据古代诗人的诗情画意建造的，如，蓬莱瑶台，武陵春色。

师：这是第五有。圆明园中——

生：有民族建筑。

师：这是第六有。圆明园中——

生：有西洋景观。

师：这是第七有。天哪！整整七个"有"啊！来，一起读读这象征着宏伟建筑的七个"有"。

生：（齐读）圆明园中，有金碧辉煌的殿堂，也有玲珑剔透的亭台楼阁；有象征着热闹街市的"买卖街"，也有象征着田园风光的山乡村野。园中许多景物都是仿照各地名胜建造的，如，海宁的安澜园，苏州的狮子林，杭州西湖的平湖秋月、雷峰夕照；还有很多景物是根据古代诗人的诗情画意建造的，如，蓬莱瑶台，武陵春色。园中不仅有民族建筑，还有西洋景观。

[找到书中的七个"有",明知已碎却极言其美。]

师:同学们,老师头脑里突然冒出了这样一个问题:要写尽圆明园中的所有景观、所有建筑,还要用上多少个"有"?

生:还要用上无数个"有"。

师:无数个"有"?你们的依据是什么?从书中找依据。

(生默读第三自然段)

师:找到依据的请举手——

生:我从"各地名胜"看出,要无数个"有"。

师:好!这是依据一。

生:我从"园中许多景物"的这个"许多"看出,要无数个"有"。

师:这是依据二。

生:"有如漫游在天南海北"的"天南海北",说明还有很多很多。

师:这是依据三。

生:我从"幻想的境界里"看出,要无数个"有"。

师:你可以无穷无尽地想。这是依据四。

生:我从"中外风景名胜"看出,要无数个"有"。

师:这是依据五。

生:我从"很多景物"看出,要无数个"有"。

师:好!这是依据六。不能再往下说了,真是没完没了的依据啊。是的,圆明园的景观怎能写得尽呀?圆明园的建筑又怎能说得完啊?

[令人拍案叫绝的"无数个'有'"!从实写到虚写,从举例到概述,学生在自由的品味探究里感受着语言的精妙。]

师:当你走进这样宏伟、这样精美的皇家园林时,你怎能不发出这样的感叹呢——

(大屏幕呈现:漫步园内,有如漫游在天南海北,饱览着中外风景名胜;流连其间,仿佛置身在幻想的境界里。)

生:(朗读)漫步园内,有如漫游在天南海北,饱览着中外风景名胜;流连其间,仿佛置身在幻想的境界里。

师:多美的感叹呀!

生:(朗读)漫步园内,有如漫游在天南海北,饱览着中外风景名胜;流连其间,仿佛置身在幻想的境界里。

师:真是由衷的感叹呀!

生：（朗读）漫步园内，有如漫游在天南海北，饱览着中外风景名胜；流连其间，仿佛置身在幻想的境界里。

　　师：我们漫步，我们饱览，我们流连，我们幻想。这一切，都是因为这圆满无缺的皇家园林；这一切，都是因为这光明普照的皇家园林。（课件播放配乐的圆明园连环图片，随着播放，教师范读）"漫步园内，有如漫游在天南海北，饱览着中外风景名胜；流连其间，仿佛置身在幻想的境界里。"同学们，一起去漫步吧——

　　生：（齐读）漫步园内，有如漫游在天南海北，饱览着中外风景名胜；流连其间，仿佛置身在幻想的境界里。

　　［王老师带我们走进了宛若梦境的圆明园，那里面的美景用"无数个'有'"也说不尽。在层层的铺垫和渲染之后，我们的情绪开始变得舒缓，漫步在世界上最精美最壮观的皇家园林，微微的喜悦与陶醉浮上心田。］

四、梦碎书恨——接过一份沉重

　　师：但是，这一切早已不复存在了！这一切早已永远消失了！这一切，早已被两个强盗的一把大火化为灰烬了！（边说边将"不可估量""珍贵文物""化为灰烬"等板书全部擦掉。沉默将近20秒。）

　　［毫无防备地，王老师擦掉了眼前的一切，也把美梦摔碎在我们面前。继而是20秒的静谧！此时无声胜有声，沉默带给我们的是生命不能承受之重。现场听课的老师曾这般描述当时的课景："在这个时间里，学生脸上的微笑全部凝固了，都难过地低下了头。我在前排，还分明看到一个女生在悄悄地擦眼泪……当时，整个会场连掉下一根针都听得到。"

　　欲悲先喜，美得心醉，毁得心碎。悲剧的极美境界当如是。］

　　师：（沉默后）同学们，对圆明园，对圆明园的毁灭，你还想知道些什么？

　　生：他们有没有把这些青铜礼器还给我们？

　　师：问得好！但别忘了他们是强盗啊！

　　生：中国的守卫兵到哪儿去了？

　　师：谁都想问问这个问题！中国的军队哪里去了？中国的政府哪里去了？

　　生：火烧圆明园是谁的主意？

生：圆明园为何不修复？

生：他们一共拿走了多少东西？

师：不是拿走，是抢走。他们抢走了多少价值连城的珍贵文物呀！

生：圆明园中到底有哪些珍贵的文物？值多少钱？

师：同学们，老师这里有一篇短文，能帮助你们解决一部分问题。请大家快速阅读，说说圆明园的哪一点最让你感到震撼。

（生速读《圆明园之最》）

师：来！跟大家说说，圆明园的哪一点最让你感到震撼？

生：圆明园的占地面积让我震撼。全园占地5200多亩，方圆20多里，相当于640多个足球场的大小。

生：圆明园的珍贵文物让我震撼。园内珍藏着不计其数的孤本秘籍、名人字画、金银珠宝、青铜礼器、古玩陶瓷，价值难以估算。仅原圆明园内海晏堂前喷水台上的4个生肖铜首，2000年的国际市场拍卖价就高达9000多万人民币。

师：是啊，光4个生肖铜首就能卖9000多万人民币，而这仅仅是圆明园中珍贵文物的九牛一毛啊！

生：圆明园的景观让我震撼。全园在山环水绕之中，分布着145处景观，宫殿楼阁140多座，桥廊、水榭、亭台、馆轩等更是难以历数。

生：圆明园的建造时间让我震撼。它从1709年开始兴建，经历了康熙、雍正、乾隆、嘉庆、道光、咸丰六代清朝皇帝，一直到1860年被英法联军焚毁，共经营了151年。

师：151年，跨越了两个世纪啊！一座皇家园林，经营了151年，真是不可思议啊！

生：圆明园的建筑风格让我震撼。它继承了中国园林艺术的全部神韵，也吸收了西方建筑艺术的精华。

［适时地质疑与拓展。］

（课件播放电影《火烧圆明园》的片段，随后画面定格在熊熊燃烧的烈火上。同时播放配乐《江河水》。）

师：同学们，就是这样一座世界上最宏伟、最珍贵、最精美的皇家园林，被后人誉为"万园之园"的皇家园林，却在一场空前的浩劫中被一场大火化——为——灰——烬。

同学们，面对这场罪恶的大火，面对圆明园的断壁残垣，你有什么话想说呢?

（生在充满着哀怨的音乐声中写话）

师： 你想说些什么？

生： 这场罪恶的大火，烧毁了一座皇家园林，烧毁了园林艺术的瑰宝、建筑艺术的精华，也燃烧起我们的仇恨之心。

生： 这帮可恶的强盗，可恶的侵略者，你们简直不是人。你们是畜生！你们是禽兽！你们烧我们的圆明园，难道一点都不心疼吗？

师： 畜生就是畜生，你能指望它们良心发现吗？

生： 我不但痛恨侵略者，我也痛恨腐败无能的清朝政府。你们实在是太软弱了，你们丢尽了我们中国人的脸。

生： 我要问一问侵略者，你们凭什么在中国的土地上烧杀抢掠、横行霸道？难道就因为我们弱小，你们就可以这样欺侮我们吗？我要告诉你们，中国现在强大了！我们再也不许你们来中国的土地上烧杀抢掠、横行霸道了！

师： 同学们，记住一个真理——落后就要挨打！

生： 圆明园，你虽然被这场罪恶的大火烧毁了，但你的形象却永远留在了我的心中。你让我看到了世界上最宏伟的皇家园林，更让我看到了中华民族的智慧的结晶。

生： 我多么希望圆明园能够重新修复啊！我更希望那些被英法联军抢走的青铜礼器、名人字画，还有各种奇珍异宝都能够归还给我们。

生： 这场大火虽然烧毁了这座万园之园，但烧不毁这帮强盗的滔天罪行，烧不毁我们对你们的刻骨仇恨，更烧不毁我们中国人要富强的决心。

师： 同学们，让我们永远记住这个日子——1860年10月6日。这场大火，烧毁的是一座幻想之园、万园之园。但是，这场大火，却也烧醒了中华民族自强不息、和平崛起的信心和壮志！但愿这样的历史永远不再重演！

［课至收官，情感亦到极致。

那残忍的大火在《江河水》的苍凉里定格。站在屈辱面前痛心诉说，多少爱恨情仇溢于笔端。学生们的书写是那样酣畅、那样自然。面对圆明园，他们已接过了这份沉重，同时接过的还有民族崛起的信念。］

『课程反思』

抑扬顿挫：寻求理想的情感解读模式

已经有很多人解读过我执教的《圆明园的毁灭》了。或许，"情感""节奏"，是解读《圆明园的毁灭》一文和一课的两把钥匙。

先说"情感"。

《圆明园的毁灭》一文，共抒发了五种情感，即：痛惜之情，惊叹之情，耻辱之情，仇恨之情，自强之情。

一说痛惜之情。圆明园是我国"园林艺术的瑰宝、建筑艺术的精华"，它的毁灭是祖国文化史上不可估量的损失，中国人民为之痛惜；圆明园是"当时世界上最大的博物馆、艺术馆"，它的毁灭也是世界文化史上不可估量的损失，世界人民也应感到痛惜。

二说惊叹之情。圆明园是一座举世闻名的皇家园林，被誉为"万园之园"，令世人惊叹不已。圆明园建筑宏伟壮观，充满诗情画意，让人"有如漫游在天南海北，饱览着中外风景名胜"，"仿佛置身在幻想的境界里"。圆明园"收藏着最珍贵的历史文物"，是"当时世界上最大的博物馆、艺术馆"，两处"最"，使惊叹之情溢于言表。

三说耻辱之情。这样一座世界上最宏伟壮观的园林，这样一座当时世界上最大的博物馆、艺术馆，竟然在几天之内化成一片灰烬。区区三千多名侵略者，在圆明园内恣意妄为、肆意抢掠，如入无人之境。这不能不说是整个中华民族的奇耻大辱，大火毁园的那一刻，也同时灼烤着每个中国人的良知与尊严。

四说仇恨之情。仇恨之情是与耻辱之情紧密联系在一起的。看着被称为"万园之园"的圆明园顷刻间化为灰烬，怎能不激起后人对侵略者的刻骨仇恨？英法联军"侵入北京"，"闯进圆明园"，"统统掠走"，"任意破坏、毁掉"，"放火"烧园等，这些词语写尽了侵略者践踏人类文化的残暴面目，读之令人痛恨。

五说自强之情。课文在"一片灰烬"四个字中戛然而止，像一个巨大而惊悚的休止符，矗立在世人心中，这正是作者行文的高明之处。试想，当痛惜、惊叹、耻辱、仇恨，相互交织、纠结在一起的时候，震撼和警醒必定是水到渠成的。"落后就要挨打"的道理无须直言,"勿忘国耻,振兴中华"的志向也不必高喊,人人心头自有一股浩然之气在激荡、在升腾,正所谓"不着一字,尽得风流"。

那么,这五种情感是一种一种挨次发生、逐步递进的吗?非也!纵观全文,落点当在"毁灭"二字上。圆明园的毁灭是一场大劫难、大悲剧。悲剧者,将最有价值的东西撕碎了让人看。悲剧,最能激活人的悲情——悲怆、悲痛、悲愤、悲悯、悲壮之情。所以,五情其实已融于一情中,那就是"悲情"。这既是全文的基调,也是行文的主调。

文如此,课亦如此。

再说"节奏"。

《圆明园的毁灭》一课,构建了四种节奏,即:悲怆之"抑"、绝美之"扬"、震撼之"顿"、惕厉之"挫"。

悲怆之"抑"是课堂上构建的第一种节奏。"抑"是下抑、压抑,是课堂情感和氛围下行、收缩的一种状态。这种状态的营造,从课的一开始就已经发生了:

"同学们,把你写字的手高高举起,咱们一起认认真真地书写课题——'圆明园的毁灭'。(师边板书,边逐字解析)'圆',是'圆满无缺'的'圆';'明',是'光明普照'的'明';后面这个'园',是皇家园林的'园'。(生齐读:圆明园)一座圆满无缺的皇家园林,一座光明普照的皇家园林,被英国和法国两个强盗(停顿片刻)给毁灭了。(师板书:的毁灭;生齐读:圆明园的毁灭)"

借助课题一抑,无论是气势还是事理,都远远不够。于是,课堂继续往下抑。先是抓住课文第一段,在"不可估量"上一唱三叹:祖国文化的损失不可估量,世界文化的损失不可估量,每个人心中的悲怆之情也一样不可估量。此时,课堂情感和氛围变得更为压抑。但是,还不够。必须把"毁灭"的内容提上来,雪上加霜、火上浇油,如此,方能将学生的情感抑得喘不过气来。于是,我出人意料地将教学引向了课文的最后一段,借助"化为灰烬"一词,又一次以一唱三叹的方式,将悲怆之情渲染得淋漓尽致。

按照节奏构建的逻辑和规律,课堂之"抑"业已实现。

绝美之"扬"是课堂上构建的第二种节奏。"扬"是上扬、飞扬,是课堂情感和氛围上行、扩张的一种状态。如何"扬"呢?第一步,整体观照圆明园,将文中的"举世闻名""宏伟建筑""珍贵文物"等关键词一一拈出,使学生初步感受万园之园的绝世之美；第二步，局部赏玩圆明园，将文中的七个"有"字一一圈出，感叹圆明园营造的那种如梦似幻的绝美境界；第三步，整体呈现圆明园，通过课件播放圆明园全景图、配乐朗读文中的重点语句，使学生身临其境，进入恍如隔世的想象世界中，流连忘返，如痴如醉。每一步的绝美之"扬"，都是对悲怆之"抑"的忘却。扬得越开、越高，忘得就越快、越净。

至第三步，学生似乎全然忘却了圆明园早已毁灭的事实。这一忘却是课堂之"扬"的必然结果，否则，节奏的巨大张力就无从谈起。

震撼之"顿"是课堂上构建的第三种节奏。先抑后扬、抑扬之变是为了创生震撼之"顿"的，这不是课堂教学中的一大板块，却比板块更厚重、更切要。当课堂情感和氛围被一次又一次地扬起来，及至扬到全课的沸点时，震撼之"顿"陡然出现：

> **师**：但是，这一切早已不复存在了！这一切早已永远消失了！这一切，早已被两个强盗的一把大火化为灰烬了！（边说边将"不可估量""珍贵文物""化为灰烬"等板书全部擦掉。沉默将近20秒。）

从"七个'有'"到"无数个'有'"，再到"没有"，再到"化为灰烬"，巨大的落差，震撼着每个学生的心。美得心醉，毁得心碎。全场静默，几近窒息。20秒的静默，是止，是顿，是止而未止、顿而不顿，正所谓"此时无声胜有声"，又恰似"于无声处听惊雷"。

留白之"顿"，催生惕厉之"挫"，这也是节奏发展的必然逻辑。

惕厉之"挫"是课堂上构建的第四种节奏。"挫"是一种突转、一个拐点、一次急转直下抑或峰回路转。作为课文的《圆明园的毁灭》止于"顿"，留白于读者，让人痛定思痛、夕惕若厉。作为课堂的《圆明园的毁灭》，则是将课文内隐的"挫"显化出来，这既是深化文本解读的需要，也是强化课程实践的需要。心灵的震撼，势必引发一系列追问和反思。一篇补充资料，恰好满足了学生的疑情之需；一段直抒胸臆的写话，也让学生蓄积已久的情感得到了充分的宣泄和升华。

抑扬顿挫，说到底不是课堂上的四种节奏，而是课堂节奏的一个完整的生命律动过程。课堂之"抑"与课堂之"扬"是一种鲜明的对比，无"抑"必无"扬"，无"扬"必无"抑"，它们是对立的，也是统一的；课堂的"抑"和"扬"都是一种"行"，或上行，或下行，抑扬之"行"与课堂之"顿"又是一种鲜明的对比，无"行"必无"顿"，无"顿"必无"行"，它们是课堂节奏在一个新的层面上的对立与统一；课堂的"抑""扬""顿"都朝向同一方向，都是对历史的一种穿越和体验，都是逆时而行，这与课堂之"挫"又是一种鲜明的对比，因为"挫"是立足当下、面向未来的追问和反思，是顺时而动，以史为鉴，可以知兴替。于是，抑扬顿之"逆"与挫之"顺"在一个更高的层面上实现了对立与统一。

就这样，痛惜之情、惊叹之情、耻辱之情、仇恨之情、自强之情，在全课抑扬顿挫的节奏演绎过程中，得到了酣畅淋漓的激发、宣泄和升华。

总之，情感是节奏之源，节奏是情感之花。合于节奏的情感，是为审美之情；源于情感的节奏，是为艺术之魂。

诗意语文，从来没有像现在这样，于课堂节奏的建构中自觉寻求理想的情感解读模式。

第三编

磨出『感悟』与『质疑』的两全

——《只有一个地球》课堂实录与品悟

『课品综述』

喧哗中沉静的探索

2001年秋,课程改革正式启动,课程标准的颁布与实施犹如惊涛拍岸,一时在大江南北卷起了千堆雪、万重浪。语文教育也在课改理念的冲击下激烈震荡,教师的教学习性、学生的学习方式都经历了前所未有的颠覆。学生的主体地位得到确认,自主、合作、探究的学习方式开始轰轰烈烈地推广,"对话""体验"等教学理念大大地改变了当时的课堂教学。——现在想来,当初的种种或许难免带着一些改革初期的"冒进"乃至偏颇,但是,谁也不会否认,世纪初的这场改革是新中国教育史上波及面最广、影响最深的一次有益探索。

其时,王崧舟老师的教学思想也在这样的背景下活跃异常,他感受着新课程的种种理念,思考着这些理念,并积极地在自己的课堂教学实践中印证这些理念。他接纳,吸收,内化;他分析,选择,扬弃。2003年前后,王老师先后创作了《草船借箭》《圆明园的毁灭》《只有一个地球》等一系列课品,还开发了中国当代第一堂卫星电视户外直播课——《相约拱宸桥》。可以说,在本世纪初活跃的课改背景下,王崧舟也实现了自身教育思想的拔节。

其中最具代表性的课例就是《只有一个地球》。在这一课中,他接纳了新课程之后主流价值观所倡导的"让学生质疑"的教学理念,并与自己熟稔的"感悟理解"式的教学思想融会贯通,实现了"感悟"与"质疑"的视域融合。

这显然是一种超越。但这种超越绝不限于教学模式,课的深层意义在于它探索了"质疑"这一教学理念在语文学科教学中的某种特质。

王老师认为:语文之问与科学之问迥异其趣。语文之问偏于审美,科学之问则重于理性。审美的问,自然以情感为逻辑之维,学生的种种叩问,其意并非在求得一明晰确凿之答案,从某种意义上讲,这些问实乃不问之问、问不在问,这是一种饱蘸情绪的问,是想问出一种情绪、情意和情味,同时也就宣告了"问"这一存在的终结。

"问出情绪"是否一定意味着"问"的终结,当可进一步商榷。但应该从学生提问的背后倾听并理解他们的"问外之意""疑中之情",将"问"

引向深入,从而使"质疑"和"感悟"在言语的情味和意蕴的理解场中走向视域融合。也许,这才是某种洞达通彻的教学超越。

这一课还常常被当作"磨"课的典范,因为它曾被伤筋动骨地三易其稿。

如此切磋,如此琢磨,呈现在我们面前的《只有一个地球》终于晶莹剔透,光彩流转。

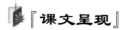『课文呈现』

只有一个地球

据有幸飞上太空的宇航员介绍,他们在天际遨游时遥望地球,映入眼帘的是一个晶莹的球体,上面蓝色和白色的纹痕相互交错,周围裹着一层薄薄的水蓝色"纱衣"。地球,这位人类的母亲,这个生命的摇篮,是那样的美丽壮观,和蔼可亲。

但是,同茫茫宇宙相比,地球是渺小的。它是一个半径只有六千三百多千米的星球。在群星璀璨的宇宙中,就像一叶扁舟。它只有这么大,不会再长大。

地球所拥有的自然资源也是有限的。拿矿物资源来说,它不是上帝的恩赐,而是经过几百万年,甚至几亿年的地质变化才形成的。地球是无私的,它向人类慷慨地提供矿产资源。但是,如果不加节制地开采,必将加速地球上矿产资源的枯竭。

人类生活所需要的水资源、森林资源、生物资源、大气资源,本来是可以不断再生,长期给人类作贡献的。但是,因为人们随意毁坏自然资源,不顾后果地滥用化学品,不但使它们不能再生,还造成了一系列生态灾难,给人类生存带来了严重的威胁。

有人会说,宇宙空间不是大得很吗,那里有数不清的星球,在地球资源枯竭的时候,我们不能移居到别的星球上去吗?

科学家已经证明,至少在以地球为中心的40万亿千米的范围内,没有适合人类居住的第二个星球。人类不能指望在破坏了地球以后再移居到别的星球上去。

不错,科学家们提出了许多设想,例如,在火星或者月球上建造移民基地。但是,即使这些设想能实现,也是遥远的事情。再说,又有多少人能够去居住呢?

"我们这个地球太可爱了,同时又太容易破碎了!"这是宇航员遨游太空目睹地球时发出的感叹。

只有一个地球,如果它被破坏了,我们别无去处。如果地球上的各种资源都枯竭了,我们很难从别的地方得到补充。我们要精心地保护地球,保护地球的生态环境。让地球更好地造福于我们的子孙后代吧!

(注:本课选自人教版义务教育课程标准实验教科书小学语文六年级上册第13课)

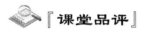『课堂品评』

"问"出语文的情韵与意味

一、设问,激发阅读期待

师:美国有一家世界著名的杂志叫《时代周刊》。这家杂志每年要在世界范围内评选一位年度新闻人物。评出的这个人,肯定是这一年中在全世界影响特别大的。举两个例子,比如说,2001年,《时代周刊》评选出的年度新闻人物是美国纽约市的市长朱利安尼。因为那一年纽约发生了震惊全球的"9·11"恐怖袭击事件。事件发生后,整个纽约几乎成了人间地狱。朱利安尼领导纽约市民全力救灾,重建家园,仅短短的几个月时间,纽约市民就过上了正常有序的生活。厉害吧?

生:(自由应答)厉害。

师:再比如说,1992年,《时代周刊》评出的年度新闻人物是我们中国改革开放的总设计师,是谁?

生:(小声)邓小平。

师:对,邓小平。因为那一年,小平同志发表了重要的南巡讲话。这次讲话将中国的改革开放推向了一个崭新的高潮。自豪吧？

生：（自由应答）自豪。

师：但是，1998 年，《时代周刊》却评选了一位非常特殊的新闻人物。当时结果一公布，几乎所有的人都大吃一惊，目瞪口呆。想知道是谁吗？

生：（自由应答）想。

师：你们的眼神已经告诉了我。（课件呈现地球的画面）谁？

生：地球。

生：地球。

生：地球。

师：当你们从老师这里知道这个消息时，你感到吃惊吗？

生：（自由应答）吃惊！

师：（向一生）为什么吃惊？

（生一时语塞）

师：（幽默地）你看，她吃惊得都不知说什么好了。

生：因为前几次评选出的都是人物，而这一次却是一个星球。

师：对啊，前几次都是人物啊。但地球是个星球，不是人物啊。《时代周刊》会不会搞错了呢？想知道为什么吗？答案就在这篇文章里。大声地朗读课文，读的时候注意把生字读准、句子读通。读完以后，问一问自己，你的心情如何？

［从阅读心理来看，阅读就是期待产生，期待实现，同时又产生新的期待这样一个不断推进的心理矛盾运动过程。教育家阿莫纳什维利认为，衡量教师好坏的一条重要标准就是你的学生是否有阅读的愿望。

王老师的这个导入设计，恰恰就是在谈话中创设出问题的情境，引发学生强烈的阅读期待。在一种迫切的探究心理的驱使下，学生很容易进入与文本广泛而自由的对话中。这样的阅读，对学生来说肯定是陌生而新鲜的，学生会兴致勃勃地从字里行间捕捉自己所关心的信息。］

二、初读，情动于中而形于言

（学生自读课文；教师巡视，找个别学生读文。当学生读到"璀璨"感到生疏时，教师及时板书并注音，以帮助学生读书。过了一会儿，学生相继读完课文，声音越来越小。）

师：读书的声音越来越轻。读完以后，你们的脸色变得凝重了。王老师知道大家的心情在悄然发生着变化。来，和大家交流一下，读完课文以后，你的心情怎样？

["读完以后，你们的脸色变得凝重了。王老师知道大家的心情在悄然发生着变化。"——教师其实是在用自己独特的教学语言造境。]

生：我很惭愧。

师：她读完课文后感到很惭愧。继续往下说，你为什么惭愧？

生：我为人们这样滥用资源而感到惭愧，因为他们非常贪婪。

师：你为那些贪婪的滥用资源的人们感到惭愧，因为你感到你也是他们中的一员。这是你的心情。再找位同学说说。

生：我感到吃惊。

师：为什么吃惊？

生：因为全世界这么多人，如果人人都像课文中描写的那些人一样随便破坏地球环境的话，我们在地球上就将无法生存了。

师：是啊，如果地球上的人都像文中那些贪婪无耻的人的话，那么我们的地球就将毁于一旦。你的心情呢？

生：我感到憎恨。

师：对那些愚蠢的无知的人们感到憎恨。

生：我感到很伤心。地球是人类的母亲，那样无私地为人类提供资源，人们为什么这样对待她呢？而且地球上的各种资源并不是永远都用不完的，人们却不知道节俭。比如说吧，生活中很多人捕杀一些可爱的动物，使很多动物濒临灭绝，他们不觉得这样做太残忍了吗？

师：问得多好啊！他为这些人感到伤心。母亲是这样的无私、这样的可爱，而她养育的儿女却这样地对待自己的母亲。伤心啊，伤心啊。（停顿，缓慢叙述）每一个同学都有自己的心情，王老师知道读完这篇课文以后，没有一个同学还高兴得起来，快乐得起来。你的心情是复杂的、沉重的。

[《只有一个地球》本是一篇纯粹的科学小品文，但是，在王老师的课上，它已经不再是一个纯理性的文本了。王老师一开始就用自己激情的教学语言，让学生在读课文中感知和体会人类的贪婪与地球的伤痛。尽管只是初读课文，但学生在老师的引导下，已经触摸到地球母亲的胸怀。"情动于中而形于言"，真切的情、真挚的言在阅读中从学生心里缓缓流出。]

三、深悟，触摸一颗滚烫而焦灼的心

师：现在你再读课文，到文章的字里行间去找一找究竟是哪些文字、哪些叙述使你产生了这样的心情，请在这些地方画下你颤抖的线。

［初读课文后说说阅读时的心情，无疑是引导学生对文本进行整体感知，是一种阅读面上的"扫描"；接下来的"再读课文，到文章的字里行间去找一找究竟是哪些文字、哪些叙述使你产生了这样的心情"，显然就是"细节赏析"了，是一种阅读点上的"聚焦"。由面到点、由粗到细，合乎阅读交流的逻辑，正是张弛有度、操纵自如。］

（生再读课文，感悟重点）

师：刚才王老师发现，有的同学画了一处，线特别浓；有的画了两处；还有的画了三处，四处，甚至更多，很好。无论你画了几处，肯定有一处最让你怦然心动，把这一处读给同学听。

生：我一共画了两处。

师：读那处最让你怦然心动的文字。

（生大声读课文第三自然段）

师：大家注意到这个词没有？（板书"不加节制"，词下加着重号）如果有，请你把它画下来。

（生找词、画线）

师：当你从文中读到这个词时，你还会联想到哪些词？

生：我想到了毫无节制。

生：我想到了贪婪。

生：乱砍滥伐。

生：自私。

生：自利。

师：你是说自私自利。

生：愚蠢。

生：随意破坏。

师：毫无节制、贪婪、自私自利、乱砍滥伐、愚蠢、随意破坏。带着这样的情感，再读读这段文字，读读文字后面所包含的思想感情。

（生齐读文章第三自然段）

师：如果不加节制地开采，地球上的矿产资源必将越来越少。到时候，人们啊！你吃什么？喝什么？穿什么？用什么？（稍顿）想到由"不加节制"导致的种种后果，你高兴得起来吗？你快乐得起来吗？来，再读这段文字。

（师生齐读第三自然段）

师：继续交流，读让你怦然心动的文字。

（生读课文第四自然段）

师：王老师发现有一个词你读得特别重。（板书：生态灾难）你能不能说说为什么要这样读？

生：我认为这些资源……马上被人们……浪费掉了，我感到很伤心。

师：话语虽简单了些，但感情是很真挚的。我注意到你读的时候这几个字读得特别重。那么，你知道什么是生态灾难吗？

生：前几天我看了一部电影叫《惊涛骇浪》。上面演的就是长江流域发大洪水，人们生命财产受到威胁的事，情况很危急。

师：洪水是怎么产生的？你知道吗？

生：因为人们的乱砍滥伐，大量水土流失，使河床升高，大量的水流到下游，来不及排泄，从而使洪水泛滥。

师：洪水来了，造成了什么后果？

生：人们的房屋被冲毁了，庄稼也被淹了，人们都没有了家。

师：乱砍滥伐，洪水泛滥，人们无家可归。四个字：生态灾难。

生：我还知道有温室效应，以及沙漠……

师：你能说说什么是温室效应吗？

生：因为大量的废气排放，地球气温变暖，很多冰川融化了，致使海平面上升，从而导致地球陆地将被淹没。

师：大量废气排放，地球变暖，冰川融化，海平面上升，一座座美丽的城市将沉入大海。这一切的一切，四个字——

生：（齐读）生态灾难。

生：还有，动物是人类的朋友，可是人类却大量地捕杀动物，特别是贪婪自私地捕杀一些珍贵动物，使一些珍贵物种濒临灭绝。

师：人类贪婪、大量地捕杀，将使很多动物物种灭绝。最后，地球上可能就只剩下孤独的人类。到时候，困扰人们的将不仅仅是孤独，还有大量的细菌、大量的病毒。因为没有别的动物存在，这一切将全部加在人类自己身上。这一切的一切，四个字——

生：（齐读）生态灾难。

师：当你知道这些时，心情肯定不一样了。再读这段文字，大声读。

（生自由读课文第四自然段）

师：（在"生态灾难"四个字下面边加着重号边说）当你再读到"生态灾难"这四个字时，它肯定不仅仅是四个字了。在你的眼前，这四个字仿佛变成了什么？拿起书再读读这段文字。

（师生齐读课文第四自然段）

师：读着读着，"生态灾难"这四个字在你的眼前仿佛变成了什么？

生：仿佛变成了没有节制的无数的灾难。

师：变成了一个个没有节制的灾难，将文字读活了。

生：仿佛变成了一个个坟墓，它们葬送了人类的前程。而这一个个坟墓是人类自己挖掘的。

师：听到了吗？同学们，一座座坟墓呀！掘墓的人是谁？就是我们人类自己啊！

生：无比大的……可怕的威胁。

生：一个个陷阱。

师：一个个陷阱。一个个深不见底的陷阱，掉下去的人哪有生还的可能啊！同学们之所以有这些感受，那是因为你的思想、你的感情使这些文字变活了，站起来了。来，再读这段文字。

（生齐读第四自然段）

师：（边说边在"不加节制"与"生态灾难"两词旁边画箭头）我们发现，这两者是多么紧密而又多么悲哀地联系在一起啊。因此，文章的作者发出这样的感叹："只有一个地球，如果它被破坏了，我们别无去处。如果地球上的各种资源都枯竭了，我们很难从别的地方得到补充。我们要精心地保护地球，保护地球的生态环境。让地球更好地造福于我们的子孙后代吧！"（深情叙述课文最后一个自然段）再读读这段文字吧。

（生齐读课文最后一个自然段）

[在"不加节制"与"生态灾难"这两个重点词的品读上，王老师引导学生们把眼前所读的语言文字与自己的生活经验、阅读积淀相沟通，通过文字的桥梁，抵达作者的心灵。这是一种切己体察的感悟，正所谓"文章自得方为贵，衣钵相传岂是真"。]

师：正是基于这样的理解，《时代周刊》才会在1998年，把地球评为那一年的新闻人物。因为它想通过这样的做法来呼吁人们,告诉人们:"只有一个地球,如果它被破坏了,我们别无去处。"预备,读!

(生接读最后一个自然段,声音较前一次响亮)

师: 作者的感叹,《时代周刊》的呼吁,王老师相信,这也是我们大家共同的心声。让我们一起把自己的心声大声地告诉人们,告诉地球。

(生再读课文最后一个自然段,声音更响亮)

师:(板书课题:只有一个地球)因为我们知道,宇宙只有一个地球,人类只有一个地球,在座的各位——你、我、他,我们,只有一个地球。

[在这个环节中,教师引导学生聚焦重点段落、重点语词。在整个过程中,王老师始终站在学生的角度言说——"王老师发现有一个词你读得特别重""当你知道这些时,心情肯定不一样了""同学们之所以有这些感受,那是因为你的思想、你的感情使这些文字变活了"……他和学生一起惭愧着作者的惭愧,担忧着作者的担忧,愤慨着作者的愤慨,呐喊着作者的呐喊。水尝无华,相荡而成涟漪;石本无火,相击乃生灵光。在和谐的教学氛围中,教师、学生、文本之间进行着深刻的对话,最终透过这些理性而平静的文字,触摸到作者那颗滚烫而焦灼的心。]

四、质疑,一场充满理智的冒险

师: 刚才,咱们通过反反复复的读,对《只有一个地球》有了自己非常真切、独特的感受。你们能够用自己的知识、能力和智慧,读出自己的思想、感情和个性,我非常感动,我为你们高兴!更为你们自豪!但是,古人这样说:"读书贵在有疑。"听得懂吗?(板书:有疑)

生:(自由应答)听懂了。

师: "小疑则小进,大疑则大进,无疑则无进。"会提问吗?我有两个要求:第一,不提假问题。有的同学提的根本就不是问题,为什么呢?因为他早就知道了。所以,那样的问题是假问题,你千万不要提假问题。第二,不提简单的问题。有的同学提的问题到书上一找就能找到,清清楚楚、明明白白地写在书上,这样的问题,没有思考价值,不要提。明白了吗?你就把那些有思考价值的问题在书上做个这样的记号——一条横线,一个问号,表示你在这个地方真的有问题。

[由"悟"转向"疑",清代唐彪曾言:"故学者非悟之难,实疑之

难也。"

给学生质疑的权利与自由，教师需要勇气与胆识，更重要的是：如何引导学生真正质疑？王老师提出的"不提假问题""不提简单的问题"无疑给了学生进行深入思考的绝佳起点。]

（生默读课文，按要求发现问题并标注问题）

师：我了解一下，已经发现一个问题的请举手。因时间有限，人又多，我给大家八次提问的机会。谁抓住机会提第一个问题？

生：我不明白，为什么没有适合人类居住的第二个星球？

师：（板书：没有第二个星球？）不错，从他的话中，我隐隐约约感受到了他的遗憾，他是希望有，同时我也感受到了他对地球的现状开始担忧了，他在找后路，但是我要告诉你，书上没有答案，如果你真想研究这个问题，我建议你到课外去找一找资料。这个问题咱在课堂上就不讨论了，但是我还是感谢你第一个起来提问题，感谢你对人类未来命运的关注。（与该生握手）

师：谁来提第二个问题？（走向一个角落的同学）这是一个容易被人遗忘的角落，你来提？

生："慷慨"是什么意思？

师：（板书：慷慨）建议你读"慷慨"一词所在的句子，你能读明白的，我相信。

（生读有关句子）

师：明白了吗？

生：慷慨就是无私的意思。

师：对，真好。第三个问题谁来提？

生："这个地球太可爱了，同时又太容易破碎了！"这是为什么？

师：真好！（板书：为什么容易破碎？）这是一个非常有研究价值的问题，（画上第二个问号）这是一个值得全班同学都认真研究的问题，（画上第三个大问号）非常感谢你的问题。

生："……周围裹着一层薄薄的水蓝色'纱衣'"，既然地球这么美丽，为什么不去保护它呢？

师：（板书：为什么不保护它呢？）是呀！一个如此美丽、如此温柔、如此可爱的星球，我们人类为什么不好好地保护它？我想你不光是在提问，更是在责问，在责问那些人。王老师发现这两个问题是有联系的。（在第三、四两个问题上画上记号）第五个问题谁来提？

生：这是宇航员目睹地球时发出的感叹，请问宇航员发出了什么感叹？

师：读读那段话。

（生读有关的段落）

师：读懂了吗？实话实说，不懂再读。

（生再读）

师：读懂了吗？

生：读懂了。

师：懂了什么？

生：我们地球太容易破碎了，所以人类不该破坏它。

师：噢！我明白了，你是想提问："宇航员为什么会发出这样的感叹？"你的这个问题和第三个问题差不多。（在第五个问题和第三个问题上做上记号）第六个问题谁来提？

生："人类生活所需要的水资源、森林资源、生物资源、大气资源，本来是可以不断再生，长期给人类作贡献的。"地球上有这么多的资源，人类为什么要破坏它呢？为什么不留住给人类使用呢？

师：这个问题，你们都听明白了吗？

生：（自由应答）不明白。

师：你能不能再说一遍？

生：水资源、森林资源、大气资源等都是我们生活所需要的，为什么有些人要去破坏它呢？

师：用书上的词来说，就是：为什么随意毁坏它？（板书：随意毁坏？）第七个问题谁来提？还有问题吗？

生：（自由应答）没有问题了。

["教师要教会学生思考，这对学生来说是一生中最有价值的本钱。"（赞可夫）但是，给学生自主提问的空间，就等于开始了一场无法预演的充满理智的冒险。教师无法预料下一刻课堂上将会发生什么，教师不仅需要海纳百川的胸襟与气度，更需要丰厚的知识储备与随机应变的教学机智。也许，课堂的精彩恰恰在此，如果没有预料不到的，教学也就不能成为一种艺术了。]

五、释疑，解出"语文之问"的情韵与价值

师：一共就是六个问题，王老师很高兴，为什么呢？因为这六个问题都

是你们自己提的，而且每一个问题都提得很好、很有思考价值。当然，有些问题书上没有答案，可以到课外研究，但是大多数问题书上都有答案，就在字里行间，这些问题王老师相信通过你们自己的阅读思考，通过前后文之间的联系，你们一定能够自己解决。六个问题除了两个问题——一个已经解决了，一个放到课外研究，剩下的四个，你挑一个最感兴趣、最有研究价值的，自己去细细研究，到课文中找找答案。

（生默读课文，自己研究感兴趣的问题）

师：我了解一下，已经解决了一个问题的请举手。有一部分同学已经解决了，我建议同桌之间相互交流一下，你解决的是什么问题，他解决的是什么问题，相互之间有没有启发？

（生相互交流）

师：我再了解一下，通过同桌的交流，得到了启发，解决了一个问题的请举手。（众生举手）真好，你看，一个人的智慧和两个人的智慧相比就显得渺小了。你说，你解决了什么问题？

生：我解决了第四个问题。

师：能说说你是怎么解决的吗？

生：我是通过仔细的思考想出答案的。

师：说说看。

生：因为人类不知道去保护地球，后果是怎样的。

师：你说什么？

生：人类不知道不去保护地球的后果是怎样的。

师：应该让他们知道，书上有吗？如果人类不去保护地球，如果人类再去乱砍滥伐，不加节制，可能会出现什么样的后果？书上写了吧？读给大家听听！

生：（朗读）只有一个地球，如果它被破坏了，我们别无去处。如果地球上的各种资源都枯竭了，我们很难从别的地方得到补充。

师：这些话应该告诉谁？

生：应该告诉那些不去保护地球的人类。

师：书上写了这样的人吗？再找找看。闭上眼睛，让我们一起看看这样一些人、这样一些情境。

"人类生活所需要的水资源、森林资源、生物资源、大气资源，本来是可以不断再生，长期给人类作贡献的。但是，因为人们随意毁坏自然资源，不顾后果地滥用化学品，不但使它们不能再生，还造成了一系列生态灾难，给人类生存带来了严重的威胁。"

师：睁开眼睛。读着读着，听着听着，你仿佛看到了一幅怎样的画面？一种怎样的情境在你的眼前浮现出来？谁来说说，你仿佛看到了什么？

生：我仿佛看到了洪水泛滥，大气层被破坏，一些人拿着锋利的刀凶狠地去杀一些小动物。我看到了青蛙、鸟、蛇等一些有益的小动物，全都被人类吞进了自己的肚子里。

师：你能看到这幅血淋淋的画面吗？你能听到青蛙在临死之前的那种惨叫吗？你能感受到青蛙在忍受这些人的锋利的刀宰割时的那种抽搐、那种挣扎吗？想想这些，我们拿起书来再读一读。人类啊，无知的、贪婪的、愚蠢的人类啊，在对地球干些什么？

生：（齐读）人类生活所需要的水资源、森林资源……给人类生存带来了严重的威胁。

师：继续看，你还看到了怎样的画面？睁开你的眼睛，发挥你的想象看啊！你看到森林了吗？

生：我没有看到森林，而是看到了一些人拿着斧子在砍树木。

师：于是大片的树木被砍倒，大地上剩下——

生：剩下了一个个树桩。

师：于是狂风来了，暴雨来了，于是，你看到了什么？

生：大片的树木被砍光了，狂风呼呼地刮着，土都被吹了起来。哗哗的大雨汇成了洪水，桥梁被冲断了，庄稼被淹没了，人们居住的房屋倒塌了。

师：于是你看到了一个又一个满面愁容的老百姓怎么样了？

生：在呼喊着，如果当初我们不砍伐树木，就不会这样了。

师：是啊，他们在忏悔，在呼喊救命啊！是啊，这就是你看到的这样惨不忍睹的画面！拿起书来，再读一读，好吗？

生：（齐读）人类生活所需要的水资源、森林资源……给人类生存带来了严重的威胁。

师：同学们，不光是这些啊，不光是这些啊！
这是发生在我们的地球母亲身上的一天。（播放课件，师有感情地朗读）

  每天，地球上有15亿人呼吸着被污染的空气，至少有800人因为空气的污染而死亡。

  每天，地球上有1500吨氟利昂排入大气层，严重破坏着保护地球的臭氧层。

每天，地球上至少有1500人死于饮用不洁净水造成的疾病，其中大部分是儿童。

每天，地球上有12000桶石油泄漏到海洋里。

每天，地球上有160多平方公里的土地成为不毛之地。

每天，地球上有55000公顷的森林被大火和砍伐毁于一旦。

每天，地球上有800万吨水土在悄然流失。

同学们，这是什么？这是贪婪的、无知的人们对我们的地球母亲犯下的滔天罪行啊！想想这些，我们怎能不油然而生愤慨之情，怎能不为它大声地喊？来，拿起书，大声地告诉这些人："只有一个地球！"

生：（齐读）只有一个地球，如果它被破坏了……让地球更好地造福于我们的子孙后代吧！

["读书，始读未知有疑，其次则渐渐有疑，中则节节是疑。过了这一番，疑渐渐解，以至融会贯通，都无所疑，方始是学。"（朱熹）在王老师的教学中，我们看到学生大致经历了一个"无疑——有疑——无疑"的过程。

值得我们深思的是，即便是在王老师释疑的过程中，我们也听不到任何琐碎的要点分析、干瘪的内容概括，或者无情的逻辑演绎。王老师一直在用情带着学生一次又一次地朗读，一次又一次地体悟。

显然，王老师的主要目的并不在"问题"，也不在"答案"。他只是要引导学生"问出一种情绪、情意和情味"，从学生提问的背后，倾听并理解他们的"问外之意""疑中之情"，将"问"引向深入，从而使"质疑"和"感悟"在言语的情味和意蕴的理解场中走向视域融合。]

六、对话，扑进母亲的怀里

师：是呀，同学们，面对这个美丽可爱的地球，面对这个遍体鳞伤的地球，面对这位人类的母亲、人类的摇篮，我相信，此时此刻你肯定有话想说。一句话，几句话，只要是你的真心话，只要是从你的心底流淌出来的话，就请你把它写出来。

（神秘园的《夜曲》缓缓响起，生投入地写话）

师：面对这位美丽可爱的地球母亲，面对这些贪婪无知的人类，你肯定有话想说。

生：（读小练笔）无知的人们啊，请保护我们生存的家园，保护我们的地球母亲吧！看，地球正在向我们呻吟，正在向我们诉说它的不幸！

生：（读小练笔）人类啊，你怎么这么无知？赶快行动起来，保护我们可爱的母亲吧！这样我们才有美好的生活，小朋友才能快快乐乐。

师：他说的绝对是真心话，他总是忘不了人类即将失去的美好生活。是的，地球母亲和人类的生活是那么密切地融在一起。面对着有可能被人类毁于一旦的地球母亲，你肯定有话要说。

生：（读小练笔）"只有一个地球，如果它被破坏了，我们别无去处。"一看到这句话，我就感到可怕。奉劝那些贪婪的人，现在回头还不算晚，放下手中的刀，放下手中的一切，快来保护地球吧！就算为了自己，为了自己美好的将来。（掌声响起来）

师：听得出，她是真的动了感情。那个声音、那个话语，以及她朗读时的语气，分明让我们感受到了她深深的忧患意识。同学们，我知道你们还有很多话要说，但是我相信，你们的千言万语都汇成这样一句话。（手指课题"只有一个地球"）

生：（齐读）只有一个地球。

师：痛定思痛，幡然醒悟，最后都喊出这样一句话。

生：（齐读）只有一个地球。

师：让我们世世代代，子子孙孙，永远牢记这样一句话。

生：（齐读）只有一个地球。

师：（手拿板擦，问生）这个问题解决了吗？（把解决的问题一一擦去）

师：同学们，虽然黑板上的这些问题解决了，但请你不要忘记，我们地球、我们人类还有许许多多的问题没有解决，正等待着你们去解决。王老师相信，只要我们每一个人都有了这样的觉醒、有了这样的良知，那么，困扰人类、困扰地球的问题终将得到解决。让我们一起，为我们的地球、为我们人类共同的家园祈祷吧！

[情动而辞发。在学生充分感悟与质疑之后，老师让他们扑向地球母亲的怀抱里，尽情诉说着自己的心声。那是用心、用情在言说，没有做作，没有矫情，天真烂漫，浑然天成。

课的结尾是对课题的复沓，更是对文本主旨的强调和升华。"千言万语都汇成这样一句话""痛定思痛，幡然醒悟，最后都喊出这样一句话""子子孙孙，永远牢记这样一句话"，在教师层层递进的引领下，学生真切地发出了"只有一个地球"的呐喊。

是的,地球是我们唯一的家园,而对人的精神与生命的关怀,也是一切语文教育永恒的家园。]

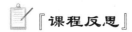『课程反思』

"磨"你千遍也不厌倦

在我的眼里,自己创作的教案是有生命、有灵性的。这正如画家之于他的画、音乐家之于他的谱子、作家之于他的小说、设计师之于他的时装……很多时候,自己创作的教案往往是以溪流、璞玉、小白杨、丑小鸭等意象呈现的。也正因为是溪流、是璞玉、是小白杨、是丑小鸭,所以她们就有了属于她们自己的成长诗篇和流转旋律。

于是,从我的《只有一个地球》诞生的那一刻起,她就像一条小溪,从我生命的心泉中汩汩地溢出。她无法知道去路是坎坷还是平坦,明天是风雨还是响晴,是痛苦的降临,还是其乐融融。但她的天性却是一径地向前流淌。砂石磨出了她的清澈,沟壑磨出了她的激越,堤坝磨出了她的汹涌,峡谷磨出了她的奔腾。既然"青山遮不住",还有什么能够阻挡她呢?不管是曲曲折折,还是平平庸庸,她终归摆脱不了流入大海的宿命。

于是,我的《只有一个地球》就有了这样的成长轨迹和生命节律。

一、起——孤帆一片日边来

我创作《只有一个地球》动念于2003年3月30日。那时,我正在西安讲课,遇到了江苏海门实验小学的周益民老师。周老师是一位质朴真诚、才情四溢的青年教师,他在西安上了《只有一个地球》,可惜我无缘聆听。晚上,周老师拿来他整理好的课堂实录请我指点。我看完这一课的实录,不禁惊诧于他与文本独特而细腻的对话。在旁人眼中,地球本是一个纯粹的星球,没有生命,没有感情。但是,在周老师的课上,地球已经不仅仅是地球,地球还是母亲,是人类的母亲,是可爱、可亲、无私、美丽的母亲。正如周老师在课堂上所讲的："文字后面是地球母亲的心跳,是地球母亲的呼吸。"于是,与文本的对话成了与母亲的对话,与地球的沟通成了与母亲的沟通。周老师的《只有一个地球》,真的恍如一片来自日边的孤帆。她给我带来的,是生命的灿烂之光,是人性的海阔天空,是浪漫而多情的海市蜃楼。

就在那一刻,我产生了创作《只有一个地球》的冲动。2003年4月4日,是我祖母的百年诞辰。回到老家做完祭祀,我就一个人在昏暗的灯光下开始了《只有一个地球》的创作。身边除了《只有一个地球》这篇课文外,没有任何参考资料。但我的创作状态却出奇地好,冥冥之中如有神助。到子夜时分,在一片如潮的蛙声中,《只有一个地球》在我的笔下诞生了。也许,这是我献给祖母的最好的一炷心香吧!

这个版本的《只有一个地球》,大体思路如下:

第一课时

一、创设问题情境

讲述《时代周刊》评选"年度新闻人物"的故事,然后导入本课教学。

二、初步感受课文内容

学生自由朗读课文,读后畅谈自己的心情。

三、了解课文的主要内容

引导学生初步读、悟写地球资源的两段话和写人类别无去处的两段话,然后借助课文的最后一段来归纳课文的主要内容。

四、回归课文整体

引导学生将课文的最后一段跟课文的内容、课文的结构、《时代周刊》评选地球为新闻人物等联系起来,说说自己的发现。

第二课时

一、创设想象情境

(课件呈现"地球"图片)

这就是我们的地球,这就是人类的母亲。是她,无私地养育着我们;是她,精心地保护着我们。曾经,我们的地球母亲是那样的美丽壮观;曾经,我们的地球母亲是那样的和蔼可亲。但是今天,就在科学技术迅猛发展的今天,就在人类生活日益富足的今天,我们的地球母亲却止不住地发出了悲惨的哭声。这哭声,是从课文的什么地方传来的呢?

二、品读重点语段

1. 从倾听地球母亲哭诉的角度切入，补充《地球上的一天》，引导学生品读第四自然段。

2. 从倾听地球母亲哭诉的角度切入，补充《生物圈2号》，引导学生品读第八自然段。

三、倾诉读后感

从向母亲诉说的角度切入，引导学生写话并朗读。（播放满文军的《懂你》）

四、点题结课

2003年4月10日，在温州苍南，我的《只有一个地球》首次登台亮相。课后我做了以下反思：

1. 将与地球的对话转换成与母亲的对话，这个对话角度是新颖的、独特的，为一般的老师所想不到。当然，这一点是深受周益民老师影响的，并非自己的原始发现。我以为，阅读教学中的对话，基础在教师与文本的对话。倘若教师与文本的对话能够"见人所未见，发人所未发"，那么课的成功就有了一半的根基。

2. 以感情为主线构筑对话的流程，避免了常识课的嫌疑。文本中有关地球环保的知识点成了培植、激荡、融化学生感情的支撑点，于是，课有了活的气韵和美的意境。同时我又体悟到，语文课中"知识和能力、过程和方法、情感态度和价值观"这三维目标的融合，感情是一个不错的平台。许多课文，知识是浸润着感情的知识，过程是流淌着感情的过程，能力因了感情才有动力，方法因了感情才有灵性。如此一来，感情就成了一个场，融入其中的有知识、有能力、有过程、有方法，当然更有态度和价值观。

3. 补充的两个课外资料典型而具有震撼力，它们既是对文本的拓展，又反哺了对文本的感悟。这在拓展阅读的理论上，是一种具有原创意义的概括。从某种角度看，拓展阅读是基于文本、为了文本的，拓的是文本深藏着的意蕴，展的是文本包裹着的内涵。

4. 遗憾的是，这个版本对课文的感悟缺乏层层剥笋似的深入，必要的咬文嚼字、字斟句酌因为缺乏对点的开掘而显得浮华、浅薄。语文意识、语文味道反而被知性的拓展和感性的激荡给稀释了。

二、承——桃花潭水深千尺

第二版的《只有一个地球》，在经过涅槃之后，就这样悄然再生了。我在想，语文味是怎样被烹调出来的呢？烹调语文味的油盐酱醋又是一些什么样的佐料呢？诵读应该是的，品词应该是的，写话也应该是的。第一版的《只有一个地球》，诵读占了足够的分量，写话也有了恰当的位置，缺的恐怕就是品词了。

品哪些词？为什么要品这些词？怎么引导学生去品好这些词？品词与感情这条主线怎样融合起来？品词与知性的拓展怎样结合起来？品词能否使对课文的感悟层层深入？

思考是痛苦的，否定自我也是痛苦的。此时的我，面对着《只有一个地球》，"欲说还休，欲说还休，却道天凉好个秋"，却又"别是一般滋味在心头"。"品词"的问题一直萦绕着我，像一群嗡嗡闹转的蜜蜂，又像一个个深不见底的旋涡。这样的煎熬达数月之久。直到2003年的9月18日，在我完成了户外语文综合性学习课《相约拱宸桥》的电视直播之后，思考的触角才真正钻入了词的沙滩，并最终挖出了一个个五光十色、形态各异的词的贝壳。

第二版的《只有一个地球》，大体思路如下：

第一课时

一、创设问题情境

讲述《时代周刊》评选"年度新闻人物"的故事，然后导入本课教学。

二、初步感受课文内容

学生自由朗读课文，读后畅谈自己的心情。

三、品读1—4自然段

1. 用反诘法引导学生品读"渺小"。

2. 品读"生态灾难"。说说你知道的生态灾难，想象你看到的画面，补充《地球上的一天》。

3. 品读"不加节制"。由这个词你联想到了哪些词？

四、读悟课文最后一段

面对生态灾难，作者怎样呼吁？《时代周刊》怎样呼吁？我们又该怎样呼吁呢？

第二课时

一、创设想象情境

（课件呈现"地球"图片）

就在人类生活日益富足的今天，我们的地球母亲却止不住地发出了悲惨的哭声。这哭声，是从课文的什么地方传来的呢？

二、品读5—8自然段

1. 品读"40万亿千米"。猜想：时速为一万千米的宇宙飞船要飞多久？

2. 品读"移民基地"。补充《生物圈2号》。（播放课件）

三、再次读悟课文最后一段

1. 面对生态灾难，作者是怎样呼吁的？（读最后一段）

2. 面对生态灾难，《时代周刊》是怎样呼吁的？（读最后一段）

3. 面对生态灾难，我们又该作怎样的呼吁呢？（读最后一段）

四、倾诉读后感

从向母亲诉说的角度切入，引导学生写话并朗读。（播放满文军的《懂你》）

2003年9月21日，在台州临海，第二版的《只有一个地球》闪亮登场。课后我作了以下反思：

1. 咬文嚼字、浓墨重彩的处理，终于烹制出一堂语文味十足的课来。单就"生态灾难"这一看似貌不惊人的词语，就大有点石成金的味道。"生态灾难"一词，实在是一汪深及千尺的桃花潭水，平平淡淡的四个字，却写尽了《只有一个地球》的全部忧患和震撼。如果不加品味，其中的信息、形象、情感、意蕴是难以发现的。怎么品？一是调取积累以丰富信息，让学生说说自己了解的某种生态灾难；二是展开想象以彰显形象，让学生说说随着生态灾难的降临，你仿佛看到了怎样的画面、怎样的情景；三是拓展背景以激荡感情，通过教师声情并茂地朗读每天发生在地球上的污染数据，激起学生的情感共鸣；四是奇特联想以敏化语感，让学生说说现在读着"生态灾难"四个字，它们仿佛变成了什么。正是咬文嚼字，将语文和人文牢牢地粘在了一起。

2. 对地球、对人类的忧患之心依然让人荡气回肠。感情依然是那样鲜明、那样执著地成为第二版《只有一个地球》中最亮丽的一道风景线。有所不同的是，这一版的感情更深地根植于语文这片广袤而肥沃的原野上。学生的感情是在品味和咀嚼过文本的重点词句后油然而生的，不架空，不做作，不浅薄，不浮华。而教师充满强烈的抒情色彩的话语风格，也为课堂上诗化情感场的营造提供了强有力的支撑。

3. 相比第一版的《只有一个地球》，第二版对1—8自然段的处理，采用了相对集中、层层深入的板块策略，避免了第一版由于分散感悟、螺旋递进带来的不必要的重复和烦琐。而对课文最后一段的感悟，则采用了一唱三叹、螺旋上升的复沓回环结构，大有"余音绕梁，三日不绝"的课堂韵致。

4. 问题呢？我茫然四顾，却只见"竹影扫地尘不动，月穿潭底水无痕"。等着瞧吧！

三、转——惊风乱飐芙蓉水

转的机缘终于来了！2003年10月11日，我在广东番禺讲课，遇到了上海师大的吴立岗教授。在上午的学术报告中，吴教授谈到了"阅读教学中质疑问难和感悟积累的关系"问题。他的基本观点是：

1. 要辩证地理解质疑和感悟的关系。
2. 一定要在阅读教学中腾出时间让学生质疑问难。
3. 感悟和质疑的安排，要因文而异，灵活处理。
4. 要教给学生质疑的方法。

第二版《只有一个地球》的问题就这样被我发现了，正所谓"踏破铁鞋无觅处，得来全不费工夫"。

悟则有余，疑却不足，正是大问题之所在。两个课时，纯而又纯的感悟，看似通达，实则平庸。我猛然想起了清人唐彪的话："凡理不疑必不过悟，唯疑而后悟也。小疑则小悟，大疑则大悟。故学者非悟之难，实疑之难也。"学生在课堂上能主动质疑，不正是一种"惊风乱飐芙蓉水"的课堂审美意象吗？它们激起的是一圈圈思考的涟漪，是一叠叠好奇的波纹，是一朵朵才情的浪花。说来惭愧，我自1998年出道以来，大大小小上过500多节公开课，却从未上过质疑型的语文课。对感悟型的语文课可谓驾轻就熟、游刃有余，但也大有"青山依旧在，几度夕阳红"的感喟了。我突然产生了试一试质疑型语文课的冲动。说不出为什么，也许是静极思动、物极必反吧？

第三版的《只有一个地球》，就这样被催生出来了。

第一课时

一、创设问题情境

讲述《时代周刊》评选"年度新闻人物"的故事，然后导入本课教学。

二、初步感受课文内容

学生自由朗读课文，读后畅谈自己的心情。

三、深入感悟课文内容

1. 学生自由读课文，画出带给你这种心情的文字。
2. 组织交流，根据学生的发言，随机抓住下列几点引导学生深入感悟：

①地球是渺小的。

②但是，如果不加节制地开采，必将加速地球上矿产资源的枯竭。

③造成了一系列生态灾难，给人类生存带来了严重的威胁。

四、读悟课文最后一段

1. 面对生态灾难，作者是怎样呼吁的？（读最后一段）
2. 面对生态灾难，《时代周刊》是怎样呼吁的？（读最后一段）
3. 面对生态灾难，我们又该作怎样的呼吁呢？（读最后一段）

第二课时

一、激发质疑兴趣

古人说过：读书贵在有疑。小疑则小进，大疑则大进，无疑则不进。读书，一定要学会主动提出问题，自主解决问题。但是，也不是随便什么问题都有意义。读书的时候，一定要注意两点：第一，一定要提真实的问题；第二，一定要提自己确实难以一下子解决的问题。

二、引导学生自主质疑

学生默读课文，发现并提出问题（限8次提问）。估计学生的问题有：

○ 为什么说地球是人类的母亲、生命的摇篮？

○ 为什么说地球像一叶扁舟？

○ 为什么说地球是渺小的？

○ 前面说地球所拥有的自然资源是有限的，后面又说这些资源可以长期给人类作贡献。这样不是矛盾的吗？

○ 到底是怎样的威胁呢？
○ 40万亿千米之外有没有适合人类居住的第二个星球呢？
○ 为什么说建造移民基地是遥远的事情？
○ 为什么说地球太容易破碎了？
○ 宇航员为什么会发出这样的感叹呢？
……

根据学生的问题，教师作随机点拨：哪些问题书上没有答案，哪些问题之间有联系，哪些问题需要重点思考……

三、引导学生自主释疑

让学生选择最感兴趣的一个问题去读书并寻求答案，组织学生汇报，在随机汇报中引导学生深入感悟以下几点：

1. 为什么说地球太容易破碎了？
2. 为什么说地球是人类的母亲、生命的摇篮？
3. 为什么人们要随意毁坏地球资源？

以上问题可以通过引导和点拨，集中到对课文第四自然段的感悟上去：

1. 读第四自然段，想象自己看到的画面。
2. 补充《地球上的一天》。

四、倾诉读后感

从向母亲诉说的角度切入，引导学生写话并朗读。（播放神秘园的《夜曲》）

2003年10月24日，在上虞市城东小学，第三版的《只有一个地球》闪亮登场了。随后又分别在江苏镇江、广东江门、杭州、上海、济南、苏州、汕头、温州、北京等地试讲，并作了一些细节上的改动。我的反思如下：

1. 第三版的《只有一个地球》，将当前阅读教学最典型的两种模式，即感悟型和质疑型融为一体，这对我自己是一种巨大的超越。从一定意义上说，所有阅读教学模式都可以放在感悟型和质疑型的坐标系中加以考察。感悟型的阅读教学是一种以感性、感受、感情为基本取向的教学，质疑型的阅读教学则是一种以理性、理解、理智为基本取向的教学。两者在阅读教学中既是对立又是统一的，它们在阅读教学中的地位和作用都是不可替代的。两者是互补的，需要取得平衡。抓住了感悟和质疑这两个维度，我们就可以变换出千姿百态、气象万千的阅读教学模式。

2. 过去我为什么不敢上质疑型的课，是因为存有这样几个担心：（1）学生的质疑是无限的、无底的，课堂却是一个常量，两者的矛盾如何调节？（2）一旦学生放开来质疑，那么教师很容易被学生的问题牵着走，教学目标和教学重点如何保证？（3）带有强烈的理性色彩的质疑教学，很容易导致语文感性和感情的失落，滑向情节分析的泥坑，如何保证语文感性和感情的洋溢呢？（4）一旦教师被学生的问题牵着走，课堂教学节奏必将走向松散拖沓，课堂效率怎样提高呢？而第三版的教学，我自以为比较好地解决了上述几大问题，我的应对之策是：（1）限制学生提问的数量，一堂课由一开始的15个调整到后来的6个。（2）课堂上引导学生梳理问题，告诉他们哪些问题书上并无答案、哪些问题研究意义不大、哪些问题值得认真思考，同时，教师要敏于发现学生的质疑与教学目标和教学重点的内在的、隐含的联系。（3）问题的解决不能就事论事，不能满足于答案的呈现。要把问题当作诱饵，引导学生去深入感悟语言文字背后的种种形象、感情、意境、气韵，还语言以画面、声音、旋律，赋予语言以呼吸、心跳、体温。（4）教师要以自己的教学经验和教育智慧，根据学生五花八门的问题，动态地生成新的教学结构、教学模式、教学策略、教学节奏，以确保科学适度的教学效率。

3. 在文和意的转换过程中，需要"象"这一中介。像《只有一个地球》这样的课文，因其以叙述和说明为主要的表达方式，其话语风格是准确、凝练、理智、沉静的。学生要解读这样的话语风格，困难是很大的。理解这样的"文"，难在理解文的深层意蕴而非表层意思，尽管"意思"和"意蕴"都属于"意"的范畴。我这里谈到的"象"，有形象、表象和想象的多重含义。"文"若不经过"象"的转化，其内含的意蕴是很难为学生所感悟和理解的。第三版的《只有一个地球》，有较多的"披文以显象，显象以悟道"的环节，引导学生将语言文字还原、再现、想象成各种情节之象、场面之象、情绪之象、细节之象、环境之象、物体之象……从而去感悟文中的意蕴。然后再走一个来回，由意通过象再回到文上来，从而更真切、更敏锐、更深刻地把握文。

这一回，我尝到了脱胎换骨的感觉。

四、合——欸乃一声山水绿

磨了那么多遍《只有一个地球》，是否什么都被磨去了呢？总有一些被积淀下来了吧？

磨了那么多遍《只有一个地球》，我究竟是凭着什么去磨的呢？磨的背后，潜藏着一种怎样的意识呢？

磨了却磨不掉的，且让特级教师闫学来说说吧：

> 那是一个很平常的冬日，在一个能容纳近两千人的大礼堂内，王崧舟用他的《只有一个地球》把我们带入了这样一种境界。透过那些迭出不穷的精彩环节，我们看到了一个大写的字——"人"！不论是初读课文后的感悟，还是交流中的随机点拨，王老师始终关注学生的情感，并且始终以赞赏的态度理解学生的情感，他是那么坚定地与学生站在一起，惭愧着学生的惭愧，伤心着学生的伤心。在王老师的心中，学生是一个个充满情感的人，不是为教师的教学服务的机器。正是基于这种认识，他在竭力为学生创设质疑问难、表达情感的机会，为学生提供质疑问难、表达情感的自由。可是，很多时候，我们没有给予学生我们本该给予的一切，我们始终关注的是自己，或者始终关注的是教材，仅仅是教材！而拥有王老师这样的学生意识，也就是"人"的意识，对一个教师来说是多么重要！
>
> 王老师非常注重引导学生通过语言文字去生发想象，那些语言文字所承载的思想被化成了一幅幅令人触目惊心的画面，激荡着人的心灵，引发着人的思考。在这些环节中，语文的工具性和人文性得到了完美的统一。课文本身的叙述是理智而平静的，这正是一般科学小品文的典型风格，但王老师却敏锐地触摸到了这些平静的叙述后面那颗滚烫的心，并且他还引导学生去触摸那颗滚烫的心，并最终与之碰撞、交融。对那些无知地、贪婪地破坏环境的人们，他和学生一起去谴责，去声讨！在这里，我们看到的仍然是"人"，学生、作者乃至那些破坏地球的愚蠢的人们。即使是那只被人类残忍宰割的可怜的青蛙，王老师也赋予了它人的情感，让每一个有良知的人都感到震惊，感到羞愧！
>
> 类似的环节在王老师的课堂上还有很多。聆听这样的课堂教学，我们不能不深深地感受到，语文中的人性从来没有被这样理直气壮地张扬

过，人性的语文从来没有被演绎得这样震撼人心过。我们的课堂呼唤人性，我们的语文更需要人性！

我想起了艾青的诗句："为什么我的眼里常含泪水？因为我对这土地爱得深沉……"是的，我一直在追寻语文教学中"欸乃一声山水绿"的境界。语文、语文课堂、语文教育，是我心中永远的山水，她是我的精神家园，更是学生的精神家园。

第四编

诗意的确证与感动
—— 《一夜的工作》课堂实录与品悟

『课品综述』

泪光里"美丽的日出"

又看了一遍王老师执教的《一夜的工作》，泪水滑过脸颊。

文章的作者何其芳大概不会料想到他的这篇短文会被后人演绎成如此的经典！文章本身朴素得很，几乎没有华丽的词藻、夸张的句子，也几乎没有任何铺陈与点染。无法想象王老师会将这样的文本上到泪眼婆娑、雨落风生。

这一课曾轰动一时，被认为是王崧舟教学风格成熟的标志。就是在此之后，王老师扛起了"诗意语文"的大旗。而"诗意语文"的主张则被当时的语文理论界称为"美丽的日出"（成尚荣）。

此课已经比较充分地体现了王崧舟语文教育思想中的艺术化追求。课的渲染、课的层递、课的造境，等等，都已经做得精当细致、密不透风。但是课中最动人心弦者，还是"情"。对于周总理生活的那个年代，现在的孩子知之甚少。王老师就带着自己对周总理深深的追慕与景仰引领孩子们"披文入情"。他精心选取的宋小明的诗、三宝的音乐无疑是帮助学生走入作品情感的有效途径。更重要的是他自始至终都引导学生在文本的字里行间品读体会，于是"高大的宫殿式的房子"在想象中被还原在学生的面前，那"极其简单"的陈设在对比中呈现在学生的面前，那"一句一句地审阅"在一唱三叹式的引读中浮现在学生的面前……孩子们读懂了总理鞠躬尽瘁、殚精竭虑的一个夜晚，也就读懂了这朴素文字背后浸润的情感。

课终了，师生都泪眼婆娑，王老师侧身掩面，挥挥手示意学生下课。孩子们却久久不愿离去，他们的心还沉浸在这堂课里，这种沉浸是一种精神生命的发现与确证。

是的，有时候我们追求意义，不需要解决问题。因为"教育说到底，就是人类的精神生命在文明层面的代代递交"（余秋雨）。

阅读是一种感知、一种体验，更是一种创造、一种寻找。阅读教学就是带领着学生感知、体验、创造与寻找。在这个过程中，我们不仅与作者"相逢"，也与自己"相遇"，得到精神与生命的确证。

诚如王崧舟所言：诗意语文，正是这种人与人之间的精神契合，是"我"与"你"的对话与敞亮。这种契合，是包括学生、教师、文本、作者在内的各自的精神深深地卷入、沉浸和交融,是用生命来阐释生命的意义,建构富有独特个性的生命化理解,创造精神领域的共识和同在。

泪光之外,诗意之外,我总怀疑2002至2003年之间,王崧舟的心里一定经历了什么,使得他的课堂一下子沉静下来。他的声音开始在你耳边不紧不慢地诉说,纵使语调时而高上去,时而低下来,也总是不离耳侧。褪去了少年意气的青涩,褪去了指点江山的激越,课的气象开始圆润,有了"江阔云低、断雁叫西风"的镇定与从容。

『课文呈现』

一夜的工作

周总理在第一次"文代"大会上作了报告。《人民文学》杂志要发表这个报告,由我把记录稿作了整理,送给总理审阅。

这一天,总理办公室通知我去中南海政务院。我走进总理的办公室。那是一间高大的宫殿式的房子,室内陈设极其简单,一张不大的写字台,两把小转椅,一盏台灯,如此而已。总理见了我,指着写字台上一尺来高的一叠文件,说:"我今晚要批这些文件。你们送来的稿子,我放在最后。你到隔壁值班室去睡一觉,到时候叫你。"

我就到值班室去睡了。不知到了什么时候,值班室的同志把我叫醒。他对我说:"总理叫你去。"我立刻起来,揉揉蒙眬的睡眼,走进总理的办公室。总理招呼我坐在他的写字台对面,要我陪他审阅我整理的记录稿,其实是备咨询的意思。他一句一句地审阅,看完一句就用笔在那一句后面画上一个小圆圈。他不是浏览一遍就算了,而是一边看一边思索,有时停笔想一想,有时问我一两句。夜很静,经过相当长的时间总理才审阅完,把稿子交给了我。

这时候,值班室的同志送来两杯热腾腾的绿茶,一小碟花生米,放在写字台上。总理让我跟他一起喝茶,吃花生米。花生米并不多,可以数得清颗数,好像并没有因为多了一个人而增加了分量。喝了一会儿茶,就听见公鸡喔喔喔地叫明了。总理站起来对我说:"我要去休息了。上午睡一觉,下午还要参加活动。你也回去睡觉吧。"

我也站起来，没留意把小转椅的上部带歪了。总理过来把转椅扶正，就走到里面去了。

在回来的路上，我不断地想，不断地对自己说："这就是我们的总理。我看见了他一夜的工作。他是多么劳苦，多么简朴！"

在以后的日子里，我经常这样想，我想高声对全世界说，好像全世界都能听见我的声音："看啊，这就是我们中华人民共和国的总理。我看见了他一夜的工作。他每个夜晚都是这样工作的。你们看见过这样的总理吗？"

（注：本课选自人教版义务教育课程标准实验教科书小学语文六年级下册第13课）

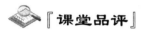『课堂品评』

你是这样的人

一、读一首诗，转轴拨弦三两声

师：1998年的3月5日，是我们敬爱的周恩来总理诞辰100周年的纪念日。那一年，有一位叫宋小明的诗人，怀着对总理的无限崇敬和爱戴，写下了这样一首诗——

（大屏幕呈现诗歌《你是这样的人》，师深情地朗诵诗歌）

  把所有的心装进你心里，
  在你的胸前写下：你是这样的人。
  把所有的爱握在你手中，
  用你的眼睛诉说：你是这样的人。
  不用多想，不用多问，
  你就是这样的人！
  不能不想，不能不问，
  真心有多重？爱有多深？
  把所有的伤痛藏在你身上，

用你的微笑回答：你是这样的人。
　　把所有的生命归还世界，
　　人们在心里呼唤：你是这样的人！

（热烈的掌声）

师：掌声告诉王老师，你们很喜欢这首诗，相信这首诗一定让你有所感触，自己再读一读。一边读一边体会，这首诗的哪些地方，让你有所触动？

（生自由读《你是这样的人》）

师：谁来说说这首诗的什么地方触动了你？

生：是第二段："不用多想，不用多问，你就是这样的人！不能不想，不能不问，真心有多重？爱有多深？"我觉得总理是个很有爱心的人，他对每个人都充满爱心。以前在看《延安颂》的时候，我看到周总理和他的妻子为福利会的孤儿捐献了许多。

师：她从这两句诗中，想到了总理的爱心，想到了总理的心与孤儿院的孩子连在了一起。这就是心灵的触动呀。

生：触动我的是："把所有的伤痛藏在你身上，用你的微笑回答：你是这样的人。把所有的生命归还世界，人们在心里呼唤：你是这样的人！"我在电视中看到过，总理在刮胡子时动了一下，给他刮胡子的叔叔就不小心在他的脸上划了一下。那一定是很痛的，而且是在脸上。我想周总理平时是很劳累的，也会形成一些伤痛。但是不管是身上的伤痛，还是心里的伤痛，他都会藏在心里，总是把微笑带给别人。所以，这句话对我有很大触动。

师：你的体会太深了。这份伤痛不仅仅是表面的伤痛，更是内心的伤痛。无论是内心的伤痛，还是表面的伤痛，我们的总理都把它深深地藏在了自己的心中，只把那微笑的一面留给了世界。这是怎样的一位总理啊！

生：周总理是一位好总理，是我敬佩的总理，是我心目中最美最美的总理。

师：我相信你说的是真话，我相信你说的话也是其他许多同学想说的话。同学们，到底是什么感动了诗人宋小明，写下了这样的诗句？今天，让我们一起怀着崇敬的心情走进总理的一夜，请大家打开书本。

　　[明代谢榛《四溟诗话》指出："起句当如爆竹，骤响易彻。"课堂教学亦然。一首《你是这样的人》，不仅仅是创情入境的好材料，更是对文本有益的补充。加之王老师的动情诵读，使课的第一锤已敲在学生的心坎上，激起了他们情感与思维的火花。"未成曲调先有情"，靠的正是这开课的"转

轴拨弦三两声"。]

二、找一个词，吹面不寒杨柳风

师：自己大声朗读课文《一夜的工作》，读的时候，注意把生字读准，把句子读通。一边读一边用心思考，读过之后，请你用一个词语来概括，在你的心目中，总理的这一夜，是怎样的一夜？

（生放声朗读课文）

师：同学们，读了、看了总理的一夜，现在请你用一个词来概括你对这一夜的最大感受，你最想用哪个词语？

生：我最想用"伟大"。

师：（板书：伟大）为什么面对"一夜的工作"你会想到用"伟大"这个词？

生：因为他一夜都没有睡觉，是为了批阅文件，所以我才会用"伟大"这个词。

师：是啊，与其说是伟大的一夜不如说是一种伟大的精神给你留下了深刻的印象！来，他用了"伟大"，你呢？

["与其说……不如说……"，巧妙的深化提升式的评价语令思维明晰。]

生：我愿意用"劳苦"这个词。

师：（板书：劳苦）王老师知道，这个词书上有，但是让王老师高兴的是，咱们这篇课文642个字，你独独注意到了这两个字，那可不简单呀！老师想问你一下，你为什么用"劳苦"而没有用"辛苦"呀？（师在"劳苦"后面板书：辛苦）

["为什么用'劳苦'而没有用'辛苦'呀？"比较品评式的评价语使思考深入。]

生：因为周总理为了批国家的文件一夜都没有睡觉，一直批到公鸡喔喔喔地叫明。

师：是啊！

生：所以我用"劳苦"这个词。

师：你觉得"辛苦"这个词够吗？

生：不够。

师：为啥不够？

生：因为辛苦还不能完全体现周总理的这种精神。

师：尽管你还没有完全体会到"劳苦"和"辛苦"这两个词的区别，但是从你的回答当中我感受到了你对"劳苦"已经有了一份属于自己的独特理解，真好！

［妙哉！一个"尽管"一个"但是"——这使一组普通的词语对比竟有了点石成金的奇迹。］

生：我用"一心为民"。

师："一心为民"，好一个"一心为民"啊！（板书：一心为民）你是怎么想到用这个词概括总理的这一夜的？

生：因为周总理用了一夜的时间批阅公文，这些公文都是为了人民。他把自己的报告留到最后再批阅，所以可以看出他"一心为民"。

师：即便是留在最后的那个报告也同样不是为了他自己，而是为了——

生：人民。

师：说得真好！

［纠错式的评价语，轻轻的提醒自然而然，学生自己竟感觉不到痕迹。］

生：我想用"简朴"这个词概括总理一夜的工作。

师：好。（板书：简朴）我知道"简朴"这个词很"简朴"，但是又不"简朴"。说说你的感受——

生：周总理虽然是总理，住在宫殿式的房子里，但是他办公室的陈设却普普通通，而且他为了招待为自己整理稿子的记者也只搞了一点点的花生米。他很节约，也很简朴。

师：厉害！你把文章中前前后后凡是能反映总理"简朴"的内容统统给找到了，而且把它们给串在了一起，文章就应该这样读！

［学法的指导如此自然，如此"无心"，"顺手牵羊"地融在鼓励式的评价里。］

生：我想用"认真"这个词来概括总理一夜的工作。

师：能把"认真"化成四个字吗？

（生迟疑沉思）

师：就是"认真"，把它化成四个字。

生：一心一意。

师：不！就是"认真"，把它化成四个字！

生：认认真真。

师：对呀，认认真真。（板书：认认真真）怎么说？

生：因为他批阅文件的时候，不是随便看看就算了，而是一边看，一边停笔想一想。

师：是啊，从这个小小的细节中你能体会到那是怎样的一种认真吗？

生：专注。

师：专注，所以你同意把"认真"化成四个字吗？

生：同意。

生：还有一点可以说明周总理认真。作者说他把椅子弄歪了，而总理自己把椅子扶正了，我们一般人可能就不去管它了，可是周总理对它也是很认真的。

师：说得好！一个"认真"，你又加了一个"认真"，就是"认认真真"啊！

生：我觉得可以用"敬爱"这个词。

师：（板书：敬爱）你怎么会想到与众不同的"敬爱"呀？

生：因为周总理这么辛苦都是为了国家，他把国家的利益放在首位了。

师：是啊，这个词你是用来形容这一夜的，还是用来形容自己对总理的那份感受和感情的？

生：我是用来（形容对）总理的感情。

师：对啊，你对总理的这一份敬爱之情又是从哪儿得出来的？

生：我看了他一夜的工作，他是多么劳苦，又多么简朴！

师：真好！

["敬爱"？学生的回答显然有些文不对题，王老师却能用一句简单的提醒让课堂"柳暗花明"。]

师：请最后一位同学，最后一次机会，来，你大声地说你想用哪个词来概括总理的这一夜？

生：我想用"忙碌"这个词来概括总理一夜的工作。

师：好！（板书：忙碌）说吧！

生：因为课文中说"写字台上一尺来高的一叠文件"，一尺来高已经够多了，而且还说"你们送来的稿子，我放在最后"，说明在这之前，肯定还有很多东西送过来了，因此，我觉得这是一个很忙碌的夜晚。

师：回答得非常清晰！同学们，这短短的一夜让我们读出了那么多的内容，（指着板书）让我们有了那么多的感受！

["用一个词来概括你对这一夜的最大感受"，畅叙的是初读的体验，尊重的是学生阅读的起点。这样的设计原本并不出奇，而令我们感叹的是王老师对学生发言的精彩回应。在一个开放自由的空间里，无论学生用到哪个词语，王老师总能通过一句恰当的点拨使理解更加深入。看似信手拈来，随心所欲，细品却顿然有悟，耐人沉思。那抑扬顿挫又不紧不慢的话语字字入耳，似吹面不寒的杨柳风，让语言与精神协同共生。]

三、品味一个"简单"，于平淡处显奇崛

师：我相信，你们一定还会有更加浓厚的兴趣再一次走进总理的这一夜，去细细地体味，去慢慢地咀嚼。抓住其中你感受最深的那个词（指点板书的那些词语），然后带着这个词，走进总理的一夜。把你感受特别深的地方用波浪线画下来，那就是你心灵的感应！

（生默读课文，边读边画）

师：好的，每个同学都已将自己的理解转化成了一条条深深的波浪线，非常美丽的波浪线。老师想问一下，哪些同学对总理这一夜的简朴感触特别深，而且已经找到了一些细节？告诉大家。

[再一次细读、圈画，是由粗到细。品读仍是自由的，但不再如上一板块那么随意。"哪些同学对总理这一夜的简朴感触特别深，而且已经找到了一些细节"，教师已然将讨论品评的重点明示了。]

生："那是一间高大的宫殿式的房子，室内陈设极其简单，一张不大的写字台，两把小转椅，一盏台灯，如此而已。"从这里我看到，原来这房子挺大的，但他却很简朴，只拿了"一张不大的写字台，两把小转椅，一盏台灯"这一点东西。

师：找得非常准，一个字不多，一个字也不少。让我们一起读一读这位同学了不起的发现。

生：（齐读）那是一间高大的宫殿式的房子，室内陈设极其简单，一张不大的写字台，两把小转椅，一盏台灯，如此而已。

师：再读一遍。这样的文字，读一遍两遍显然是不够的，再读一遍，细细地读，不要放过一个字，一边读一边感受，你会发现，这段话中突然有一

个词从你的眼中跳出来,是哪个词跳入了你的眼帘?把它抓住,不要放过了,知道吗?

生:(齐读)那是一间高大的宫殿式的房子,室内陈设极其简单,一张不大的写字台,两把小转椅,一盏台灯,如此而已。

师:告诉大家,哪个词突然跳入了你的眼帘?

生:极其简单。

师:(板书:极其简单)告诉大家,为什么这个词会突然跳入你的眼帘?

生:我觉得是因为总理很简朴。

师:你的回答也很"简朴",再说说为什么这个词会突然跳入、映入你的眼帘?

生:因为总理一般都是比较高等的大人物,像日本的国家总理都是很有钱的,但他只是在房间里放了一些和平民百姓一样的东西。

师:好的,让我们一起来读一读"极其简单"后面的话,一起来感受一下这"简单"之前为什么还要加上一个"极其"。

生:(朗读)一张不大的写字台,两把小转椅,一盏台灯,如此而已。

师:假如把"极其"这个词儿换掉,你会换成哪个词儿?

生:我会换成"非常"。

师:"非常"?不够啊!

生:我换成"特别"。

师:"特别",还不够啊!

生:十分。

师:更不够啦!

生:我换成"如此"。

师:如此、非常、特别、十分……这些显然都不够,唯有"极其"才够味道。我们再读一读这一句。(轻声地引读)"一张不大的写字台",读——

生:(齐读)一张不大的写字台,两把小转椅,一盏台灯,如此而已。

生:这是一张不大的写字台,里面有"不大"两个字,"不大"说明这张写字台很小,而且只有一张。

生:我注意到这里只有一盏台灯,一般来讲,总理的办公室应该有像会场里那样的很漂亮很大的灯。

师:那叫什么灯啊?(用手势启发)

生:水晶吊灯。

师:水晶吊灯,明晃晃地照亮整个屋子,是吧?

生：是的，那样才能显出总理的气派。前面还说"一间高大的宫殿式的房子"……

师：你注意到了"高大的宫殿式的"这个词语，是吧？你说下去。

生：一般宫殿式的房子，里面的装修都是很漂亮、很气派的，但是，他却只有一盏台灯，而不是水晶灯。

师：非常好，这位同学由一盏台灯联想到了宫殿式的房子。请大家放下语文书。你们由宫殿式的房子想开去，猜想一下，这间屋子原来的主人可能会是谁？

生：我猜可能会是毛泽东。

师：毛泽东有另外的屋子。（众笑）注意"宫殿式的"。

生：我猜可能是一个很有钱的外国人。

生：我想有可能是以前的皇上。

师：比皇上还大呢！你猜猜他是谁？

生：我想可能是太上皇吧。

师：太上皇？想得合情合理。我告诉大家，这房子原来的主人是清朝最后一个皇帝溥仪的摄政王载沣。什么是摄政王？就是管着皇帝的那位亲王。大吧？厉害吧？再由此想开去，你估计这座屋子里面原来可能会有些什么？回忆回忆你们曾经看过的电视、画报、照片——

生：我想这房子里原来肯定会有很多很多仆人，而且陈设很好，一些餐桌也很好……

师：那些餐具是什么做的，你知道吗？

生：是用黄金做的。

师：那是白银做的，所有的餐具都是白银做的。

生：我想可能会有很多名人字画。

师：名人字画？那是肯定有的。

生：有很多奇珍异宝。

生：古代的瓷器。

师：古董文物、奇珍异宝……肯定会有的。

生：还可能会有一张用金子做的床。

师：金床？不一定是用金子做的，最有可能是用高档的红木做的，红木雕花床。

生：肯定有很多装饰用的钻石。

师：不光有钻石，还有玛瑙、翡翠、珍珠……同学们，由此想开去，这座高大的宫殿式的房子里面肯定会琳琅满目、金碧辉煌……但是，拿起书，当这座曾经如此金碧辉煌、如此价值连城的屋子，现在成了我们敬爱的总理办公的地方时，我们只看见——

生：（朗读）一张不大的写字台，两把小转椅，一盏台灯，如此而已。

师：有名人字画吗？

生：没有。

师：有古玩珍宝吗？

生：没有。

师：有金银饰品吗？

生：没有。

师：有水晶吊灯吗？

生：没有。

师：有宝石玛瑙吗？

生：没有。

师：没有！什么都没有！只有——

生：一张不大的写字台。

师：只有——

生：两把小转椅。

师：只有——

生：一盏台灯。

师：如此而已。你说，这简单前面怎能不加上"极其"这个词啊！也难怪"极其"这个词会首先映入你的眼帘。来，让我们再来读读这段话，再来感受一下总理办公室的"极其简单"。

生：（齐读）那是一间高大的宫殿式的房子，室内陈设极其简单，一张不大的写字台，两把小转椅，一盏台灯，如此而已。

[追古。还原场景，让孩子们想象这屋子里曾经的奢华，营造一种落差与张力，帮助孩子们走进文字中去。]

师：现在屋子的主人是谁？

生：是周总理。

师：是总理，是堂堂的中华人民共和国的总理啊，他的权力大不大？

生：大。

师：大得很啊。那么你想，作为一国的总理，手中握有如此大的权力，肩上挑着如此沉重的担子,他的屋子里应该有些什么?

生:我觉得至少应该有一个高大的文件夹。

师:一个高大的文件柜,是吗?这过分吗?

生:不过分。

生:我觉得还应该有台留声机和几张古典碟片,因为这可以让人心情舒畅。

师:你是希望总理在劳苦工作之后能够放松放松,休息一下?

生:对。

师:你看,女孩子就是心细。(众笑)不过分,一点都不过分!

生:我想,总理的房间里应该有张大一点的沙发。

师:干什么?

生:总理累了,可以在上面坐一会儿,歇一会儿。

生:我觉得总理的地板上应铺有很软的地毯,踩上去很舒服的。

师:是啊,这都不过分啊。应该有沙发,有吗?

生:没有。

师:应该有地毯,有吗?

生:没有。

师:应该有文件柜,有吗?

生:没有。

师:什么都没有。只有——

生:(朗读)一张不大的写字台,两把小转椅,一盏台灯,如此而已。

[抚今。还原场景,让孩子们想象这屋子里可以有什么,进一步强化这种落差与张力,孩子们终于读出了文字背后的东西。]

师:简单吗?

生:简单。

师:怎样的简单?

生:极其简单。

师:但是,我们分明感受到了一种"极其不简单"的东西在我们的心中涌动,是什么?是什么让你感受到了极其不简单?

生:是总理的艰苦朴素。

师:一种极其不简单的作风。

生:是总理的不辞辛劳。

师：一种极其不简单的修养。

生：是他认真负责的精神。

师：一种极其不简单的精神！同学们，此时此刻，我们再读这句话，你的感受、你的感情肯定和刚才初读那句话的时候不一样了，完全不一样了。

生：（齐读）那是一间高大的宫殿式的房子，室内陈设极其简单，一张不大的写字台，两把小转椅，一盏台灯，如此而已。

师：看得出来，你们的表情、你们的眼神告诉王老师，你们感动了，有一份深深的感动在你的心中涌动，是吗？来，再读一次，把你们的感动传染给在座的每一位老师。

生：（齐读）那是一间高大的宫殿式的房子，室内陈设极其简单，一张不大的写字台，两把小转椅，一盏台灯，如此而已。

[其实，作者对总理办公室陈设的描写也是"极其简单"的。王老师却以其高度的语言敏感，引领学生品味到了"极其不简单"的语文盛宴。整个板块抚今追古，大开大合，通过想象、对比、还原，将学生带入了辽阔的时间与广阔的空间。更重要的是，王老师始终以关键词为点，注重训练学生对语言的直观感受和直接把握。"语言有温度，字词知冷暖"，在看似平淡无奇的地方，训练学生去感知语言之神妙，洞察语言之精髓，把握语言之理趣，于是，平实的文字渐渐现出奇崛的韵味来。]

四、聚焦一个"审阅"，一唱三叹，绕梁不绝

师：老师完全有理由相信，让你感动的地方比比皆是，比如——

[始终站在学生的角度言说。]

生：比如："花生米并不多，可以数得清颗数，好像并没有因为多了一个人而增加了分量。"

师：为什么这一句让你感动？

生：因为它说花生米"可以数得清颗数"，这等于说是很少的。

师：是啊。你能想象出，一个大国的总理应该吃些什么呢？

生：应该吃"鲍鱼"之类的！

师：是啊。以你的生活体验，他应该吃山珍海味、美味佳肴，是吧？没想到他吃的竟然是花生米，而且数得清颗数。你怎能不为此而感动？再比如——

生：再比如："看完一句就用笔在那一句后面画上一个小圆圈。他不是浏览一遍就算了，而是一边看一边思索，有时停笔想一想，有时问我一两句。"说明总理非常认真，而且是看了一遍还看一遍。

师：是啊，来，让我们一起再来感受一下这份感动。

生：（齐读）他一句一句地审阅，看完一句就用笔在那一句后面画上一个小圆圈。他不是浏览一遍就算了，而是一边看一边思索，有时停笔想一想，有时问我一两句。

师：审阅。什么是"审阅"？你从哪儿读懂了"审阅"？

（生自由读这一句，独立思考）

师：你是从哪儿读懂"审阅"的？从哪儿读懂他绝不是普通地浏览，而是在"审阅"？

生："看完一句就用笔在那一句后面画上一个小圆圈……有时问我一两句。"这就表明周总理是怎样审阅文章的。

师：能把你的目光再缩小一下，缩小到一个词，或缩小到几个词来谈谈你对"审阅"的感受吗？

（生一边看一边思索）

师：你想说的是哪个词？

生：思索。

师：把"思索"这个词再放大，你想到了什么？

生：我想到了周总理是想到了人民的困难，以及怎样来解决这些问题。

师：是啊。她聚焦"思索"，然后就想到了总理可能会想到很多很多的问题，只有这样看文件才叫"审阅"。

生："有时停笔想一想，有时问我一两句"这句话写出周总理不是很简单地看一遍就算了，有时还问"我"一两句。

师：对，说得挺好，要大声地说，自信地说。这才叫"审阅"。假如请你在"审阅"前再加一个词，你认为总理这是在怎样地"审阅"？

生：他是在负责地审阅。

生：我觉得他是在用心地审阅。

师：多好啊，这个"心"用得太好了。

生：仔细地审阅。

生：专心地审阅。

师：专心——

生：专心致志地审阅。

师：对，这样语气就更强。

生：认真地审阅。

师：再加一个词——

生：对了，认真负责地审阅。

生：细心地审阅。

师：换一个词儿，还可以是"一丝"——

生：一丝不苟地审阅。

师：是啊，让我们再来感受一下周总理这专心致志，这一丝不苟，这认真负责的审阅。大家一起来读这段话。

生：（齐读）他一句一句地审阅，看完一句就用笔在那一句后面画上一个小圆圈。他不是浏览一遍就算了，而是一边看一边思索，有时停笔想一想，有时问我一两句。

师：同学们，难道总理这样审阅的仅仅是最后一个文件吗？不是！何止是这个文件呀！大家看——

夜幕降临，华灯初上，我们敬爱的周总理坐在那张不大的写字台前，拿出了他今天晚上要审阅的第一份文件，只见他——（示意学生接读）

生：（朗读）一句一句地审阅，看完一句就用笔在那一句后面画上一个小圆圈。他不是浏览一遍就算了，而是一边看一边思索。

师：夜很静，人们早已进入了甜美的梦乡，而我们敬爱的周总理依然坐在那张不大的写字台前，只见他——（示意学生读下去）

生：（朗读）一句一句地审阅，看完一句就用笔在那一句后面画上一个小圆圈。他不是浏览一遍就算了，而是一边看一边思索。

师：东方发白，天将破晓，敬爱的周总理揉了揉疲倦的双眼，拿出了今天晚上他要审阅的最后一个文件，只见他——

生：（全体学生情不自禁地跟着读了起来）一句一句地审阅，看完一句就用笔在那一句后面画上一个小圆圈。他不是浏览一遍就算了，而是一边看一边思索。

[《礼记·乐记》中讲的"一唱三叹，有遗音者"，就是这样了！一遍又一遍的反复诵读化为绕梁余音，袅袅不绝于耳，令听者唏嘘不已。]

五、写一段话，如此星辰如此夜

师： 这是一个多么漫长的夜晚，这是一个多么劳苦的夜晚，又是一个多么不平常的夜晚啊。因为，在这个夜晚，我们的总理审阅着一尺来高的文件，思考着许多许多重要的问题……

（轻音乐《在银色的月光下》轻轻地响起，课件呈现：夜很静，周总理一句一句地审阅着文件，那不是普通的浏览，而是一边看，一边在思索。他想_____）

师： 在这个宁静的夜晚，周总理在想些什么呢？请走进总理的内心，用你的笔写下你的想象和感情。

（学生在音乐声中写作，教师边巡视，边提示：这是一位大国的总理，这是新中国刚刚成立受命于危难之际的总理！上至国家大事，下至普通百姓，他有多少多少的事需要思考，他有多少多少的问题需要解决，想吧，写吧，写下来吧，写下总理的思考，也写下你对总理的那份感受和体验。）

师： 同学们，停下你手中的笔，让我们一起走进总理的这一个夜晚，一起走进他的内心世界，一起用心去倾听总理的心灵独白。夜很静，周总理一句一句地审阅着文件，那不是普通的浏览，而是一边看，一边在思索。他想着——

生：（朗读小练笔）这个村里的粮食不够了，明天得派人给他们送去啊。

师： 是啊，这是一些芝麻般琐碎的小事，但是，民以食为天，如果老百姓过不上温饱的生活，国家怎么能够安定啊！他想着——

生：（朗读小练笔）为了新中国的强盛，我再苦再累也是值得的。

师： 对啊，总理一生最大的心愿就是让中国强盛起来。他想着——

生：（朗读小练笔）我要为人民奉献一切，要做个好总理，我一定要一句一句认真负责地审阅完这些文件。

师： 说得多好啊，他一生的承诺，就是要做一个人民的好总理。他想着——

生：（朗读小练笔）加油啊，我不能睡。辛苦一点又如何？我一定要把这些文件批完。

师： 是啊，正是总理的辛苦，才换来了人民的幸福呀。他想着——

生：（朗读小练笔）今天晚上我一定要把这些文件看完，明日复明日，明日何其多，我不能睡……

师：他想着——

生：（朗读小练笔）怎样才能让贫困地区富裕起来，怎样才能让人民都过上幸福的生活……

师：人民的幸福，才是总理最大的幸福啊！他想着——

生：（朗读小练笔）山区的孩子能读上书吗？在中国，到底还有多少失学儿童呢？

师：孩子是祖国的希望和未来，他怎能忘记千千万万的中国儿童呀？（音乐停）

同学们，听到了吗？这就是总理的思考，这就是总理的心声。他的心中，装着孩子，装着农民，装着工作，装着国家，装着全体人民。但是，他的心中唯独没有装的，却是他自己呀！所以，在回来的路上，"我"不断地想着，并且对自己说："这就是我们的总理。我看见了他一夜的工作。他是多么劳苦，多么简朴！""我"这样对自己说了几遍后，"我"又想高声对全世界说——

（课件呈现：看啊，这就是我们中华人民共和国的总理。我看见了他一夜的工作。他每个夜晚都是这样工作的。你们看见过这样的总理吗？）

生：（高声齐读）看啊，这就是我们中华人民共和国的总理。我看见了他一夜的工作。他每个夜晚都是这样工作的。你们看见过这样的总理吗？

师：同学们，请问，你在读这段话的时候，是带着怎样的一种心情？

生：我是带着自豪的心情读的！

师：来吧，带着自豪的心情告诉全世界！

生：（自豪地朗读）看啊，这就是我们中华人民共和国的总理。我看见了他一夜的工作。他每个夜晚都是这样工作的。你们看见过这样的总理吗？

师：请问，你是带着一种怎样的心情来读的？

生：我是带着"佩服"的心情。

师：来，读吧。读出你的佩服，读出你的感动。

生：（高声朗读）看啊，这就是我们中华人民共和国的总理。我看见了他一夜的工作。他每个夜晚都是这样工作的。你们看见过这样的总理吗？

师：你呢？你的心情又是什么？

生：我是带着感动的心情来读的。

师：来吧，读出来，让我们一起来感受你的感动吧！

生：（充满感情地朗读）看啊，这就是我们中华人民共和国的总理。我看见了他一夜的工作。他每个夜晚都是这样工作的。你们看见过这样的总理

吗？（读得非常投入，全场响起热烈的掌声）

师：你们感动吗？你们自豪吗？你们敬佩吗？感动的请站起来，自豪的请站起来，敬佩的请站起来。让我们一起，感动地、自豪地、敬佩地告诉全世界——

生：（全班站起来，高声朗读）看啊，这就是我们中华人民共和国的总理。我看见了他一夜的工作。他每个夜晚都是这样工作的。你们看见过这样的总理吗？

师：（生坐下，全场静默了片刻）同学们，你们看到的只是总理一个晚上的工作，是吧？可是，你们为什么会如此肯定地告诉全世界，他每个夜晚都是这样工作的？你们凭什么？你们凭什么如此肯定？你们凭什么如此感动？你们凭什么如此大声地告诉全世界？凭什么？

生：凭总理是个不辞辛劳、认真负责的人。

师：凭你对总理一生的了解，是吗？

生：因为周总理为了国家、为了人民而不辞劳苦地工作。

生：因为周总理他一生都是为国为民的。

生：凭周总理这一夜的做法。一个人是不可能在一夜之间转变一生的做法的。

师：说得多好啊！这一夜的工作习惯足以证明他的一生都是这样做的。

生：为了全中国，为了全中国人民，他值得，他想：他值得！

师：凭着他对人民的热爱和信念，是吗？说得多好啊！

［深刻地体会了总理一夜的劳苦之后，想象：在那个静静的夜晚，总理一边审阅文件，一边在想些什么？读与写的结合是那么自然，那么贴切。尽管孩子们的写作难免稚嫩，孩子们的话语难免单薄，但是，听得出来，他们是在用自己的心言说。"心入于境，情会于物"之后，书本上最后一段的语言就内化为学生内心深处的话语，唯有声声朗读最能传情达意。］

六、铭记一段日子，音容宛在性长存

师：是啊，正像你们所讲的那样，他的一生都是这样做的。让我们一起走进总理生命中的最后一段日子吧——

（课件呈现字幕）

总理在最后的日子里

1972年,周总理被确诊患了癌症。

1975年,周总理的病情开始恶化。但他仍然拖着只剩30公斤的重病之躯,继续顽强地工作着。

6月7日,周总理会见菲律宾总统马科斯。

8月26日,周总理在医院会见柬埔寨首相西哈努克亲王。

9月7日,周总理不顾病情的严重恶化和医护人员的一再劝阻,坚持会见罗马尼亚党政代表团。

9月20日,周总理做第四次大手术。在进入手术室的前一刻,躺在推车上的周总理吃力地握住小平同志的手,鼓励他把工作做好。

10月24日,周总理做了第五次大手术。这次手术过后,他一再叮嘱邓颖超,死后不要保留骨灰。

12月20日,生命已经处于垂危状态的周总理,向应约前来的罗长青询问台湾的近况。谈话不到15分钟,周总理就昏迷了过去。

1月7日11时,周总理从昏迷中苏醒,用微弱的声音对身边的医生说:"我这里没有什么事了,你们还是去照顾别的生病的同志,那里更需要你们……"这是周总理生前留下的最后一句话。

1976年1月8日上午9时57分,周总理的心脏永远停止了跳动。

(师满怀深情地朗诵这段内容,语调时高时低,语速时缓时疾,极具感染力)

师:(问一生)你哭了,为什么你哭了?

生:因为周总理健康时为了人民,他生病了也还是为了人民,所以我哭了。

师:(对另一生)你感动了,为什么你的眼里饱含泪花?

生:因为周总理为了国家,在生命的最后一刻还在关心着其他的人。

生:总理生前留下的最后一句话是:"我这里没有什么事了,你们还是去照顾别的生病的同志,那里更需要你们……"总理也是病人呀,他为什么又要护士去照顾别的人呢?

师:是啊,你想问问总理,为什么到了生命的最后一刻,你还不想想你自己啊!

生:我想说,总理把一生都贡献给了人民,为什么到最后还是想着别人!

师：是啊。

生：我还想问问总理，为什么还要告诉邓颖超死后不要保留骨灰？

师：他连自己的骨灰都没有留下来，撒向了碧蓝的大海！

生：我想对总理说，总理啊，您已经尽职了，为什么还要对自己的身体不负责呢？

师：我知道，这不负责是带引号的。所以，同学们，了解总理事迹的每一个人，都被他伟大的人格深深地感动了。1998年3月5日，就在总理诞辰100周年的那个日子里，作曲家三宝和我们一样，怀着对总理的无限崇敬和爱戴，为《你是这样的人》谱写了一段极其感人的旋律。全体起立，让我们怀着无限的崇敬和爱戴，走近我们伟大的总理——周恩来。

（学生起立，大屏幕播放电影《周恩来》的剪辑片段，并配有戴玉强原唱的歌曲《你是这样的人》。师生共同观赏，全场肃穆，许多学生、许多听课的老师，包括王老师本人，纷纷落泪。）

〔课的最后，王老师以一组记录、一首歌曲、一个短片，在我们面前重现了周总理的形象。音容宛在，永别难忘。在师生落泪的那一刻，所有的语言都化为胸中的情感，真可谓余音绕梁、绵延不绝。我们常追求文以载道，原来道在天成。〕

『课程反思』

致力于形成一种场

《一夜的工作》是我提出"诗意语文"的缘起。

2004年9月18日，我执教《一夜的工作》，该课在现场引起了强烈震撼和反响。课后，我就将自己的语文教育称为"诗意的语文"。嗣后，我在全国小语界正式提出了"诗意语文"的主张。

读《一夜的工作》，就是读总理的人格。总理的人格，与日月同辉，与天地齐寿。读《一夜的工作》，内心总有一种感动在激荡，总有一种崇敬在升腾，那是总理的人格力量。这简朴的一夜、这劳苦的一夜、这通宵达旦的一夜、这殚精竭虑的一夜，一再激起我们对"高山仰止，景行行止"的感怀和敬仰。

以我当时的课堂体验来看,诗意语文的表现过程,应该是诗一般审美创造的心灵感应和情绪感染的过程。刘勰云:"夫缀文者情动而辞发,观文者披文以入情。"语文负载着作者与读者之间的双重情感交流任务。诗意语文的力量,不仅仅在于引领学生感受作品本身带来的审美愉悦,更在于借此唤醒学生诗意地去面对现实生活本身,从而重新品味生活,加深体验,最终领悟到生命的真谛。诗意语文,就是要在这样的意境中,引导学生与作者进行深入的情感交流和心灵对话,从而愉悦性情,丰富情感,陶冶情操,培养自己诗意般的心灵。

执教《一夜的工作》时,我致力于形成一种场,一种交织和融合了师生的思想、情感、智慧、精神、心灵的场。这个场,统一于"情"。这里的情,有激荡的情绪,有弥散的情感,有深刻的情思,有升华的情操;这里的情,是感动于总理人格的真情,是洋溢着崇敬和缅怀的深情,是呼唤爱和真心的激情;这里的情,是作者的亲历之情,是编者的理想之情,是教师的熏陶之情,是学生的感悟之情。这种情,贯通于课的全过程,弥散于课的全方位,无论是诗歌朗诵的激情、沉入文本的悟情,还是拓展资料的融情、歌曲欣赏的抒情,都旨在营造一个情的场,一个将情加以提炼和升华的审美场。

诗意语文的教学策略和路径应该是多维的、立体的,往往会因人而异,因文而异,因课而异,因生而异,但在表面不一致的背后,则有某种更内在、更本质的同构。从执教《一夜的工作》开始,在以后一系列的课堂实践上,我自觉"气场"便是诗意语文的某种本质的同构。

没有气场的课,不是诗意语文的课。课堂气场是一种无形的存在,但却无处不在,无时不在。有气场的课,就有教学魅力,有精神吸引力,有浓浓的氛围和情调,它是一堂课的精神风貌和气质的集中诠释和高度表达,它对学生语文素养的影响是一种"随风潜入夜,润物细无声"般的濡染。不知不觉地投入,悄无声息地习得,自然而然地感染,深入骨髓地浸润,这一切,正是课堂气场对学生生命气场的诗意教化。

反思《一夜的工作》,在致力于课堂气场的形成与建构上,我的做法和策略主要体现在三个方面。

一、营造气场,就是要准确把握一堂课的情感基调

作为文本的《一夜的工作》,如同一幅白描人物画,文字质朴、简约、

晓畅、蕴藉，少有作者本人感受的恣意铺排和激昂喷涌，但每一字、每一句都是从何其芳的心中汩汩溢出的，真挚、细腻，字字见力、句句含情。而作为课的《一夜的工作》，就是要引领学生沉入字里行间，用心触摸文字的质地，感受文字的体温，把握文字的脉象，体味文字的气息。在课堂教学中，我一直提醒自己：这样质朴、简约的文字，需要用心的不是它们的表层意思，而是蕴涵的意味。意味不是文字本身，而是文字的光泽、气韵、神采。譬如，写总理办公室陈设的"极其简单"、写总理"一句一句地审阅"、写总理夜宵的"数得清颗数"、写总理将小转椅"扶正"，这些文字都有着绵长而隽永的意味。

因此，课的情感基调就迥异于文本的基调，在课中，师生一起穿越文字的丛林，直抵作者心中的那份感动、那份崇敬。八十分钟的课堂教学，师生的心被深深地卷入一种无迹无形却无处不在的气场。有听课者这样评述："记得《安徒生童话》里那位善良的夜莺对皇帝说过，每一滴眼泪都是一颗珠宝。是的，每一次感动、每一份真情，都会让我们刻骨铭心。当我们在王老师的课中远离平庸，抛弃浅薄时，当我们一起为总理感动、为课流泪时，当我们在课堂凝重、深沉的基调中感受精神的华美时，从此，总理的人格如史诗般永存心头！"

二、营造气场，就是要艺术构建一堂课的教学节奏

课堂节奏是一种合于规律的变化，起承转合是一种节奏，前后对比是一种节奏，螺旋递进是一种节奏。有节奏就有气场，有气场就有诗意。《一夜的工作》一课，所呈现的是一种首尾呼应、拾级而上的课堂节奏。全课从情感变化的角度看，可分成四级台阶：

第一级，渲染情绪，未成曲调先有情。课始，我用深沉而内敛的情感，抑扬顿挫地朗诵宋小明的诗《你是这样的人》，一下子把人们对总理的怀念、爱戴、崇敬之情展现在学生面前，营造出"未成曲调先有情"的课堂氛围。有了这样的情感基调，学生的心就会迅速聚焦于总理的人格魅力上，于是，一次温暖而百感交集的心灵之旅就这样深情款款地迈出了第一步。

第二级，激发情感，便觉春光四面来。带着课始的情绪，在一种缅怀而又景仰的氛围笼罩下，学生边读边想：总理的这一夜，是怎样的一夜。随后，每个学生都选择了一个词语来表达自己对这一夜的感受和理解。在一个开放的对话平台上，我让七个学生畅谈一个词语背后的细节回忆和生

命体验,并以充满认同感和激励性的对话将学生对《一夜的工作》的第一印象引向深入。我的每一次理答,不仅指向认知,更贴近学生的情感、态度和价值观,于是,课堂情感一如阵阵的风吹过松林,又如叠叠的浪涌向岸边。

第三级,启迪情思,梦回芳草思依依。对文中"极其简单"的品读与感悟,是课中的一次小高潮。写总理办公室"陈设极其简单"这句话,没有深奥的字词,没有煽情的语言,一字一句都是"洗尽铅华呈素姿"。但是,我通过想象还原、场景比较、复沓引读、启迪深思,引领学生真正读懂了总理"极其简单"的陈设背后所体现出的"极其不简单"的人格魅力。思想在深入,情感在浓化,课堂情感一跃上升到巅峰状态。

第四级,陶冶情操,意满便同春水满。课近尾声,当学生在音乐的渲染下,饱含深情地想象着总理审阅文件时的心情和心思时,课堂一下子弥漫在凝重、崇敬的氛围里;当我在寂静的课堂上,舒缓低沉地述说总理在生命尽头的时间安排表时,学生都被深深地感动着、折服着;当那一声"让我们怀着无限的崇敬和爱戴,走近我们伟大的总理——周恩来"(随之而起的是歌曲《你是这样的人》和电影《周恩来》的剪辑片段)响起时,总理的音容笑貌在眼前闪现,总理的丰功伟绩在脑中浮现,总理的形象就这样"活"在了每一个学生的心中。人格陶冶,如春风化雨,悄无声息地滋润着每一个单纯的生命。

三、营造气场,就是要高度整合一堂课的多种元素

课堂元素,包括文本、语言、媒体、环境、手段等。每一种元素,既有认知的功能,又有启示的作用,还有审美的价值。诗意语文对课堂元素的关注,不仅指向认知的、启示的,更为重视审美的。对于各种课堂元素的选择和使用,都力求在审美这一维度上得到整合。如《一夜的工作》在音乐这一媒介元素的使用上,可谓苦心孤诣、水乳交融。无论是学生畅想总理审阅文件时所思所想的背景音乐《在银色的月光下》轻轻响起时,还是《你是这样的人》的歌声伴随着《周恩来》的电影剪辑片段播放时,我和学生一起穿行在动人的音乐和画面之中,用生命的手掬起一捧捧盈盈的心灵泪花。

总之,《一夜的工作》让我邂逅了一种别样的语文教育。她的表征是一种气场的存在,她的指向是一种审美的情感,她的能量是让人感动、让人震

撼。气场、情感和感动，成了我以后创作课品的三个最重要的元素，而"感动"又是形成气场、流淌情感的课堂脉象。这种感动是学生与作品的直接对话，是师生之间的心灵交融，是作者之情、文本之情、学生之情、教师之情汇流而成的生命之泽。语文教育的最大魅力就在于她的"情"和她的"美"。

第五编

为了艺术而存在的课堂
——《长相思》课堂实录与品悟

『课品综述』

为了艺术而存在的课堂

第一次看《长相思》,是在杭州。静静的秋夜,一个人在工作室。尽管之前对这一课的文字稿早已谙熟,但当我真的面对它时还是震惊到无语。

无语到叹息,走出门去,只见庭前一轮明月,碧空如洗。

那一刻,我恍惚觉得纳兰走过,他就站在三百年前的红尘里对我微微叹息。我承认,在这个课品里,我丢掉了所有关于语文、关于课程,甚至关于诗词的概念、原则、理念与判断,也完全丢掉了自己。

许多人与我一样,认为这一课是古诗词教学中的奇迹。

在此之前,我们无法想象课可以上成这样!就像王小庆老师所言:"他的课已经不能算作课了,严格地说,应该是个艺术品才是。"

文本的解读、教师的语言、语境的拓展、互文的印证、角色的置换,甚至所选的音乐、所用的图片,没有一处不是恰到好处,没有一处不是动人心弦。

确实,没有一节课能像《长相思》这样,完美地诠释王崧舟语文教学思想中的艺术化追求,完美地体现"诗意语文"的种种特质。这一课的成功应是王崧舟语文教育思想发展到一定程度的必然,诗意如水,缓缓流过,境界渐宽。

回到2005年,彼时的王崧舟正扛着"诗意语文"的大旗,经过了《圆明园的毁灭》的震撼,经过了《只有一个地球》的思索,经过了《一夜的工作》的轰动与确证,他的创作灵感正喷涌式地将他的语文教学推向新的境地。在那前后他还开发了《亲情测试》,重上了《小珊迪》。彼时的课,多气象开阔,美不胜收,又带着些风发的意气,"谈笑间,樯橹灰飞烟灭"。

《长相思》注定是王崧舟课堂教学中特别的一课,不仅仅是因为它堪称诗意语文的扛鼎之作,更是因为他是王崧舟的"率性之作"。读过《〈长相思〉"精神三变"》的老师都知道,这一课王老师在上课前心里竟还没有完全成型的教案,课的思路是在课的进程中自然地流淌出来的。

这种由"必然王国"到"自由王国"的境地可遇而不可求,也正是这样的奇迹让我疑心课品的背后仍有我们所无法揣摩的深意。

我知道王老师对这个文本的钟情是由于对纳兰的喜爱,这份喜爱有一半是源于《红楼梦》吧。而他对词意的理解与解读更多的是源于他对纳兰性情的参究与喜欢,那同样是"冷处偏佳,别有根芽"。其实,王老师也清楚地知道《长相思》所传达的绝不只是"爱祖国、爱故园"的纠结那么简单。纳兰的词常常"愁发无端",流溢着对生命本质的叩问与追寻,那份与生俱来的忧伤令人沉迷,何处才是他真正找寻的"故园"?或许,王老师比我们更清楚地听到了纳兰的叹息,他知道,三百年的光阴流转,纳兰从来就不曾在红尘里。

不知道究竟有多少人是因为爱纳兰词而迷上了这一课,也不知道有多少人是因为这一课而迷上了纳兰词!

王崧舟与纳兰,这之间,到底是怎样的一种关联、怎样的一种成全?

『课文呈现』

长 相 思

［清］纳兰性德

山一程,水一程,身向榆关那畔行,夜深千帐灯。　　风一更,雪一更,聒碎乡心梦不成,故园无此声。

(注:本课选自人教版义务教育课程标准实验教科书小学语文五年级上册第5课)

『课堂品评』

"见"到一种诗的境界

一、借助注释,读懂词意

师:同学们,在王安石的眼中,乡愁是那一片吹绿了家乡的徐徐春风。

而到了张籍的笔下,乡愁又成了那一封写了又拆、拆了又写的家书。那么,在纳兰性德的眼中,乡愁又是什么呢?请大家打开书本,自由朗读《长相思》这首词。注意,要仔仔细细读上四遍,读前两遍的时候,注意词当中的生字和多音字,要把词念得字正腔圆;读后两遍的时候,要注意把它念通顺,注意词句内部的停顿。明白吗?

[熟悉文本的都知道,这首词原是《古诗词三首》中的第三首,前两首就是王安石的《泊船瓜洲》与张籍的《秋思》。]

生:(齐答)明白。

师:自由朗读《长相思》,开始。

(生自由读课文《长相思》)

师:(课件出示《长相思》这首词)好,谁来读一读《长相思》?其他同学注意听,这首词当中的一个生字,一个多音字,他读准了没有。

生:(朗读)长相思,清,纳兰性德。山一程,水一程,身向榆关那畔行,夜深千帐灯。风一更,雪一更,聒碎乡心梦不成,故园无此声。

师:读得字正腔圆,真好!"风一更"这个"更"是多音字,"聒碎乡心"的"聒"是个生字,她都念准了。来,我们读一读,"风一更,雪一更,聒碎乡心梦不成",预备,起。

生:(齐读)风一更,雪一更,聒碎乡心梦不成,故园无此声。

师:再来一遍,预备,起。

生:(齐读)风一更,雪一更,聒碎乡心梦不成,故园无此声。

[一读,意在正音。]

师:很好!谁再来读一读《长相思》?请你,其他同学注意听,特别注意,他在读词句时中间是怎么停顿的,是不是读得有板有眼。

生:(朗读)长相思,清,纳兰性德。山一程,水一程,身向榆关那畔行,夜深千帐灯。风一更,雪一更,聒碎乡心梦不成,故园无此声。

师:真好,你们注意到没有,这位同学在读"身向榆关那畔行"的时候,在哪个地方停顿了一下?

生:他在"身向榆关"的后面停顿了。

师:你有没有注意到,他在读"夜深千帐灯"的时候,在哪个地方又停顿了一下?

生:他在"夜深"后面停顿了一下。

师：你们听出来了吗？

生：（齐答）听出来了。

师：对，这样读就叫有板有眼。我们读这两句词——"身向榆关那畔行，夜深千帐灯"，预备，起。

生：（齐读）身向榆关那畔行，夜深千帐灯。

师：再来一遍——"身向榆关那畔行，夜深千帐灯"，读。

生：（齐读）身向榆关那畔行，夜深千帐灯。

[二读，重在节奏。]

师：真好，同学们，读古代的诗词，不但要把它读正确，读得有节奏，还要尽可能地读出它的味道来。比如"长相思"这个题目，我们可以有许多种读法，有的读"长相思"（快速而平淡地），有长的味道吗？有相思的感觉吗？

生：（齐答）没有。

师：比如你这样读，"长相思"（缓慢而深情地），有感觉吗？有味道吗？

生：（齐答）有。

师：读词就要读出这样的味道来。你们试着读一读，争取读出你的味道和感觉来。

（生自由读《长相思》）

师：谁来读一读《长相思》？读出你的味道、你的感觉来。注意听，你听出了什么味道、什么感觉？

生：（朗读）长相思，清，纳兰性德。山一程，水一程，身向榆关那畔行，夜深千帐灯。风一更，雪一更，聒碎乡心梦不成，故园无此声。

师：好一个"故园无此声"，有味道。谁还想读？

生：（朗读）长相思，清，纳兰性德。山一程，水一程，身向榆关那畔行，夜深千帐灯。风一更，雪一更，聒碎乡心梦不成，故园无此声。

师：好一个"聒碎乡心梦不成"！来，我们一起读，读出你自己的味道和感觉来。

生：（齐读）长相思，清，纳兰性德。山一程，水一程，身向榆关那畔行，夜深千帐灯。风一更，雪一更，聒碎乡心梦不成，故园无此声。

师：真好！同学们，词读到这儿为止，你的脑海里面留下了什么印象和感觉，谁来说一说？

生：我感到纳兰性德非常思念家乡。

师：这是你的感觉。谁还有别的印象和感觉？

生：我感觉到纳兰性德思念家乡，梦都睡不好了。

师：不是梦都睡不好，是觉都睡不好，根本就没有梦。同学们，梦都做不成，觉都睡不好，带着这种感觉，我们再来读一读《长相思》，把这种感觉读进去，读到词的字里行间去。

生：（齐读）长相思，清，纳兰性德。山一程，水一程，身向榆关那畔行，夜深千帐灯。风一更，雪一更，聒碎乡心梦不成，故园无此声。

[三读，贵在情韵。]

师：长相思，长相思，作者为什么会如此地长相思呢？请大家默读这首词，读的时候，请大家仔细地看看书上的插图，仔细地看看书上的注解，然后，试着去想想这首词大概在讲什么，明白吗？

生：（齐答）明白。

师：好，默读《长相思》。

（生默读《长相思》，按要求思考词的大意）

师：现在王老师提两个问题，看看你对这首词大概的意思掌握了没有。（板书：身）第一个问题，听清楚了，作者的身，身体的身，身躯的身，作者的身在哪里？身在何方？

生：作者的身在前往山海关外。

师：请站着，山海关外。继续说。谁还有不同的看法？

生：作者的身在前往山海关的路上。

师：路上，请站着。继续说。

生：作者的身在山海关。

师：你也站着。谁还有不同的理解？身在何方？

生：他的身在山海关那边。

师：那边，山海关的那边。好，那么，"山一程"呢？身在哪儿？还可能在哪儿？

生：身可能在山上。

师：可能在怎样的山上？

生：非常高的山上。

师：在崇山峻岭上。那么，"水一程"呢？他的身还可能在哪儿？

生：他的身可能在船上。

师：可能在船上，是的。那么，"夜深千帐灯"呢？他的身可能在哪儿？

生：他的身可能在营帐里面。

师：营帐里面，请站着。孩子们，这里站着一、二、三、四、五、六、七，七位同学。作者的身在哪儿？七位同学就是作者的身经过的点，他经过了崇山峻岭，他经过了小河大川，他经过了山海关外，他经过了军营的帐篷，他还经过了许许多多的地方，这就是作者身在何方。一句话，作者身在征途上。（在"身"后面板书：在征途）

师：请坐。已经读懂了一半，下面我提第二个问题。（板书：心）纳兰性德的心，心情的心，心愿的心，心在哪儿？

生：他的心在故乡。

生：他的心在家乡。

生：纳兰性德的心在家乡。

生：纳兰性德的心在家乡。

生：纳兰性德的心在家乡。

师：用课文里的一个词，一起说，纳兰性德的心在哪儿？

生：（齐答）纳兰性德的心在故园。

师：好。（在"心"的后面板书：系故园）孩子们，身在征途，心却在故园。把它们连起来，（在这两句上画了一个圆圈）你有什么新的发现、新的体会？

生：我发现了，他身在征途，却很思念故乡。

师：不错。你说。

生：我发现纳兰性德既想保家卫国，又很想自己的家人。

师：你理解得更深了一层。

生：我觉得纳兰性德肯定很久没有回家乡了。

师：你的心思真是细腻啊。

生：我还觉得纳兰性德不管在什么地方，心里总是有家乡的。

师：好一个"不管……心里总是……"！

生：我觉得纳兰性德虽然远离家乡，可是心总是牵挂家乡。

师：一个远离，一个牵挂。同学们，就是这种感受、这种感情、这种心灵的长相思。我们带着这样的感觉，再来读一读《长相思》。先自己读一读，试着把作者身和心分离的那种感受、那种心情读出来。

（生自由读《长相思》）

师：好，咱们一起读一读《长相思》。

生：（齐读）长相思，清，纳兰性德。山一程，水一程，身向榆关那畔行，夜深千帐灯。风一更，雪一更，聒碎乡心梦不成，故园无此声。

［课的第一板块常常被认为是朗读指导的范式——在诵读的层次上，其意义远远不限于古诗词。第一层，字正腔圆，读准字音；第二层，有板有眼，读出句子的停顿与节奏；第三层，附着情感，读出自己的感觉与味道。

三层朗读之后，学生对词意已经有了大概的认识，这正是披文入情的契机。］

二、展开想象，读出词情

师：（课件播放《怆》——曲出张维良的《天幻箫音》，在音乐声中朗读全词）长相思，清，纳兰性德。山一程，水一程，身向榆关那畔行，夜深千帐灯。风一更，雪一更，聒碎乡心梦不成，故园无此声。

师：一起来，预备，起。

生：（齐读）长相思，清，纳兰性德。山一程，水一程，身向榆关那畔行，夜深千帐灯。风一更，雪一更，聒碎乡心梦不成，故园无此声。

［这时的课境与带来的震撼是难以描述的，旋律和声音总有文字所无法表达的妙处。课内的学生与课外的我们早被一个强大的气场直接掳了去。］

师：孩子们，请闭上眼睛，让我们一起，随着纳兰性德走进他的生活，走进他的世界。随着老师的朗读，你的眼前仿佛出现了怎样的画面、怎样的情景？（稍作停顿，动情朗读）"山一程，水一程，身向榆关那畔行，夜深千帐灯。风一更，雪一更，聒碎乡心梦不成，故园无此声。"

师：孩子们，睁开眼睛，现在你的眼前出现了怎样的画面和情景？你仿佛看到了什么，听到了什么？你仿佛处在一个怎样的世界里？

生：我看见了士兵们翻山越岭到山海关，外面风雪交加，士兵们躺在帐篷里，翻来覆去怎么也睡不着，在思念他的故乡。

师：你看到了翻山越岭的画面。

生：我看见了纳兰性德在那里思念家乡、睡不着觉的情景。

师：你看到了辗转反侧的画面。

生：我看到了纳兰性德走出营帐，望着天上皎洁的明月，他思乡的情绪更加重了起来。

师：你看到了抬头仰望的画面。

生：我看到了山海关外，声音杂乱，士兵们翻来覆去睡不着，但是在他们的家乡没有这种声音，人们睡得很宁静。

[第一处见。

"闭上眼睛，展开你的想象"，这"诗意的境界"实乃"自由的境界"！

因为是闭上眼睛"看"，也就把外界的纷繁挡在了词的外面，所"见"的就只能是属于自己心灵的画面。]

师：你们都看到了，你们看到了跋山涉水的画面，你们看到了辗转反侧的画面，你们看到了抬头仰望的画面，你们看到了孤独沉思的画面。但是，同学们，在纳兰性德的心中，在纳兰性德的记忆里面，在他的家乡，在他的故园，又应该是怎样的画面、怎样的情景呢？展开你的想象，把你在作者的家乡看到的画面写下来。

（生伴随着乐曲《琵琶语》，根据想象写话）

师：（在学生的写话过程中插话）那可能是一个春暖花开的日子，在郊外，在空旷的田野上……那也可能是几个志趣相投的朋友围坐在一起，一边喝酒，一遍畅谈着……那也可能是在暖暖的灯光下，一家人围坐在一起，喝着茶，拉家常……那还可能是……

（生继续在音乐声中依据想象写话）

[当《琵琶语》的音乐响起时，我心中的感动不能自已。那种低低的追忆与倾诉，带着忧伤，带着隐忍，却没有怨恨，说着的似乎就是世界上最遥远的距离。]

师：好，孩子们，请停下你手中的笔，让我们一起回到作者的家乡，走进纳兰性德的故园。我们去看一看，在他的家乡有着怎样的画面和情景。

生：我看见了纳兰性德的家乡鸟语花香，纳兰性德的家人在庭院中聊天，小孩子在巷口玩耍嬉戏，牧童赶着牛羊去吃草，姑娘们就在门口绣着花，放学归来的孩童们放下书包，乘着风，放起了风筝，还有的用花编成花环戴在头上。家乡一片生机勃勃。

师：好一幅乡村乐居图啊。这是他看到的，你们看到了哪些？

生：我看到了晚上，月光皎洁，星星一闪一闪的。他的亲人坐在窗前，望着圆圆的月亮，鸟儿也不再"唧唧喳喳"地叫，只能听见外面"呼呼"的风声，花儿合上了花瓣，亲人是多么希望纳兰性德能回到家乡与他们团聚啊。

师：一个多么宁静、多么美好的夜晚。你看到了——

生：在一个晴朗的日子里，妻子正绣着锦缎，孩子们在门外的草地上玩耍，一会儿捉蝴蝶，一会儿又玩起捉迷藏的游戏。汉子们正挑着水，一家人做好饭后，围在一起，喝酒聊天。

师：故园的生活真是其乐融融啊！

［第二处见。

又是画面。因为文学作品并不是一种"自在之物"，而是一种"为他之物"。审美解读就是能将文本从静态的物质符号中解放出来，还原为鲜活生命的唯一魔术。］

师：但是，但是，此时此刻，这样的画面却都破碎了，这样的情景却都破碎了。（在"身在征途，心系故园"上面板书个大大的"碎"）谁再来读读《长相思》？在这里，没有鸟语花香，没有亲人的絮絮关切，这里只有——

生：（朗读）山一程，水一程，身向榆关那畔行，夜深千帐灯。风一更，雪一更，聒碎乡心梦不成，故园无此声。

师：在这里，没有皎洁的月光，没有在皎洁月光下和妻子相偎在一起的那一份温暖、那一份幸福，这里只有——

生：（朗读）山一程，水一程，身向榆关那畔行，夜深千帐灯。风一更，雪一更，聒碎乡心梦不成，故园无此声。

师：你是在用自己的心读啊！在这里，没有郊外的踏青，没有牧童的短笛，没有跟孩子们在一起的天伦之乐。这里只有——我们一起读。

生：（齐读）山一程，水一程，身向榆关那畔行，夜深千帐灯。风一更，雪一更，聒碎乡心梦不成，故园无此声。

师：长相思啊，长相思。山一程，水一程，程程都是长相思；风一更，雪一更，更更唤醒长相思。孩子们，闭上眼睛，想象画面，进入诗人那个身和心分离的世界，我们再一起读《长相思》。

生：（齐读）山一程，水一程，身向榆关那畔行，夜深千帐灯。风一更，雪一更，聒碎乡心梦不成，故园无此声。

［除了一遍又一遍逐层深入的诵读、想象与体验，这一课似乎就再也没有其他的了，正因如此，词的"完形"才得以保全。

我们似乎无法从这一课里找到明晰的教学内容——那些基于工具主义的

目标或技术。但是，在一个又一个的画面里，我们分明看到了孩子们把自己的心贴到了词的脸颊上，真的体会到了这个作品中特殊的温度。

卢梭说，教育是一种梦想。王老师是不是把自己的梦带入了"根本没有梦"的《长相思》中？］

三、互文印证，读透词心

师：同学们，《长相思》读到现在为止，我们已经非常真切地感受到了作者那一颗身在征途、心系故园的破碎之心。我想，读到现在为止，读到这个时候，你是不是该问一问纳兰性德了，你的脑子里冒出了什么问题，想问一问纳兰性德？

生：纳兰性德，既然你这么思念家乡，为什么还要去从军呢？

师：问得好。谁还想问？

生：纳兰性德，你快点回家吧，纳兰性德，你为什么不回家呢？

师：你为什么不早点回家呢？是吗？好，继续问。

生：纳兰性德，如果你想回家，你就应该用心打仗，你为什么不用心打仗？不然的话，如果仗打不好，你还会死在途中。

师：是啊，你既然身在征途，就应该一心干你的事业，为什么还要对故园牵肠挂肚、辗转反侧呢？

生：你既然这么想念家乡，那你为什么不把想念家人的话写下来，让一个老乡帮你带过去呢？

［一问，旁观之问。］

师：孩子们，你们都问过了，是吧？你们可曾知道，这些问题，纳兰性德也问过自己。就在征途上，纳兰性德还写过一首词，题目叫"菩萨蛮"，其中有这样两句词，就是纳兰性德问自己的。（课件呈现：问君何事轻离别，一年能几团圆月？）谁来读一读？

生：（朗读）问君何事轻离别，一年能几团圆月？

［二问，自我之问。］

师：问得好，孩子们，请你再想一想，除了纳兰性德在问自己外，还会有谁要问一问纳兰性德：问君何事轻离别，一年能几团圆月？还有谁？

生：还有深深思念他的妻子。

师：对，你就是纳兰性德的妻子，你问一问纳兰性德？
生：（朗读）问君何事轻离别，一年能几团圆月？
师：妻子问丈夫，那个"君"字改一下，改成——
生：问"夫"。
师：对！你再来问一问。等一下，我们一起到一个地方去问，好吗？长亭外，杨柳依依，妻子站在送别的路上，问纳兰性德——
生：（朗读）问夫何事轻离别，一年能几团圆月？
师：好一个深情的妻子啊！谁还会问纳兰性德？
生：纳兰性德的儿子。
师：儿子，好，儿子问一问。你现在是纳兰性德的儿子，你来问一问，你把"君"字改成——
生：父。
师：父，好。长亭外，芳草萋萋，儿子拉着父亲的手问——
生：（朗读）问父何事轻离别，一年能几团圆月？
师：毕竟是儿子，感受还不是很深。（笑声）
生：还有他的父亲。
师：你就是他的父亲了。长亭外，秋风瑟瑟，白发苍苍的老人问纳兰性德——
生：（朗读）问儿何事轻离别，一年能几团圆月？
师：老父来日不多了，不知还能见几面啊！还有谁也会问纳兰性德？
生：还有他的哥哥。
师：虽然纳兰性德没有哥哥，但是你可以暂且做他的哥哥。长亭外，雨雪霏霏，兄长递上一杯酒，问道——
生：（朗读）问弟何事轻离别，一年能几团圆月？
师：是啊，孩子们，许许多多的人，他的老父，他的爱妻，他的娇儿，他的兄长，还有他的朋友，都在问纳兰性德。我们再一起问一问纳兰性德吧：问君何事轻离别，一年能几团圆月？
生：（齐读）问君何事轻离别，一年能几团圆月？

[三问，移情之问。]

师：轻离别？你们居然说我轻离别？（板书：轻）我，纳兰性德，真的轻离别吗？真的对离别无所谓吗？再读《长相思》，默读，你从哪儿体会到，我纳兰性德没有轻离别啊，我不是轻离别啊。

（生默读《长相思》）

师：我是纳兰性德，我想先问一问我的老父。老父，你说我是轻离别吗？

生：不是，我从"风一更，雪一更，聒碎乡心梦不成，故园无此声"中看出你不是轻离别，而是为了保家卫国。

师：好一位深明大义的父亲。我想再问一问我的爱妻，我是轻离别吗？

生：你不是，"风一更，雪一更，聒碎乡心梦不成，故园无此声"。你是为了保卫祖国，你离别家乡是为了到前线去杀敌，所以我不怪你。（笑声）

师：好一位贤良的妻子啊。是的，我何曾是轻离别啊，我是何等地重离别啊。可是，我身为康熙皇帝的一等侍卫，我重任在肩，我责任如山，我不得不离，不得不别啊！我舍不得离开年迈的老父，舍不得离开温柔的妻子，舍不得离开生我养我的故园啊！这一切的一切都已化在了《长相思》中。我们一起读！

生：（齐读）长相思，清，纳兰性德。山一程，水一程，身向榆关那畔行，夜深千帐灯。风一更，雪一更，聒碎乡心梦不成，故园无此声。

师：这就是为什么我身在征途却心系故园的原因所在，这就是我的那个梦会破碎、我的那颗心会破碎的原因所在。

［互文印证，角色置换。在声声问后，学生已经读懂了词人破碎的心，也实现了真正的阅读，那是读者与作者的心灵对话，是"物我回响交流"的审美体验。］

师：建功立业的壮志和理想，思念家乡的孤独和寂寞，就这样交织在一起，化作了纳兰性德的《长相思》。（课件出示题目并播放音乐《怆》）

师：山一程，水一程，程程都是——

生：（齐读）长相思。

师：风一更，雪一更，更更唤醒——

生：（齐读）长相思。

师：爱故园，爱祖国，字字化作——

生：（齐读）长相思。

师：下课。

（热烈的掌声响起）

［只是，一问再问之下，我们还怎堪这一次次的复沓与回还？！

正如钱正权老师在点评此课时所说："尽管崧舟老师在课堂上胜似闲庭

信步，浑厚而有磁力的男中音给人以一种优雅、一种从容、一种儒将气度，然而，笔者和学生一样，所感受到的绵绵乡思、浓浓乡情恰似一座大山沉重地压在心头。这些都充分显示了教师的智慧与真情。在笔者看来，本课已臻出神入化的地步，堪称诗词教学之经典。"]

『课程反思』

在"可解"与"不可解"之间寻求"和解"

> 打着我的提灯，
> 我找到了一个人：
> 我。
> 我观察他。

从某种意义上讲，课堂教学本身就是一个"文本"。按照英美新批评派的观点，文本一旦完成，作者就已经死亡。在这里，对这一命题我权且作一次教学论上蹩脚的迁移："课堂教学一旦完成，执教者就已经死亡。"我抛出这样一个观点，意在强调"课"本身就是一个独立的自足的存在。在课被执教者演绎完成后，课的意义已经不再为执教者本人的意图所支配，"课"用自己的存在向每一位听课者言说它自己的意义。这个时候，不管你愿意与否，执教者只能将自己转换成听课者的角色重新倾听"这一课"的言说。

基于这样一种观点，也就有了课后的王崧舟与课中的王崧舟之间的对话：

我以为，王崧舟的《长相思》一课（这样的言说总有点怪怪的，人要抽身而出看自己，难！说不定哪天你就成了神经病）是在诗（词也是诗）的"可解"与"不可解"之间寻求着一种"和解"之道。

诗是不可解的，但诗又是不得不解的，这就是我们所面临的两难境地，抑或说是一种教学策略上的悖论。诗被卷入课程，既是她的幸运，更是她的不幸。语文老师的责任就是用自己的智慧和才情保护"诗"的存在，使她免于被拆解、被蒸发。在《长相思》一课中，我们似乎看到了王崧舟在这个方面所作的努力。

一方面，我们看到了他对"诗是不可解的"这一命题的艰难守望和维护。"诗"之不幸，就在于语文老师漠视"诗"作为一种完形的存在。"诗"是一个极易被糟践和摧残的小生命，教学上稍一不留神，我们就可能毁掉"诗"的存在。其毁灭之道，即在于将"诗"置换成另一样式的言语存在。诗是不能搬家的，作为诗栖居的言语形式就是她唯一的精神家园。从这个意义上说，"诗"就像"树"，一挪就死。

因此，一个有智慧的语文老师，教诗的最好途径就是不教诗，让"诗"凭着自己的言语存在说话，让学生直接贴在诗的面颊上感受她的诗意。王崧舟的《长相思》，走的大约就是这样一个路径。保护"诗"，就是保护"诗"作为一种"完形"的存在，这种保护的最佳策略就是诵读。我们可以从"器"和"用"的层面上理解"诵读"，但那是远远不够的。我们更有必要从"道"和"体"的高度看到"诵读"对诗作为一种完形存在的本体论上的意义。诗活在诵读的当下，诵读保护了诗的存在，诗即诵读。于是，我们看到，在王崧舟的《长相思》上，不管学生懂与不懂，先让学生读了再说。让《长相思》在诵读中流淌，这不是一个简单的"读正确、读流利"的问题，而是对诗作为一种完形存在的深刻尊重和理解。

诗不能诉诸理性，诗只能存在于直观、直感和直觉之中，对于诗的了悟是当下的、瞬间的，这就是所谓的"意会"。《红楼梦》第四十八回写香菱跟黛玉学诗，香菱道："据我看来，诗的好处，有口里说不出来的意思，想去却是逼真的；有似乎无理，想去竟是有理有情的。"她举例道："我看他《塞上》一首，那一联云：'大漠孤烟直，长河落日圆。'想来烟如何直，日自然是圆的。这'直'字似无理，'圆'字似太俗。合上书一想，倒像是见了这景的。若说再找两个字换这两个，竟再找不出两个字来。"宝玉听了香菱的讲诗赞道："既是这样，也不用看诗。会心处不在多。听你说了这两句，可知三昧你已得了。"如果说"完形"是诗之不可解的一个本体论层面上的因素的话，那么，"意会"就是主体论层面上对诗之不可解的又一注脚。在《长相思》一课中，王崧舟总是不厌其烦地让学生交流读词的感觉，前前后后不下十多次。其实，唤醒感觉的过程，就是意会的过程，就是激活诗意的过程。这种思维方式具有很强的直觉内省、体验感悟的情感色彩，用维柯的话说叫"诗性逻辑"，用卡西尔的话说叫"隐喻思维"。在我看来，"意会"是一种比言传更本质、更内源、更真实的生命方式。这种意会，不光基于直感和直觉，还基于联想和想象。事实上，对诗的意会，就是一个直觉和想象纠缠不清的过程。在《长相思》一课中，王崧舟前后安排了四次不同类型的想象：读词后谈印象是一种再造想象，听诵读看画面是一种表现想象，听音乐写故园是一种创造想象，多维度问作者是一种角色想象。这里的种种想象，既是对词的整体性和生命性的一种小心翼翼的呵护，又是对词作为一种召唤结构、一种空白张力的主动回应。

但是，在另一方面，我们又发现，王崧舟正试图以一种"明修栈道，暗度陈仓"的方式，对"诗是不可解的"这一命题进行着艰难的突围和颠覆。换言之，他努力想在"可解"与"不可解"之间达成一种互信互谅的和解。他之所以要尝试这样的突围和颠覆，我想个中缘由是比较复杂的。第一，对诗的学习，尤其是对古诗词的学习，他不能不考虑学生的言语解读习惯和言语思维方式；第二，在小学阶段学诗，他不能不尊重学生的生活积累、人生积淀和文化底蕴；第三，在教学评价尚未实现革命性的转型之前，他不能不顾及仍然流行着的古诗词学习效果的检测方式和标准。于是，他就不得不冒着"诗一解就死亡"的风险，在"可解"的沼泽地上艰难地跋涉着。王崧舟课堂教学的两处细节，可以作为这种尝试的标识：第一，在学生默读思考《长相思》的大意后，他设置了这样两个问题：作者的身在哪里？作者的心又在哪里？这两个问题，是对"解诗"的一种打探。这种打探有着明确的方向性，必须基于对词义的初步理解，这对诗的存在而言无疑是一种危险的动作。但这种打探并不死抠词中的字眼，他并不想"字字落实"，不想因此将学生的诗性思维与对字词的肢解绑在一起。他是想通过这种打探，让学生对其中的诗意引发一种敏感和警觉，学生对此的回答不一而足，但这无伤诗之大雅。第二，在学生沉入词境后，他采用互文印证的策略，用纳兰性德另一首词中的一句——"问君何事轻离别，一年能几团圆月"来引发学生对词的深层意蕴的解读。这种侧面的、迂回的解读策略，依然折射着王崧舟对诗的"可解"与"不可解"的矛盾之情。互文作为一种解读策略，其用意是十分明显的；但互文策略用在这里，王崧舟是有自己的主张的，那就是借助"互文"在诗的"可解"与"不可解"之间达成一种谅解。

诗说到底是对人生、宇宙的一种直观的洞悉，对事物的一种普遍性的了悟。从这个意义上说，诗只能去"见"、去"会"、去"悟"。但是，诗毕竟是一种言语的存在，尽管这种言语以自足和完形的方式存在着，她处处设防，把自己保护得严严实实，但百密终有一疏，只要有一条缝，只要有一孔眼，我们就有窥见的机会和可能。正是这样的一条缝、一孔眼，让诗暴露了自己最隐秘的灵魂,于是,诗终于在自己的疏忽中败下阵来。这才给了王崧舟和王崧舟们以"解诗"的可乘之机,一片中间地带就这样被他们在跋涉中发现了。

但不知这种发现,对"诗"们而言,是幸耶?是不幸耶?

第六编

风格的华丽转身
——《两小儿辩日》课堂实录与品悟

『课品综述』

艺术是"自由的游戏"

实在找不出任何恰当的词语来描述当时小语界的一片哗然。

2006年王崧舟老师推出新课《两小儿辩日》,那是在精美绝伦、"只可一次"的《长相思》之后,在"语言伴着眼泪飞"的作文课《亲情测试》之后。但《两小儿辩日》的朴素实在是到了极点。

无论是理论界,还是教学一线,大家纷纷感叹着:"变了,风格变了。"是的,在这一课里,我们听不到任何激情的语言,看不到任何精美的画面,我们甚至感受不到课境的层层铺陈、渲染。几乎,我们对王崧舟、对"诗意语文"的所有想象在这里都无法兑现。

没错,表面上,王老师确实以这一课实现了风格的突围,而扔下目瞪口呆的我们,华丽转身。

这还是"诗意语文"吗?

面对铺天盖地的疑问,王老师写下了《〈两小儿辩日〉的境界三有》,从"境域""智慧""意韵"三个层面阐述诗意的内核在于"境界"。他写道:

"它的诞生……是对诗意语文风格化的一种解构、一种叛逆、一种破茧而出的涅槃。诗意语文,绝不是某种风格语文,诗意语文不是语文教学的一种类型、一种流派,它是语文教学乃至语文教育的一种理想、一种境界。"

够了,无须再言。

——变的是皮毛,秉执的是艺术的境界。

况且,"诗意"本身是一个多么灵动而多义的字眼,也许在对"诗意"的种种解释中,我们最不该拘泥的就是"诗一般"的情境或语言吧!试着体会"诗意"丰富的内涵,就会看到"诗意语文"包容开放的姿态。

敞开,超越,自在。

康德说,艺术是"自由的游戏"。席勒认为人生的最高、最完美的境界是游戏。在《两小儿辩日》这一课品的创作里,在王老师对"诗意语文"的阐释里,我们都感到了一种自由的"游戏精神"的存在。它接近于孔子提倡的"游于艺"、庄子描述的"逍遥游",这种精神是艺术创造的核心,必将指向自我去蔽、自我解放的审美境界。

初看《两小儿辩日》,感受一份淡然平和的惬意,但觉趣味盎然。微笑里就有了"俯拾即是,不取诸邻。俱道适往,着手成春"的自然与自在。故很多人认为此课有"平民味",可近可学。其实,只要细细推敲,就能感受到课的思维极其缜密,课路看似平淡,实则超逸峭拔,其睿智奇崛,绝非一句"归于平淡"了得。

『课文呈现』

两小儿辩日

孔子东游,见两小儿辩斗,问其故。

一儿曰:"我以日始出时去人近,而日中时远也。"

一儿以日初出远,而日中时近也。

一儿曰:"日初出大如车盖,及日中则如盘盂,此不为远者小而近者大乎?"

一儿曰:"日初出沧沧凉凉,及其日中如探汤,此不为近者热而远者凉乎?"

孔子不能决也。

两小儿笑曰:"孰为汝多知乎?"

(注:本课选自人教版义务教育课程标准实验教科书小学语文六年级下册第1课)

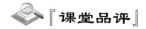『课堂品评』

"辩"出智慧的篇章

一、写词——"象"的观照

师：课前王老师布置了预习的任务，都做了吗？

生：（自由应答）做了。

师：好，我们先来听写课文中的几个新词，我请一位同学到台上来，谁敢来？

（生纷纷举手）

师：（指一女生）好的，那个女孩，请你上来。

师：（指黑板）两个词，一个写在这儿，一个写在这儿。（对其他同学）你们也拿起笔，准备写。我只读两遍，准备好了吗？

生：（自由应答）准备好了。

师：车盖、盘盂，车盖、盘盂。

（生写词语）

师：写完的举手。

（生纷纷举手）

师：真好，我们一起来读这两个词。

生：（齐读）车盖——

师：不要拖，车盖（短促）。起！

生：（齐读）车盖。

师：再读。

生：（齐读）车盖。

师：很好！（指黑板上"盘盂"一词）

生：（齐读）盘盂。

师：很好，再读。

生：（齐读，短促干脆地）盘盂。

师：很好，谁能用手势比画一下车盖的样子和盘盂的样子？

（生纷纷举手）

师：（对一生）请你到前面来。

师：我说你比画，（向其他学生）看好！盘盂。
（生用手在胸前作圆盘样）
师：让大家看清楚，把那个盘盂举起来。
（生笑着把"盘盂"举上头顶）
师：车盖。
（生在头顶比画车盖）
师：能再大一点吗？
（生比画更大的车盖）
师：（向其他学生）看清楚了，是吧。

［没有生硬的词语解释，而是"比画"。"比画"出形状，"比画"见大小，这才是理解"车盖"与"盘盂"这组词的关键所在。］

师：再听写两个词，谁敢上？
（生纷纷举手）
师：（向一生）好的，请你！
师：其他同学准备好！我只读两遍。——沧沧凉凉、探汤。
（生写词语）
师：我们一起来读一读这两个词语。
生：（齐读）沧沧凉凉——
师：还是不要拖，沧沧凉凉。
生：（齐读）沧沧凉凉。
（师指黑板上"探汤"一词）
生：（齐读）探汤。
师：这两个词语，假如让你选一个形容秋天，选一个形容夏天，你会怎么选？

［调动学生的生活体验，让他们选择运用"沧沧凉凉""探汤"这组关键词分别形容秋天和夏天。巧妙的词语训练，目的仍然指向对重点词语的理解。］

生：我会用"沧沧凉凉"来形容秋天，因为秋天在诗人的笔中都是苍凉、凄凉的。
师：苍凉。你说的那个"苍"是草字头的"苍"。
生：我觉得"沧沧凉凉"跟"苍凉"意思差不多。

师：差不多？

生：一样。

师：可不一样，差得多。请坐。谁来说说自己的选择？（向另一生）请你！

生：我用"沧沧凉凉"来形容秋天，因为"沧沧凉凉"表示天气凉爽。

师：天气凉爽。（回头向前一生）你听到了吗？此沧凉非彼苍凉。

[生生间纠错，教师再补充强调。]

生：我用"探汤"形容夏天，因为夏天天气炎热。

师：你怎么知道"探汤"可以表示天气炎热？

生：我是从课文的注释中看到的。

师：你是从注释中知道的，那么，你还记得"探汤"是什么意思吗？

生：把手伸到热水中。

师：那"汤"是——

生：热水。

师："探"是——

生：把手伸进去。

师：把手伸进热水里会感觉——

生：很热。

师：它可以用来形容——

生：夏天。

师：真好！我们一起再把这四个词读一读，注意，不要拖，每个词读两遍。

（生按要求朗读词语，声音干脆响亮）

[课的开端节奏舒缓，貌似平淡。

听写词语，这样的手段更似家常，却"明修栈道，暗度陈仓"。因为听写的这两组词语其实正是理解文本的关键，听写之后，教师通过"比画比画"及"选词运用"两种手段让学生初步感受了"车盖""盘盂""沧沧凉凉""探汤"等词语的意思，也就为后面对两小儿的论点、论据的理解作好了铺垫。

悄无声息地，课的情境正慢慢晕染。]

第六编　风格的华丽转身／117

二、探究——词语的"名堂"

师：好，现在你注意看，王老师在这两个词语间画一条线，（指黑板上"盘盂""车盖"两个词，并在两词中间画一条线）在这两个词语间也画一条线，（指黑板上"沧沧凉凉""探汤"两个词，并在两词中间画一条线。稍顿。）想一想，有什么名堂？

（有几个学生马上举手）

师：不着急。打开课文，听王老师读《两小儿辩日》，你一边听一边琢磨琢磨，在这些词语之间画一条线，究竟有什么名堂？（朗读课文）

师：（指黑板上的"盘盂""车盖"两个词语）在这两个词语之间画一条线，有什么名堂？

生：因为"车盖"和"盘盂"之间有关联。

师："车盖"和"盘盂"之间有关联，这是你的第一发现，非常敏锐，真好！（对另一生）这是他的发现，你的发现呢？

生：我发现它们两个意思是相反的，车盖是大的，盘盂是小的。

师：厉害！一眼就看出了它们相对的地方。好，（对其他学生）这是他的发现，你们的发现呢？

生：我发现它们两个都是圆的，都是用来形容太阳的形状的。

师：了不起，它们都是用来形容太阳的形状的。你们还有别的发现吗？

生：我发现这是一个小孩把日出的太阳比作"车盖"，把中午的太阳比作"盘盂"。

师：又是一个了不起的发现，来读一读你发现的那个句子。

生：一儿曰："日初出大如车盖，及日中则如盘盂，此不为远者小而近者大乎？"

师：来，我们一起读一读这句话。

生：（齐读）一儿曰："日初出大如车盖，及日中则如盘盂，此不为远者小而近者大乎？"

师：是啊，它们是有关联的，因为它们都是形容太阳的形状，而且一个大，一个小，更重要的是它们都是一小儿说的，是一小儿对太阳观察以后的发现。来，我们再读一读一小儿的发现。"一儿曰"，预备，起！

生：（齐读）一儿曰："日初出大如车盖，及日中则如盘盂，此不为远者小而近者大乎？"

［从笼统的"有关联"到"大小相对""形状相同"，再到"都是一小儿说的"，学生的发现由浅入深，教师的总结、归纳、提升更如抽丝剥茧，多么神奇的"发现"，多么神奇的"名堂"！］

师： 真好！（指黑板上第二组词语间的横线）那么，这条线的名堂呢？

生： "沧沧凉凉"是说早上太阳刚出来时温度是很低的，中午很热，它们意思相反，它们都是一小儿说的。

师： 它们都在说太阳的什么？

生： 温度。

师： 而且你发现它们之间——

生： 意思相反。

师： 而且你还发现了它们都是——

生： 都是一小儿说的。

师： 对了，你看，一人一次就说出了三个重大的发现。

［有了对第一组词语细致的探究过程，对第二组词语的理解与发现竟可以这么轻松。］

师： 我们把另一小儿的发现也来读一读。"一儿曰"——

生：（齐读）日初出沧沧凉凉，及其日中如探汤，此不为近者热而远者凉乎？

师：（向一生）你来读一读这一小儿的发现。

生： 日初出沧沧凉凉，及其日中如探汤，此不为近者热而远者热乎？（声情并茂，却将"凉"误读为"热"，引来笑声）

师： 请坐。（手扶该生肩膀）很有感觉，感觉有时候比念准确更重要。

［小小的、适时的安慰与鼓励，有时比纠错更重要。］

师：（向另一生）来，你来读。

（生朗读句子，将"沧"误读为翘舌音）

师：（及时纠正后）我们一起把两小儿的发现再读上一遍。我读"一儿曰""一儿曰"，你们分两组，男生读前面那一儿的话，女生读后面那一儿的话。

（师生合作分角色朗读两个句子）

师： "日初出大如车盖，及日中则如盘盂"，这种现象你们看到过吗？

生： 看到过。

师：看来这个小儿说的是事实，对吧？另一小儿说，"日初出沧沧凉凉，及其日中如探汤"。这种现象你们感受到过吗？

生：感受到过。

师：这样说来，这个小儿说的也是事实，对吧？

[第一种现象用"看"，因为关注的是形状，第二种现象用"感受"，因为关注的是温度。教师的教学语言规范而严谨。]

师：带着自己的生活感受，不妨再读读这两个句子。

（生按要求自由朗读句子）

师：很好！注意看，（将板书中的"车盖"与"沧沧凉凉"用一个大括号连接）现在老师在这两个词语之间画一个括号，把它们看成一组；（在板书中的"盘盂"与"探汤"之间也用一个大括号连接）在这两个词语之间也画上一个括号，把它们也看成一组。想一想，其中又有些什么名堂？

（有学生举手）

师：不着急，自由朗读课文，静心思考，琢磨琢磨这样来分组的名堂。

（生自由朗读课文）

师：谁发现这样分组的名堂了？

生："车盖"和"沧沧凉凉"都是日初出时的太阳，"盘盂"和"探汤"都是日中时的太阳。

师：（板书：日初出、日中时）"日初出""日始出"时我们现在叫作——

生：早晨。

师：没错。"日中时"我们现在叫作——

生：中午。

师：问题来了！同样是在观察太阳，同样是在早晨观察太阳，一儿曰，"日初出"——

生：（齐读）大如车盖。

师：另一儿却曰，"日初出"——

生：（齐读）沧沧凉凉。

师：结果相同吗？

生：不相同。

师：为什么？

生：因为他们观察太阳的角度是不同的，一个从视觉的角度观察，一个从触觉的角度观察，所以不同。

师：太厉害了，真是一语中的啊！

师：一儿从触觉的角度观察太阳，得出的结论是——

生：日初出沧沧凉凉，及其日中如探汤，此不为近者热而远者凉乎？

师：一儿却从视觉的角度观察太阳，观察的结果则是——

生：日初出大如车盖，及日中则如盘盂，此不为远者小而近者大乎？

师：早上的太阳，从形状的角度看像个车盖，从温度的角度感受是沧沧凉凉，这是事实；中午的太阳，从形状的角度看像个盘盂，从温度的角度感受像是探汤，这也是事实。但是两小儿看太阳的角度不同，得出的结论也完全不同。

师：那好，现在我把"车盖"和"盘盂"这两个词语给擦了，（将黑板上的"车盖"和"盘盂"两个词语擦掉）谁能把一儿的观点写在这儿？（指两个空）想一想这两个地方该写上哪两个字？

（一生上讲台板书，在原"车盖"处填了"近"，在原"盘盂"处填了"远"）

师：很好，一儿的观点是，"我以日始出时去人——近，而日中时——远也"。因为——

生：（不需看书，自然接读）日初出大如车盖，及日中则如盘盂，此不为远者小而近者大乎？

师：那好，我现在把"沧沧凉凉"和"探汤"也擦了，谁能把另一儿的观点写上去？（将黑板上的"沧沧凉凉"和"探汤"两个词语擦掉）

（一生上讲台板书，在原"沧沧凉凉"处填了"远"，在原"探汤"处填了"近"）

师：另一儿的观点是，"日初出远，而日中时近也"。因为——

生：（不需看书，自然接读）日初出沧沧凉凉，及其日中如探汤，此不为近者热而远者凉乎？

［表面上是在探究词语的关系，其实，理解了这组词语，也就理解了两小儿的论点与论据，也就抓住了文章的要害。"发现"的最后一定指向对重点语句的理解与多样、反复的朗读，这才是王老师真正的"名堂"。

黑板上的"换词魔术"，更是不可思议。当学生将四个关键词准确地替换为"远"和"近"时，也就显示出他们对两小儿的观点已充分领悟了。

在这个板块里，理解与朗读充分彰显，课境进一步铺展。到了最后，学生无须看书，两小儿之言"皆若出于吾之口"矣。至此，弓拉满了，接下来的辩斗已是如箭在弦。]

三、辩日——"趣"的体验

师：一个说早上近中午远，一个说早上远中午近。两小儿各说各的观点，各说各的理由，你不服我，我不服你，谁也不肯善罢甘休。用书中的一个词来说，就叫——

生：（齐答）辩斗。

师：（板书：辩斗）你们是怎么理解辩斗的？

生：就是争论、辩论。

生：就是你说你的，我说我的，谁也不让谁。

生：为了一件事，大家吵架，针锋相对。

师：是这样吗？请同学们找出两小儿"辩斗"的句子，同桌之间分好角色，然后大声朗读两小儿的辩斗。

（生同桌之间分角色朗读"辩斗"，师巡视倾听）

[第一组辩——同桌之辩。
是对辩斗的初步体验。]

师：停下！哪两位同学愿意到上面来朗读"辩斗"？

（一对同桌上台，面向全班同学，朗读"辩斗"部分）

师：怎么样？有辩斗的感觉吗？

生：没啥感觉。他们两个是在读，不是辩斗。

[第二组辩——两生之辩。
学生体会尚浅。]

师：我也是这种感觉。这样，（拍着台前的一个男生）请你留下，我来跟你辩斗辩斗。你怕吗？

生：（低声地）不怕。（众笑）

师：听你这口气，瞧你这小样儿，我看，你还是有点怕。到底怕不怕？

生：（坚定地）不怕。（众笑）

师：为什么？

生：你又不会吃人。（众大笑）

师：啊?! 对对！我是老师，我不是老虎。（众笑）不对！我现在不是老师了，我是——

生：（齐答）一小儿。（众笑）

师：对！我是一小儿了。那，咱们现在就开始？谁先说？

生：你先说。

师：好！那我可就当仁不让了。大家注意听，更要注意看，我们两个小儿是怎样辩斗的。好！我这就开始了——（古文朗读腔）我以日始出时去人近，而日中时远也。

生：（模仿古文朗读腔）我以日初出远，而日中时近也。

师：日初出大如车盖，及日中则如盘盂，此不为远者小而近者大乎？

生：日初出沧沧凉凉，及其日中如探汤，此不为近者热而远者凉乎？

师：（语速加快）此言差矣！日初出大如车盖，及日中则如盘盂，此不为远者小而近者大乎？

生：（一愣，迅速作出反应）此言差矣！日初出沧沧凉凉，及其日中如探汤，此不为近者热而远者凉乎？（众笑）

师：（语气加强）非然也！日初出大如车盖，及日中则如盘盂，此不为远者小而近者大乎？

生：（机敏地）非然也！日初出沧沧凉凉，及其日中如探汤，此不为近者热而远者凉乎？（众笑）

师：（摇着手）非也非也！日初出大如车盖，及日中则如盘盂，此不为远者小而近者大乎？

生：（抢上一步）非也非也非也！日初出沧沧凉凉，及其日中如探汤，此不为近者热而远者凉乎？（众鼓掌，大笑）

师：不跟你啰唆了！反正日初出近，日中时远。

生：你才啰唆呢！就是日初出远，日中时近。

师：你胡说！日初出近，日中时远。日初出近，日中时远。

生：你胡说八道！日初出远，日中时近。日初出远，日中时近。（众鼓掌，大笑）

师：（稍顿）看到了吧？这才叫——

生：（齐答）辩斗！

［第三组"辩"——师生之辩。

王老师通过语速变化、增加词语等不断激趣，学生的情绪被充分调动，辩论达到忘我的境界,"辩"出阵阵精彩。]

　　师:喜欢两小儿吗?为什么?
　　生:喜欢!我觉得他们挺可爱的。
　　生:他们很会动脑筋,会钻研问题。
　　生:他们敢于坚持自己的观点,不轻易放弃。
　　师:是顽固不化吗?
　　生:不是,他们说的都有道理,所以他们才敢于坚持。
　　生:他们不但能仔细观察,而且还能认真思考。
　　师:是的,辩斗不是吵架,不是胡说八道。从辩斗中,我们分明看到了两小儿活泼泼的天真烂漫,看到了他们对生活的敏感和思考,也看到了他们不人云亦云、不轻易放弃自己观点的坚持和独立。是吧?
　　生:(齐答)是!
　　师:我们都来做一回两小儿,好吗?
　　生:(齐喊)好!
　　师:全体起立!得先分一分角色吧?我看这样,左手的同学做第一小儿,右手的同学做第二小儿。行吗?
　　生:行!
　　师:我们比一比,哪一拨小儿辩得更自信、更有说服力。我呢,就读读旁白吧,算是为你们服务。好!第一小儿们,准备好了吗?
　　生:(左手的学生齐答)准备好了!(众笑)
　　师:好!斗志昂扬!第二小儿们,准备好了吗?
　　生:(右手的学生更大声地齐答)准备好了!(众笑)
　　师:一场好戏即将拉开序幕!让我们拭目以待!(众笑)孔子东游,见两小儿辩斗,问其故。一儿曰——
　　生:(齐读)我以日始出时去人近,而日中时远也。
　　师:一儿曰——
　　生:(齐读)我以日初出远,而日中时近也。
　　师:一儿曰——
　　生:(齐读)日初出大如车盖,及日中则如盘盂,此不为远者小而近者大乎?
　　师:一儿曰——
　　生:(齐读)日初出沧沧凉凉,及其日中如探汤,此不为近者热而远者凉乎？

师：一儿坚持曰——

（生齐读"日初出大如车盖"句）

师：一儿反驳曰——

（生齐读"日初出沧沧凉凉"句）

师：一儿扯着嗓子曰——

（生扯着嗓子齐读"日初出大如车盖"句）（众笑）

师：一儿跺着脚曰——

（生跺着脚齐读"日初出沧沧凉凉"句）（众笑）

师：一儿上前一步，指着一儿鼻子曰——

（生上前一步，指着对方鼻子齐读"日初出大如车盖"句）（众大笑）

师：一儿毫不示弱，也上前一步，指着一儿鼻子曰——

（生上前一步，指着对方鼻子齐读"日初出沧沧凉凉"句）（众大笑）

［第四组"辩"——全班之辩。

辩论的角色转向合演，是基于孩子们高涨的情绪，满足他们热切参与的愿望。教师添加的"坚持""反驳""扯着嗓子""跺着脚"等词语有效地增加了"辩斗"的艺术效果。］

师：（突然停顿，过了一会儿）辩呀！斗呀！怎么不辩不斗了？

生：太累了！脚都酸了。（众笑）

生：老这么辩下去，没意思了。（众笑）

生：辩斗也不能没完没了啊？

生：孔子过来了。

［这是一个精彩绝伦的片段。充分蓄势之后，精彩喷涌而出。

两小儿辩斗的激烈言辞、丰富表情、辅助举止、好胜心态、个性特征，仅有"解释"是不够的，绝佳方法是现场模拟，情景再现。更重要的是，师生们艺术性地重构了"辩斗"的情境，但同时又并未放弃文本语言。一组又一组的辩斗正是对文本关键语句的一次又一次的诵读。

先是同桌辩斗，接着是指名辩斗，然后是师生辩斗，最后是全班辩斗。在辩斗之时，师生的语速加快，情绪愈来愈投入，课堂语势层层推进，趣味盎然。课的节奏也由舒缓平和转向密集紧凑，行气如虹，走云连风。

师生的忘我之辩无疑是一种艺术的高峰体验。更妙的是板块结尾时，教师忽然停顿，轻轻问一句，怎么不辩不斗了？——孔子过来了。这恰似修辞中的"突降",教师借学生之口将大家的目光引向了辩斗之外,在飞瀑峭壁之后课堂再一次峰回路转。]

四、决日——"知"的分享

师:孔子过来了,孔子是谁呀?
生:大思想家。
生:儒家学说的创始人。
生:孔子有弟子三千,是个大教育家。
生:孔子博学多才,是个圣人。
师:可是,这个问题,孔子说得上来吗?
生:说不上来。
师:从哪儿看出来的?
生:孔子不能决也。
师:谁能为"决"组个词语?
生:决断。
生:决定。
生:判决。
生:裁决。
师:一句话,面对两小儿的辩斗,孔子也拿不定主意。是吧?
生:(齐答)是!
师:同学们,如果两小儿请教的不是孔子,而是你呢,你会怎么说?(师指名一生起立)现在轮到我做两小儿了。先生贵姓?(众笑)
生:姓田。
师:噢!田先生!久仰久仰!请问田先生,俺俩谁说的对,谁说的不对呀?
生:你们两个说的都不对。
师:都不对?那依你之见,是日初出时去人远,还是日中时去人远呢?请田先生不吝赐教。
生:一样远,没什么区别。
师:这就怪了。明明是日初出大如车盖,及日中则如盘盂的嘛。
生:这是你的错觉,早上的太阳和中午的太阳是一样大的。早上的太阳看起来像车盖,是因为太阳刚升起来的时候,有地平线,还有树木、房子作比较，所以好像大一点。中午的时候，太阳升到了天上，没有什么可以比较了，所以看起来就像盘盂了。

师：啊！原来如此！田先生说得有理，说得有理。不过，那日初出沧沧凉凉，及其日中如探汤，又是为什么呢？先生累了，请坐下休息休息，我想请教另外的先生。（师指名一生起立）先生贵姓？

生：免贵姓赵。（众笑）

师：噢！赵先生！失敬失敬！您知道温度不同的原因吗？

生：当然知道。早上，太阳是斜射到地球上的，所以地上吸收的热量就少一些，感觉就沧沧凉凉了。到了中午，太阳笔直地射在地球上，地上吸收的热量就多了，所以就热了，就像探汤一样了。

师：噢！我明白了。谢谢两位先生为我指点迷津啊！同学们都明白了吗？

生：（齐答）明白了！

［孔子来了，但是孔子不能决也。

于是，教师设问："如果两小儿请教的不是孔子，而是你呢，你会怎么说？"妙的是这次教师扮两小儿，学生成了先生。角色的转换令他们沾沾自喜，在侃侃而谈间，枯燥的科学知识也变得那样有趣了。］

五、悟日——"智"的启迪

师：这个问题，在我们看来，是一个科学常识，并不太难。但搁在两千多年前，却是一个难题。不但难倒了两个爱思考、爱辩斗的小儿，也难倒了大思想家、大学问家、大教育家孔老夫子。是吧？

生：（齐答）是！

师：来！我们一起读一读课文的最后一段。

生：（齐读）孔子不能决也。两小儿笑曰："孰为汝多知乎？"

师：（板书：知）什么叫"知"？

生：知识。

生：学问。

生：知道。

生：懂得。

师：谁说你知识丰富？谁说你学问渊博？原来你也不知道啊！来，我们再来一起笑一笑。两小儿笑曰——

生：（齐答）哈哈！孰为汝多知乎？

师：面对两小儿的嘲笑，孔子又会怎么想、怎么回答呢？请你写一写。如果你对文言文感兴趣，你可以模仿文言文的语气写，那就用"孔子曰"开头；当然，如果你习惯了用白话文来写，也行，那就用"孔子说"开头。话不一定多，意思到了就行。

（生写话，师巡视）

师：好！各位孔老夫子，面对两小儿的嘲笑，你们有话想说吗？

生：（读小练笔）真是后生可畏！后生可畏啊！（众鼓掌）

师：看来，孔老夫子有点心虚了。（众笑）

生：（读小练笔）三人行，必有我师焉。择其善者而从之，其不善者而改之。（众鼓掌）

师：好一个虚心好学的孔夫子。心虚大可不必，虚心却值得我们学习。

生：（读小练笔）知之为知之，不知为不知，是知也。（众鼓掌）

师：说得好！做学问、做人就应该老老实实。

生：（读小练笔）天下的知识多如海洋，我哪能样样精通呢？（众笑）

师：实话实说，学无止境嘛！

生：（读小练笔）对与错并不重要，重要的是你们学会了观察和思考。

师：瞧瞧！都什么时候了，还好为人师，职业病啊！（众笑）

生：（读小练笔）哎！你们两个真是公说公有理，婆说婆有理。

师：这不是废话吗？看来，孔老夫子也有说废话的时候。（众笑，鼓掌）

生：（读小练笔）如此简单的问题，我都答不上来，愧杀老夫也！（众大笑）

师：知耻而后勇嘛！这样看来，夫子还是大有希望的。（众笑）

[课堂上再一次精彩纷呈。学生在恰切的语境下，那么自然地运用了《论语》中的句子，达到了言语学习的"醇境"。师生对话更是妙趣横生、其乐融融。]

师：同学们，其实这个故事蕴涵的不是一个单纯的"知"的问题，这是一种"智"，（板书：智）一种不欺人也不自欺的智慧，一种老老实实做人、老老实实治学的智慧。孩子们，对我们每个人来说，人生不仅需要像辩日一样的知识，人生更需要的是像孔子一样的智慧。

[这是对故事内蕴的总结、提升。课至此，孔子的智慧、两小儿的智慧、

学生的智慧和教师的智慧便交相辉映。〕

师：（稍顿）哎，刚才这些话都是你们替孔子说的，那么孔子在现场会不会说这些话？

生：我觉得他不会说，因为这时他感到很羞愧了，但是他会写在《论语》里面。

师：说得入情入理。有不同的看法吗？

生：我认为他会说，他是一个教育家，会去教育两小儿的。

师：听听也有道理，孔子到底会说还是不会说呢？（稍顿）王老师不能决也！（众笑，热烈地鼓掌）

〔结尾如撞钟，清音有余。

孔子会不会说那些话，这并不重要，重要的是那一句"王老师不能决也"，恰似神来之笔，使课堂内"最富于孕育性的那一顷刻"（莱辛）被永远定格，留给学生巨大的想象与审美的空间。

有一位在现场听课的网友如此描述此课结束时的情景：

"当王老师上完课叫'下课'时，孩子们依然坐着。几秒钟后，王老师亲切地提醒学生'孩子们，下课了'，这时候孩子们才依恋地跟王老师告别，随后礼堂里掌声雷鸣，经久不息。"〕

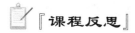

『课程反思』

是"唯美"还是"游戏"，这是一个问题

直到现在，我还不敢完全相信，那个执教《两小儿辩日》的人的的确确叫"王崧舟"。糟糕的是，我"百度"了一下，"王崧舟"三个字竟然没有重名的。

那是2006年，夏至未至，在全国第二届诗意语文教学观摩研讨会上，我执教《两小儿辩日》，大会让我压轴，没商量！

随着课的行进，在短信互动平台上，有一句话的出现频率越来越高："王老师，您的风格变了！"

这是许多老师听完这堂课后的第一感觉。情愿或者不情愿，喜欢或者不喜欢，反正，风格变了。不信，看看这个片段：

（一对同桌上台，面向全班同学，朗读"辩斗"部分）

师：怎么样？有辩斗的感觉吗？

生：没啥感觉。他们两个是在读，不是辩斗。

师：我也是这种感觉。这样，（拍着台前的一个男生）请你留下，我来跟你辩斗辩斗。你怕吗？

生：（低声地）不怕。（众笑）

师：听你这口气，瞧你这小样儿，我看，你还是有点怕。到底怕不怕？

生：（坚定地）不怕。（众笑）

师：为什么？

生：你又不会吃人。（众大笑）

师：啊？！对对！我是老师，我不是老虎。（众笑）不对！我现在不是老师了，我是——

生：（齐答）一小儿。（众笑）

师：对！我是一小儿了。那，咱们现在就开始？谁先说？

生：你先说。

师：好！那我可就当仁不让了。大家注意听，更要注意看，我们两个小儿是怎样辩斗的。好！我这就开始了——（古文朗读腔）我以日始出时去人近，而日中时远也。

生：（模仿古文朗读腔）我以日初出远，而日中时近也。

师：日初出大如车盖，及日中则如盘盂，此不为远者小而近者大乎？

生：日初出沧沧凉凉，及其日中如探汤，此不为近者热而远者凉乎？

师：（语速加快）此言差矣！日初出大如车盖，及日中则如盘盂，此不为远者小而近者大乎？

生：（一愣，迅速作出反应）此言差矣！日初出沧沧凉凉，及其日中如探汤，此不为近者热而远者凉乎？（众笑）

师：（语气加强）非然也！日初出大如车盖，及日中则如盘盂，此不为远者小而近者大乎？

生：（机敏地）非然也！日初出沧沧凉凉，及其日中如探汤，此不为近者热而远者凉乎？（众笑）

　　师：（摇着手）非也非也！日初出大如车盖，及日中则如盘盂，此不为远者小而近者大乎？

　　生：（抢上一步）非也非也非也！日初出沧沧凉凉，及其日中如探汤，此不为近者热而远者凉乎？（众鼓掌，大笑）

　　师：不跟你啰唆了！反正日初出近，日中时远。

　　生：你才啰唆呢！就是日初出远，日中时近。

　　师：你胡说！日初出近，日中时远。日初出近，日中时远。

　　生：你胡说八道！日初出远，日中时近。日初出远，日中时近。

（众鼓掌，大笑）

　　师：（稍顿）看到了吧？这才叫——

　　生：（齐答）辩斗！

　　瞧！好一派嬉戏吵闹的场面！现在听来，依然让人忍俊不禁。

　　看不到"典雅"，也看不到"精美"，甚至连"含蓄"一脉也都没了踪影，而是一副"下里巴人"的做派。这风格变得实在有些离谱。

　　对于这一突如其来的改变，一直试图在课程论层面上解读诗意语文的汪潮教授显得尤为敏感，他曾对此课作过一番深入肌理的考察：教师角色由强势向平和转变，课堂面貌由激情向幽默转变，教学语言由华丽向平淡转变，课堂节奏由密集向舒缓转变，教学设计由细腻向简约转变。

　　一言以蔽之，此乃诗意语文的重大突破。

　　所谓"突破"，是课堂创作的偶尔为之？还是蓄谋已久的教学造反？抑或是某种随"文"而安式的顺应和妥协？

　　如今想来，这改变自有其改变的逻辑。显然，"变"是比较的结果，是相对于"先在"而言的，"先在"即是诗意语文的历史语境，那么，这种"变"对诗意语文的"先在"又意味着什么呢？决裂？解构？还是超越？

　　感谢汪教授对《两小儿辩日》的激赏。这激赏，使我在体认一份理性关切的同时，也找到了一个反躬自省、抽身观照的新的支点。

　　这支点，便是"风格"。

　　说起诗意语文，人们眼前常常会闪烁这样一些光怪陆离的字眼：激情、唯美、文学化、浪漫、一唱三叹、多愁善感、瑰丽、精巧、感染力……所有这些摇曳的字眼都成为"诗意风格"的一种标识。

由"风格"而"类型",由"类型"而"流派",这是课堂教学形态的一种内在的逻辑嬗变。于是,诗意语文被理所当然地认知为一种风格语文、类型语文,演而化之,推而广之,又成了一种与所谓的"时髦""新锐""前卫"相牵扯的语文教学流派。

当这一切成了包括汪教授在内的许多老师审视和解读《两小儿辩日》的历史语境时,他们达成"风格变了"的共识也就不难理解了。

然而,恰恰是在这一共识上,我的质疑油然而生:

诗意语文是一种风格吗?

诗意语文只是一种风格吗?

平心而论,诗意语文被解读为某种风格语文,这与众多诗意语文的实践者、探索者在课风上的某种巧合、某种效仿、某种不自觉的惯性追求是分不开的。从《一夜的工作》到《长相思》,从《古诗两首》到《木笛》,从《逆风的蝶》到《卢沟桥的狮子》,这些被誉为诗意语文的经典之作,无不充盈和蒸腾着某种激情,某种唯美,某种言说的浪漫,某种节奏的精致、精巧和精美。

这是一个自觉或不自觉的同化过程,作为"同化"的产物,诗意语文便成了某种风格语文,这是报应!

难怪有人质疑,《两小儿辩日》这样的课,也可以算诗意语文吗?

如果说对处于发端期的诗意语文而言,"风格"意味着标新立异、独树一帜、指点江山、敢为人先的话,那么,对步入拥诗自重时期的诗意语文来说,"风格"早已尴尬地蜕变为某种固步自封、作茧自缚、画地为牢、坐井观天了。

有人说,诗意语文,成也"风格",败也"风格"。戏言乎?谶语乎?

《两小儿辩日》,正是在那种尴尬的境地中诞生的。为了去"风格"之蔽,解除因"风格"带来的种种思想上的束缚和桎梏,在创作此课时,我愣是跟自己来了个"约法三章":

第一,不使用任何多媒体,一块黑板、一支粉笔、一张嘴巴,如此而已。

第二,不使用任何新的课程资源,一篇课文足矣。

第三,不使用任何"唯美"的教学用语,放弃"精美"的课堂设计,以"游戏"为入课的唯一线索。

比较而言,前两条做起来容易些,第三条则困难重重,但第三条却是全课创作的关键所在。这是因为"唯美"与"游戏"是两种完全不同的课堂风格类型，从某种意义上讲，这两种风格如同"金"与"木"、"水"与"火"一样是相克不相容的，因此，用"游戏"去颠覆"唯美"无疑是最具张力和震撼力的；其次，向"游戏"风格转型并非我创作《两小儿辩日》的终极目的，我的意图是，用成功的"游戏"风格来进一步诠释"诗意语文"，以此昭示人们，"唯美"中可以洋溢"诗意"，"游戏"中同样可以充盈"诗意"，"诗意"是一个超越"唯美"、超越"游戏"、超越一切风格的存在；而最为根本的一点还在于，我必须凭借"游戏"的风格超越自己。在我看来，自己既是一位超越者，又是一位被超越者。王崧舟超越着王崧舟，我在超越中死去，也在超越中获得新生。西哲圣埃克苏佩里曾经把创造定义为"用生命去交换比生命更长久的东西"，我以为，此处的"创造"当与"超越"是同义语。真正的超越，是不计较结果的，它是一个人的内在力量的自然而然的实现，这超越本身即是一种莫大的人生享受。

于是，在《两小儿辩日》中，我首先调整了自己的"课堂状态"。既曰"游戏"，你就得放下"师道尊严"的架子，你就不能高高在上、君临天下。这对习惯于"严肃"的我、习惯于"一本正经"的我、习惯于"像煞有介事"的我，无疑是一种巨大的挑战，从课堂举止到心理角色，再到自我暗示，简直就是一种脱胎换骨。你看——

师：同学们，如果两小儿请教的不是孔子，而是你呢，你会怎么说？（师指名一生起立）现在轮到我做两小儿了。先生贵姓？（众笑）

生：姓田。

师：噢！田先生！久仰久仰！请问田先生，俺俩谁说的对，谁说的不对呀！

生：你们两个说的都不对。

师：都不对？那依你之见，是日初出时去人远，还是日中时去人远呢？请田先生不吝赐教。

生：一样远，没什么区别。

师：这就怪了。明明是日初出大如车盖，及日中则如盘盂的嘛。

生：这是你的错觉，早上的太阳和中午的太阳是一样大的。早上的太阳看起来像车盖，是因为太阳刚升起来的时候，有地平线，还有树木、房子作比较，所以好像大一点。中午的时候，太阳升到了天上，没有什么可以比较了，所以看起来就像盘盂了。

师：啊！原来如此！田先生说得有理，说得有理。不过，那日初出沧沧凉凉，及其日中如探汤，又是为什么呢？先生累了，请坐下休息休息，我想请教另外的先生。（师指名一生起立）先生贵姓？

生：免贵姓赵。（众笑）

师：噢！赵先生！失敬失敬！您知道温度不同的原因吗？

生：当然知道！早上，太阳是斜射到地球上的，所以地上吸收的热量就少一些，感觉就沧沧凉凉了。到了中午，太阳笔直地射在地球上，地上吸收的热量就多了，所以就热了，就像探汤一样了。

师：噢！我明白了。谢谢两位先生为我指点迷津啊！同学们都明白了吗？

生：（齐答）明白了！

在这样一个充满戏谑的情境对话中，我原本习惯了的"严肃""一本正经""像煞有介事"的角色定型被解构和颠覆得烟消云散、荡然无存。我彻底地忘记了"我"，这种"忘我"的投入让我全然进入了一种"游戏心态"，我不再以一本正经的态度看待学生、看待课堂、看待语文、看待自己，我第一次在高度紧张的课堂上体验到了一种前所未有的松弛和快感。

我是"游戏"了，那么学生呢？试想，倘若学生放不下"学生"的架子，依然毕恭毕敬，依然束手束脚，依然唯老师的马首是瞻，这"戏"又如何"游"呢？好在我的担心纯属多余，伽达默尔早就对游戏揭过秘——决定游戏的不是游戏参与者的意识而是游戏本身，即一个人一旦进入一种游戏体制，游戏规则就开始发挥作用，支配游戏者倾心投入游戏中去。这就如同足球场上裁判一声哨响，运动员立刻就把一切杂念都丢在一边，开始在足球比赛规则的支配下全神贯注、各尽所能一样。为此，我精心设计了一个"游戏规则"，果不其然，学生一进入这个游戏体制，立刻变得忘乎所以。

师：我们都来做一回两小儿，好吗？

生：（齐喊）好！

师：全体起立！得先分一分角色吧？我看这样，左手的同学做第一小儿，右手的同学做第二小儿。行吗？

生：行！

师：我们比一比，哪一拨小儿辩得更自信、更有说服力？我呢，就读读旁白吧，算是为你们服务。好！第一小儿们，准备好了吗？

生：（左手的学生齐答）准备好了！（众笑）

师：好！斗志昂扬！第二小儿们，准备好了吗？

生：（右手的学生更大声地齐答）准备好了！（众笑）

师：一场好戏即将拉开序幕！让我们拭目以待！（众笑）孔子东游，见两小儿辩斗，问其故。一儿曰——

生：（齐读）我以日始出时去人近，而日中时远也。

师：一儿曰——

生：（齐读）我以日初出远，而日中时近也。

师：一儿曰——

生：（齐读）日初出大如车盖，及日中则如盘盂，此不为远者小而近者大乎？

师：一儿曰——

生：（齐读）日初出沧沧凉凉，及其日中如探汤，此不为近者热而远者凉乎？

师：一儿坚持曰——

（生齐读"日初出大如车盖"句）

师：一儿反驳曰——

（生齐读"日初出沧沧凉凉"句）

师：一儿扯着嗓子曰——

（生扯着嗓子齐读"日初出大如车盖"句）（众笑）

师：一儿跺着脚曰——

（生跺着脚齐读"日初出沧沧凉凉"句）（众笑）

师：一儿上前一步，指着一儿鼻子曰——

（生上前一步，指着对方鼻子齐读"日初出大如车盖"句）（众大笑）

师：一儿毫不示弱，也上前一步，指着一儿鼻子曰——

（生上前一步，指着对方鼻子齐读"日初出沧沧凉凉"句）（众大笑）

师：（突然停顿，过了一会儿）辩呀！斗呀！怎么不辩不斗了？

生：太累了！脚都酸了。（众笑）

生：老这么辩下去，没意思了。（众笑）

生：辩斗也不能没完没了啊？

生：孔子过来了。

事实上，"辩斗"本身就充满着"游戏精神"，而"竞争机制"的及时引入,"辩斗规则"的巧妙改变,以及场面和气氛的不断渲染,将此环节的游戏效果推向了极致,学生完全沉浸在一种趣味盎然的境界中。记得袁宏道在《叙陈正甫会心集》中对这种状态有过一段绝佳的描绘:

> 世上所难得者唯趣……夫趣得之自然者深,得之学问者浅。当其为童子也,不知有趣,然无往而非趣也。面无端容,目无定睛,口喃喃而欲语,足跳跃而不定。人生之至乐,真无逾于此时者。孟子所谓不失赤子,老子所谓能婴儿,盖指此也。

其实,学生是天然的游戏者。我课前的担心,倒有些杞人之嫌了。

但也有人担心,用这样一种以追求"趣味"为旨归的"游戏精神"来处置文本,会不会导致语文本体的失落呢?对此,王小庆先生在《作为艺术而存在的课堂》一文中替我解了围:

> 当我们仔细分析整节课的进程之后,我们惊奇地发现,"辩斗"竟是王崧舟极力倡导的"诵读"的另类形式,是一种突破语言的囚笼,达到思想之表现的途径。

> 就整堂课而言,传统的诵读形式并不多见,虽然其精神仍是一以贯之。王崧舟一直认为,诵读是感悟作品的基本策略,是"唤醒感觉的过程",是"激活诗意的过程"。在《两小儿辩日》一课中,辩斗正成为了诵读的又一具体形式。我们看到,无论是师生辩斗,还是生生辩斗,参与者从不曾脱离文本;而辩斗中先导词语的及时变化,又无不映射出教师对诵读进程的把握和学生对文本意义的理解提升。

> 在这个诵读(辩斗)过程中,师生们艺术性地重构了"辩斗"的情境,但同时又并未放弃文本语言,反而以语言而做势,以语言而生魄,以语言而生意境。这一以语言而成的境界中,师生作为课堂艺术创作者不仅完成了对文本的解读,更完成了自身与心灵的对话。

当然,倘若我们一味关注游戏的形式和规则,置游戏的本质于不顾,那是一定会将语文课引向歧途,甚至使之跌入深渊的。从根本上讲,"游戏"一词乃是"自由"的同义语,"游戏精神"乃是一种心灵舒展的自由精神,它本身超越了一切世俗的功利和价值。让学生自由地想、自由地写、自由地说、自由地演,这才是"游戏精神"在语文课上的本质呈现。《两小儿辩日》的结尾处理,正是在这种"自由精神"观照下的"思想游戏"。

师:面对两小儿的嘲笑,孔子又会怎么想、怎么回答呢?请你写一写。如果你对文言文感兴趣，你可以模仿文言文的语气写，那就用"孔子曰"开头；当然，如果你习惯了用白话文来写，也行，那就用"孔子说"开头。话不一定多，意思到了就行。

（生写话，师巡视）

师：好！各位孔老夫子，面对两小儿的嘲笑，你们有话想说吗？

生：真是后生可畏！后生可畏啊！（众鼓掌）

师：看来，孔老夫子有点心虚了。（众笑）

生：三人行，必有我师焉。择其善者而从之，其不善者而改之。（众鼓掌）

师：好一个虚心好学的孔夫子。心虚大可不必，虚心却值得我们学习。

生：知之为知之，不知为不知，是知也。（众鼓掌）

师：说得好！做学问、做人就应该老老实实。

生：天下的知识多如海洋，我哪能样样精通呢？（众笑）

师：实话实说，学无止境嘛！

生：对与错并不重要，重要的是你们学会了观察和思考。

师：瞧瞧！都什么时候了，还好为人师，职业病啊！（众笑）

生：哎！你们两个真是公说公有理，婆说婆有理。

师：这不是废话吗？看来，孔老夫子也有说废话的时候。（众笑，鼓掌）

生：如此简单的问题，我都答不上来，愧杀老夫也！（众大笑）

师：知耻而后勇嘛！这样看来，夫子还是大有希望的。（众笑）

语言（准确地说是"言语"）即思想，思想愈自由，语言愈生动。孩子们的率性表达，折射出来的不正是他们作为生命主体的思想的驰骋和逍遥吗？

我们发现，在游戏中有某种东西在活跃，那就是生命力的展示与释放。正是这种张扬主体个性和生命力的游戏精神，给孩子们带来了难忘的心灵舒展和精神愉悦，也使他们在课堂上留下了独一无二的深深的"思想印迹"。席勒认为："只有当人是完全意义上的人时，他才游戏；只有当人游戏时，他才完全是人。"那一刻，我并不清楚孩子们是否已经成为一个完人。但我清楚，那一刻他们正在游戏。

柏拉图早就表示："人就像是上帝手中的玩具，而作为游戏之资，事实上正是人最可称道的品质。因此，跟现今流行的意见相反，每一个人都要以此为职志，让最美丽的游戏成为生活的真正内涵。游戏、玩乐、文化——我们认定这才是人生中最值得认真对待的事。"

也许，作为语言贵族的诗，游戏确乎与之绝缘。但是，作为一种诗意，游戏恰恰可以在自由和快乐上与之结盟。是唯美还是游戏，在"风格"的语境中确乎是一个问题。而如今，它们却在"诗意"的大纛下站到了一起。使它们站到一起的，不是"风格"，而是对人的关切。

请问，谁不爱游戏呢？

第七编

语文意识的回归之旅
——《慈母情深》课堂实录与品悟

『课品综述』

语文意识烛照下的"慈母情深"

　　王崧舟老师的每一个经典课例，大都承载着他彼时对语文教育的思考。2007年王老师的《慈母情深》一课，彰显的是他对语文意识的关注与探索。

　　当时，王老师"诗意语文"的思想体系已比较完备，他将"文本细读""感性陶冶""多维对话""节奏建构"归纳为"诗意语文"的四大支柱，继而提出了"举象""造境""入情""会意""求气""寻根"等六大审美化的实践智慧。在此基础上，王老师呼唤语文意识烛照下的语文教学之道。

　　语文意识的提法源自王尚文先生，王崧舟老师进一步对其作了教学论方面的阐释，他说道：

　　　　语文意识，就是关注文本"怎么写""为什么这么写"的意识。"怎么写"是"话语形式"问题，"为什么这么写"是"话语意图"问题。"话语形式"涉及遣词造句、谋篇布局、表达方式、修辞方式、语法结构等问题，简言之就是关于语感的问题。而"话语意图"涉及言语动机、交际目的、语言环境、文体特征、语言风格等问题，概言之就是关于境感的问题……一个称职的语文老师应该既有良好的语感素养，又有良好的境感素养，既能够关注话语形式，又能够关注话语意图。这才是圆融的、完整的语文意识。

　　不难看出，"语文意识"关注的是"语言文字的形式"，这也正是语文学科教学的独当之任。它承接了王老师对"文本细读"的探究与实践，并为其后来强调"文本秘妙"的发掘做了理论与实践的准备。

　　从当代语文教育史的角度看，这种思考紧贴着近几年理论界对教学内容的关注与热议，是语文教育改革发展到一定阶段的内在反思与审视，并最终指向语文教育的价值叩问。

　　确实，自课程改革以来，我们研究与评价的中心大都指向了教学方法、教学模式等外在的"形而下"的"术"。但是我们在关注"怎么教"的同时，却忽略了"教什么"这一根本的逻辑起点。教学内容不适切、教学目标不明确或者偏颇是近些年语文教育存在的主要"病疾"。于是，语文教育出现了"泛语文""反文本""去知识化"等"病象"，用李海林先生的话说，这是语文的"自我放逐"。

在2007年前后，语文界喊得最多的口号就是"让语文回家"，而王老师对语文意识的关注与探索无疑就是一条回家的路。对语文意识的呼唤，也是王崧舟语文教育思想成熟与发展的标志。

教育思想的成熟与发展必将带来课堂教学的精彩绽放。

《慈母情深》一课的经典片段几乎俯拾皆是，"龟裂""攥""鼻子一酸""震耳欲聋"和三个"我的母亲"、四个"立刻"……王老师以他敏锐的语文意识，开掘出这一文本语言形式的眼眼清泉。

这清泉流淌是鲜明的课程边界意识下的"诗意语文"与文本清风明月般的安静晤谈，自此，王崧舟语文教育的实践和探索更趋回归姿态，更入言语表现范畴。

诗意无痕。

华枝春满，天心月圆。

『课文呈现』

慈 母 情 深

我一直想买一本长篇小说——《青年近卫军》。书价一元多钱。

母亲还从来没有一次给过我这么多钱。我也从来没有向母亲一次要过这么多钱。

但我想有一本《青年近卫军》，想得整天失魂落魄。

我从同学家的收音机里听到过几次《青年近卫军》的连续广播。那时我家的破收音机已经卖了，被我和弟弟妹妹们吃进肚子里了。

我来到母亲工作的地方，呆呆地将那些母亲扫视一遍，却没有发现我的母亲。

七八十台缝纫机发出的噪声震耳欲聋。

"你找谁？"

"找我妈！"

"你妈是谁？"

我大声说出了母亲的名字。

"那儿!"

一个老头儿朝最里边的角落一指。

我穿过一排排缝纫机,走到那个角落,看见一个极其瘦弱的脊背弯曲着,头和缝纫机挨得很近。周围几只灯泡烤着我的脸。

"妈——"

"妈——"

背直起来了,我的母亲。转过身来了,我的母亲。褐色的口罩上方,一对眼神疲惫的眼睛吃惊地望着我,我的母亲……

母亲大声问:"你来干什么?"

"我……"

"有事快说,别耽误妈干活!"

"我……要钱……"

我本已不想说出"要钱"两个字,可是竟说出来了!

"要钱干什么?"

"买书……"

"多少钱?"

"一元五角……"

母亲掏衣兜,掏出一卷揉得皱皱的毛票,用龟裂的手指数着。

旁边一个女人停止踏缝纫机,向母亲探过身,喊道:"大姐,别给他!你供他们吃,供他们穿,供他们上学,还供他们看闲书哇!"接着又对着我喊:"你看你妈这是在怎么挣钱?你忍心朝你妈要钱买书哇?"

母亲却已将钱塞在我手心里了,大声对那个女人说:"我挺高兴他爱看书的!"

母亲说完,立刻又坐了下去,立刻又弯曲了背,立刻又将头俯在缝纫机板上了,立刻又陷入了忙碌……

那一天我第一次发现,母亲原来是那么瘦小!那一天我第一次觉得自己长大了,应该是个大人了。

我鼻子一酸,攥着钱跑了出去……

那天,我用那一元五角钱给母亲买了一听水果罐头。

"你这孩子,谁叫你给我买水果罐头的!不是你说买书,妈才舍不得给你这么多钱呢!"

那天母亲数落了我一顿。数落完,又给我凑足了够买《青年近卫军》的钱。我想我没有权利用那钱再买任何别的东西，无论为我自己还是为母亲。

就这样，我有了第一本长篇小说。

（注：本课选自人教版义务教育课程标准实验教科书小学语文五年级上册第18课）

『课堂品评』

慈母情深深几许

一、擦亮"深"这个题眼

师：请大家看黑板！我们一起，恭恭敬敬地读题目！

生：（齐读）慈母情深。

师：读得不错。请注意这个"深"字的读法，我们再读一遍！

生：（齐读）慈母情深（把"深"字读成了重音）。

师：好极了！孩子们，你们一定已经发现，在这个"深"字底下，有一个大大的三角符号，是吧？

生：（齐答）是！

师：为什么？（稍顿）为什么？

生：它是提醒我们这个"深"字很重要。

师：你对文字有相当不错的感觉。（对另一生）你请。

生：可怜天下父母心，这说明慈母的感情非常深。

师：能为"深"字组个词语吗？

生：深厚。

师：是的，感情深厚。往下读的时候，你得特别留心这个深厚啊。（对另一生）你也有话想说，请说。

生：我觉得这个"深"字就是题目中最重要的一个字。

师：也就是我们平常说的"题——"

生：（紧接话头）题眼。

师：对！题眼！好眼力啊，虽然你的眼睛长得并不大。（众笑）有了这些感觉和发现,我们再来读一读题目!

生:(齐读)慈母情深。

师:对这个"深"字,你难道就没有什么问题要问问大家吗?(对一生)你请。

生:慈母的情到底深在哪里呢?

师:这的确是个问题。(对另一生)你请。

生:为什么说慈母的情很深很深呢?

师:问得好!还有别的问题吗?(对另一生)你还有问题,问吧!

生:慈母的情有多深呢?

师:桃花潭水深千尺,慈母情深深几许?(稍顿)有了问题,你的感觉就会变得更加敏锐,你思考的大门也就自然而然地打开了。

[开课就恭恭敬敬地读课题,为全文的学习奠定了基调。

课文选自梁晓声的《母亲》,编者将题目定为"慈母情深"。王老师曾如此解读"深"字的分量:"挣钱不易、给钱慷慨,是为母爱之深厚;支持读书、崇尚文化,是为母爱之深刻;大爱无言、春风化雨,是为母爱之深远。"

擦亮了"深"这个题眼,也就找到了通往作者心中的路。

慈母情深深几许?问题自然而出,学习自然进入。]

二、品尝"鼻子一酸"的味道

师:好!请大家带着这些问题,我们先来做一个课堂练习。

(大屏幕呈现:我一直想买《青年近卫军》,想得整天失魂落魄。于是,我来到母亲工作的地方,那里的噪声_____。我发现母亲极其瘦弱,当知道我想要一元五角钱买书时,母亲用_____的手将钱塞给我,立刻又陷入了_____。我鼻子一酸,_____着钱跑了出去。)

师:不准看书,请大家凭着自己在预习课文时留下的印象,在括号里填上课文中出现过的词语。好,现在开始!

(生各自在练习纸上默写新词)

师:(一边巡视一边插话)请注意自己写字的姿势,头要正,肩要平,背要挺。

(生随着老师的提醒,主动纠正自己的写字姿势)

师：(见部分学生已经做完练习，再次插话）有的同学已经全部写完，有的同学才写到第二个。做课堂练习，既要讲正确，又要讲速度，所以，理想的状态应该是四个字——又好又快。

（生有的开始轻声朗读练习，有的加快了书写速度）

师：好！把笔放下！全部完成的请举手！好！抓紧时间，自己校对。

（大屏幕呈现：我一直想买《青年近卫军》，想得整天失魂落魄。于是，我来到母亲工作的地方，那里的噪声震耳欲聋。我发现母亲极其瘦弱，当知道我想要一元五角钱买书时，母亲用龟裂的手将钱塞给我，立刻又陷入了忙碌。我鼻子一酸，攥着钱跑了出去。）

（生校对练习，做错的主动修改）

师：全部正确的请举手。

（全班约三分之二的学生举手示意）

师：不错！说明我们班的同学做了相当充分的预习，好习惯！

师：谁来读一读这段文字？（对一生）你请。

（生朗读这段文字，将"龟 jūn 裂"读成了"龟 guī 裂"）

师：读得不错，声音响亮，语气连贯。可惜，就差了一个字。谁听出来了？（该生恍然大悟，举手）噢！你也发现了，那就给你一次将功补过的机会。

生：龟 jūn 裂。

师：完全正确！说实话，这个字念错不能怪你，怪习惯。我们一直习惯把这个字读成龟 guī，乌龟的龟。所以，读"龟裂"的时候，你要特别留意、特别小心才是。来！我们一起读！

生：（齐读）龟裂。

师：再读！

生：（齐读）龟裂。

师：再读！

生：（齐读）龟裂。

师：孩子们，你们看见过龟裂的手吗？（对一生）你请。

生：我爷爷的手是龟裂的。

师：你爷爷的手，给大家描述描述。

生：我爷爷的手皮肤很糙的，像裂缝的土地一样。

师：这样的手用一个词来形容，就叫——

生：龟裂。

师：没错！谁还看到过龟裂的手？

生：我外婆的手。

师：给大家说一说你外婆的手。

生：我外婆年纪很大了，她的手上全都是皱纹，筋都暴出来了，皱纹很明显，是一条一条的。

师：嗯，你外婆的手就叫——

生：龟裂。

师：都明白"龟裂"了，是吧？

生：（齐答）是！

［没有生硬的解释，而是让学生调动自己的生活经验，说一说"谁见过龟裂的手"，在学生们的描述中，"龟裂"这个词语就变得鲜活起来、形象起来。这种教学策略，王老师称之为"举象"。

在"言"与"意"中寻找了一个中介"象"，教师引导学生所举的"象"其实就是学生自己的生活体验、生命感悟呀。

夏丏尊先生对教育有个著名的比喻：教育就像造一个池子，有人说圆形的好，有人说方形的好，其实，池子最关键的要素是"水"，没有水顶多算个坑。

如果说语文如水，它随物成形，跃动流淌，那么生活就是它清澈的源头。因为语文本就是生活的美丽呈现，是生命的浅唱轻吟。］

师：其实，在咱们刚才默写的新词中，有一个字写起来特别烦，谁注意到了？哪个字？（见很多学生举手）一起说——

生：（齐读）攥！

师：对！就是这个"攥"字。我已经数过了，整整23画，这么多笔画的字，在常用字里面可以说是凤毛麟角、寥寥无几啊！来，伸出你的右手，张开你的左手，在手掌心上把这个"攥"字再清清楚楚地写一遍，一共23画。

（生按要求书写）

师：好！确定自己已经牢牢记住这个"攥"字的，请将左手牢牢攥紧。

（生自觉地攥紧左手）

［整整23画，"攥"确实是写字教学中的难点。王老师让学生在自己的左手手心上写一遍，记住了，就把左手攥紧。多么巧妙的一"攥"！

师：很好！来，我们一起来读一读这段文字，争取读得字正腔圆、精神饱满！

生：（齐读）我一直想买《青年近卫军》，想得整天失魂落魄。于是，我来到母亲工作的地方，那里的噪声震耳欲聋。我发现母亲极其瘦弱，当知道我想要一元五角钱买书时，母亲用龟裂的手将钱塞给我，立刻又陷入了忙碌。我鼻子一酸，攥着钱跑了出去。

师：孩子们，"鼻子一酸"是一种怎样的感觉？

生：想哭的感觉。

生：鼻子酸酸的，心里很难受。

生：特别伤心，都快掉眼泪了。

生：内心很痛苦。

师：想哭，难受，伤心，痛苦，这一切的一切搅在一起，就是"鼻子一酸"。但是，孩子们，不对呀！母亲明明已经将钱给了"我"，一元五角，一分没少，一句责怪的话都没有，按理，"我"应该感到——

生：高兴。

生：满足。

生：幸福。

生：喜气洋洋。

师：没错！但是，此刻的"我"不但没有丝毫的高兴、丝毫的激动、丝毫的快乐，相反，此刻的"我"只有想哭、只有伤心、只有难受、只有痛苦，只有——（大屏幕凸现：鼻子一酸）

生：（齐读）鼻子一酸。

师：再读。

生：（齐读）鼻子一酸。

师：再读，读出那种想哭的感觉。

生：（齐读）鼻子一酸。

师：为什么？（稍顿）为什么"我"会鼻子一酸？（稍顿）请大家打开课文，细细地默读《慈母情深》这个故事。一边读，一边用心体会，文中母亲的哪些表现、哪些细节令"我"鼻子一酸？请把这些地方，用波浪线恭恭敬敬地画下来。

["鼻子一酸"既是本课的一个切入点，又是贯穿全课的一条主线。探究"鼻子一酸"的缘由，慈母情之深厚、深刻和深远必将跃然课上；回味

"鼻子一酸"的余韵,那么,儿子在母爱滋养下的成长和觉悟亦将灿然于心间。]

（生默读课文,边读边画）

（师巡视,不时轻声与个别学生交流）

［在这个板块的教学中,王老师巧妙地浓缩了课文情节,让学生不看书,凭记忆填空。细细品来,此设计的作用有三:一是检查了课文的预习效果,对文中最能体现"慈母情深"的几个关键词进行随文解读,如"震耳欲聋""龟裂""攥";其二,因为本文篇幅较长,老师设计用填空的方式理清了文章主要情节,降低了学生阅读的难度,实现了学生对课文的整体感知;其三,由"酸"切入,引向深度探究,使"鼻子一酸"作为全课情感巅峰体验的一个制高点。

一石三鸟,妙不可言。]

三、拉开"震耳欲聋"的张力

师：孩子们！是母亲的哪些表现、哪些细节令"我"鼻子一酸？（稍顿）请画出了有关语句的同学举手示意。

（生纷纷举手）

师：人人都有收获,看来,这四分钟的默读效果相当不错啊！也说明大家读得很用心,很会思考。在刚才的巡视中,我发现有位同学发现的一个句子相当特别、与众不同。来,我们来听听她的发现。（对那位学生）你请！

生：（朗读）七八十台缝纫机发出的噪声震耳欲聋。

师：（大屏幕呈现这个句子,以下简称"句一"）你为什么会特别留意这个看起来极不显眼的句子？

生：我觉得七八十台机器发出震耳欲聋的声音,震耳欲聋,可以体现出母亲的工作环境十分恶劣。

师：请问,还有谁也特别留意过这个句子？

（三位学生举手示意）

师：好！那么,你们几位对她的发言有补充的吗？

生：因为"我"是第一次发现母亲工作的环境这样恶劣,所以,"我"才会鼻子一酸的。

师：补得好！你这一补,就把我们的理解和体会引向了"鼻子一酸"这个问题的核心了。来！孩子们，我们一起来读一读这个并不显眼的句子。
（生齐读"句一"）

师：读好了"震耳欲聋"，也就读好了整个句子。来，我们再读一遍。
（生再次齐读"句一"，将"震耳欲聋"读成了重音）

师：你们是怎么理解"震耳欲聋"的？（对一生）你请。

生：就是声音很大，耳朵都要被震聋了。

师：是这个意思。但我还想再问一下，"震耳欲聋"的"欲"是什么意思？

生：好像。

师：不对！不是"好像"。（对另一生）你请。

生：将要，快要。

师：对！就是"将要"的意思。耳朵都快要被震聋了，这是多大的噪声啊！我们一起读一读，读出"震耳欲聋"的感觉来。
（生齐读"句一"，声音很响）

师：孩子们，假如是你自己置身在这样的环境里，耳边传来的是震耳欲聋的噪声，请问，你的第一反应是什么？

生：我会觉得很烦，感觉耳朵都快聋了。

师：一个字——"烦"。（对另一生）你呢？

生：我会觉得很吵，想赶快离开这个鬼地方。

师：不光是你，除非迫不得已，谁都不愿意待在这样的鬼地方。

生：我的心情会很糟糕，因为那噪声实在是太厉害了。

师：所以，你愿意待在那里吗？

生：不愿意！

师：所以，你们，孩子们，你们愿意待在这样的地方吗？

生：（齐答）不愿意！

师：你们不愿意吧，你们可以转身就走。可是，母亲呢？"我"的母亲呢？她能走吗？她能离开这个鬼地方吗？她只能待在这样的环境里。读！
（生齐读"句一"）

师：这噪声，这震耳欲聋的噪声，停止过吗？

生：（齐答）没有。

师：消失过吗？

生：（齐答）没有。

师：依据何在？（稍顿）依据就在课文中，就在课文的字里行间。请大家快速浏览，找一找，文中的哪些词句、哪些描写向我们传递着"噪声不断、噪声不停"这个事实。

（生快速浏览课文）

师：（对一生）你请。

生：（朗读）我大声说出了母亲的名字。

师："我"为什么要大声地说？因为——（手指大屏幕中的"句一"）

生：七八十台缝纫机发出的噪声震耳欲聋。

师：这是第一个依据，请继续。

生：（朗读）母亲大声问："你来干什么？"

师：母亲为什么要大声问？因为——

生：七八十台缝纫机发出的噪声震耳欲聋。

师：这是第二个依据，这样的依据在课文中可以说比比皆是。（对另一生）你请。

生：（朗读）旁边一个女人停止踏缝纫机，向母亲探过身，喊道。

师：那个女人就在母亲的身旁，为什么说话还要喊，还要大声地喊？因为——

生：七八十台缝纫机发出的噪声震耳欲聋。

师：已经是第三个依据了，还有吗？

生：（朗读）接着又对着我喊。

师：又是喊，为什么呀？因为——

生：七八十台缝纫机发出的噪声震耳欲聋。

师：这是第四个依据了，还能找出别的依据来吗？看看谁对课文读得细、读得深？

生：（朗读）母亲却已将钱塞在我手心里了，大声对那个女人说。

师：看，又是一个"大声"！为什么？还不是因为——

生：七八十台缝纫机发出的噪声震耳欲聋。

师：够了！一次又一次的"大声"，一次又一次的"喊道"，分明是在告诉我们、提醒我们——

生：（齐读）七八十台缝纫机发出的噪声震耳欲聋。

师：孩子们，这还只是在今天、只是在那么一段时间里。我们完全可以想象得出，昨天的母亲在怎样的环境下工作——

生：（齐读）七八十台缝纫机发出的噪声震耳欲聋。

师：明天的母亲还将在怎样的环境下工作——

生：（齐读）七八十台缝纫机发出的噪声震耳欲聋。
师：夏日炎炎，母亲在怎样的环境下工作——
生：（齐读）七八十台缝纫机发出的噪声震耳欲聋。
师：寒风凛冽，母亲在怎样的环境下工作——
生：（齐读）七八十台缝纫机发出的噪声震耳欲聋。
师：就这样，日复一日，年复一年，为了生活、为了家庭、为了我们这些孩子，母亲只能在这样的环境下，在震耳欲聋的噪声里，工作着，煎熬着。当你亲眼看到母亲在这样的环境里挣钱，当你亲身体验到这一刻不停的噪声震耳欲聋时，孩子们，你的心头涌起的是什么滋味儿？
生：难受，我希望母亲不要在这里干活了。
生：我想哭。
生：我感到非常惭愧。
师：是的，这种种滋味儿搅在一起，"我"的鼻子怎能不为之一酸啊！来！让我们怀着各自的感受和体会，再来读一读这个并不显眼却意味深长的句子——
生：（齐读）七八十台缝纫机发出的噪声震耳欲聋。
师：所以，为了表达"慈母情深"，这个句子能少吗？
（边说边在课题下画一条波浪线，形成板书）

慈母情深
▲
～～～～

生：（齐答）不能。
师：能轻易地放过去吗？
生：（齐答）不能。
师：文中一次又一次的"大声说""大声喊"能少吗？
生：（齐答）不能。
师：能不加留意、蜻蜓点水吗？
生：（齐答）不能。
师：学语文，不但要留意课文写了什么，更要思考课文为什么要写这些内容。如果你能经常这样想，你的语文能力就会百尺竿头，更进一步。

［一句看似平常的环境描写，王老师竟能用其制造出"震耳欲聋"的效果。学生共反复朗读了十几次，你一定发现了，在教师的层层引导下，学生

每读一次,体验都会更深一层。这一句也是制造课堂张力的第一个支点,于学生浑然不觉之处切入,先声夺人,营造了一个持续不断、层层推进的"震耳欲聋"的场,为全课的高潮涌现积蓄情感的能量。]

四、一唱三叹"我的母亲"

师:好!我们继续交流,令"我"鼻子一酸的,还有哪些描写、哪些句子?

生:(朗读)背直起来了,我的母亲。转过身来了,我的母亲。褐色的口罩上方,一对眼神疲惫的眼睛吃惊地望着我,我的母亲……

师:为什么发现母亲的这副神情,"我"会鼻子一酸呢?

生:因为"我"发现母亲非常疲惫,说明母亲工作十分辛苦。

师:(大屏幕呈现这个句子,以下简称"句二")好!我们一起来读一读这几个句子。

(生齐读"句二")

师:这几个句子写得非常特别,谁发现了?(对一生)你请。

生:这几句话,每一句话中都有"我的母亲"。

师:"我的母亲"一共出现了几次?

生:三次。

师:整整三次,一模一样。我们再来读一读,感受感受句子中连续出现的三次"我的母亲"。

(生齐读"句二")

师:谁的背直起来了?(对一生)你请。

生:母亲。

师:请把话说完整,谁的背直起来了?

生:"我"的母亲的背直起来了。

师:谁的身转过来了?(对一生)你请。

生:"我"的母亲的身转过来了。

师:谁的眼睛吃惊地望着我?(对一生)你请。

生:"我"的母亲的眼睛吃惊地望着我。

师:照刚才三位同学说的,"我的母亲"应该放在每个句子的最前面才是啊!但是,课文呢,作者呢,却把应该放在最前面的"我的母亲"放在了最后,是吧?

生:(齐答)是!

师:特别!写得太特别了!按照常理,"我的母亲"出现一次就足够了,而且,完全应该放在最前面才是。大家看!(大屏幕呈现:我的母亲背直起来了,转过身来了,褐色的口罩上方,一对眼神疲惫的眼睛吃惊地望着我……)我们一起读一读。

(生齐读此句)

师:孩子们,这两个句子,意思并没有变化。但是,相同的意思,用不一样的写法、不一样的表达,什么发生了变化呢?请大家自由朗读这两个句子,体会体会两句话的味道有什么不同。

(生自由朗读,各自体味)

师:孩子们,读第一句,你读出了一种什么味道?而这种味道在第二句中却是感受不到的。(对一生)你请。

生:第一句读起来好像感情更深一些。

生:第一句读起来感觉母亲很累的样子,而且"我"有点不太相信。

师:"我"不太相信什么?

生:"我"不太相信这个人是"我"的母亲,一直到看清母亲的脸才相信。

师:你对文字有一种很敏锐的直觉。来,孩子们,大家都看过电影吗?

生:(齐答)看过。

师:好,都看过。那大家一定都记得电影中的一些慢镜头吧?这样,如果用电影中的慢镜头和快镜头来比喻这两种写法,那么,哪一句带给你的是慢镜头的感觉?

生:(异口同声)第一句。

师:第一句,是吗?想一想,为什么要用慢镜头来描写母亲的神情呢?(稍顿)请大家闭上眼睛,用心想象,随着这个慢镜头的推移,你看到了什么。

(生闭上眼睛,听师朗读)

师:(深情地、富有节奏感地朗读)背直起来了,我的母亲。

孩子们,睁开眼睛,你看到了母亲一个怎样的背?(对一生)你请。

生:极其瘦弱的背。

师:极其瘦弱的背。(对另一生)你呢?

生:弯曲的背。

师：弯曲的背，佝偻的背。（对另一生）你呢？

生：脊柱突出的背。

师：因为瘦骨嶙峋，你看到了突出的脊柱，你看到了一根根的肋骨。但是，不对呀！这是"我"母亲的背吗？在"我"的记忆中，"我"母亲的背可不是这样的啊！"我"母亲的背是——

生：笔直的。

师：是笔直的呀！"我"母亲的背是——

生：挺拔的。

师：对啊，是挺拔的呀！"我"母亲的背是——

生：胖胖的。

师：确切地说，是结实的、丰满的、健壮的，这才是"我"记忆中母亲的背呀！可是，如今，现在，"我"分明发现，母亲的背不再挺拔了，不再结实了，不再健壮了。孩子们，我们闭上眼睛，继续往下看。

（生闭上眼睛，继续听师朗读）

师：（深情地、富有节奏感地朗读）转过身来了，我的母亲。

你看到了母亲的脸，孩子们，那已经是一张怎样的脸了？

生：一张粗糙的脸。

师：粗糙的脸。

生：布满皱纹的脸。

生：苍白的脸。

师：孩子们，这是"我"母亲的脸吗？这是"我"母亲的脸吗？"我"母亲的脸不是这样的呀！她的脸是——

生：光洁的。

师：光洁的，这才是"我"母亲的脸。她的脸是——

生：美丽的。

师：洋溢着青春的朝气。她的脸是——

生：红润的。

师：这才是"我"记忆中母亲的脸啊！她是那样光洁、那样红润、那样美丽。可如今，这张脸不见了，消失了。我们闭上眼睛，继续往下看。

（生闭上眼睛，继续听师朗读）

师：（深情地、富有节奏感地朗读）褐色的口罩上方，一对眼神疲惫的眼睛吃惊地望着我，我的母亲……

孩子们，你看到了一双怎样的眼睛？细细地看，慢慢地看。

生：布满血丝的眼睛。

师：布满血丝。（对另一生）你看到了——

生：疲惫的眼睛。

师：疲惫。（对另一生）你还看到了——

生：一圈一圈的黑眼袋。

师：（点头）这是"我"母亲的眼睛吗？孩子们，母亲的眼睛曾经是那样的——

生：炯炯有神。

师：没错。曾经是那样的——

生：清澈。

师：对呀！曾经是那样的——

生：有魅力。（众笑）

师：母亲的眼睛会说话呀！然而，这一切，如今都已经不复存在了。此时此刻，"我"第一次真真切切地发现，母亲的背不再坚挺，母亲的脸不再红润，母亲的眼睛不再清澈、不再炯炯有神。母亲啊，"我"的母亲！你怎么会变得如此憔悴、如此瘦弱、如此疲惫？（稍顿，全场一片静寂）

师：来！孩子们，我们一起再来读一读描写母亲神情的这段文字。怎么读呢？我读三次"我的母亲"，其余的文字你们一起读。好！带着你刚才的种种想象、种种疑惑，我们一起用自己的朗读来重现这个慢镜头。

生：（齐读）背直起来了。

师：（低声朗读）我的母亲。

生：（齐读）转过身来了。

师：（语调上扬）我的母亲。

生：（齐读）褐色的口罩上方，一对眼神疲惫的眼睛吃惊地望着我。

师：（语势下挫、语速放缓）我的母亲。

一定要找到这样一种感觉，要用声音，更用自己的心来朗读这段文字。来，我们重读一遍。现在我们作一下调换，三次"我的母亲"由你们来读，注意语调和语速的变化。好，现在开始！

师：（充满深情地朗读）背直起来了。

生：（齐读）我的母亲。

师：（充满深情地朗读）转过身来了。

生：（齐读）我的母亲。

师：（充满深情地朗读）褐色的口罩上方，一对眼神疲惫的眼睛吃惊地望着我。

生：（齐读）我的母亲。

师：好！就是这种感觉。现在，请你们把整段话连起来，用心、用情地读好这个描写母亲的慢镜头。

（生齐读"句二"，读得声情并茂）

师：生活的重担、工作的艰辛、岁月的煎熬，让"我"的母亲变得如此憔悴、如此瘦弱、如此疲惫，请问，你的心里又是一番什么滋味儿？

生：很不好受。

生：很难过。

生：伤心。

师：我发现你的眼眶都红了。是的，此时此刻，作为儿子的"我"，鼻子怎能不为之一酸啊？怀着这种心情，让我们再来动心、动情地读一读。

（生齐读"句二"，读得很感人）

师：孩子们，为了充分地表达"慈母情深"，这个句子能少吗？

（边说边在刚才的波浪线下面又画了一条波浪线，形成板书）

慈母情深
▲
～～～～
～～～～

生：（齐答）不能。

师："我的母亲"能改吗？

生：（齐答）不能。

师：现在你明白梁晓声为什么要这样写了吗？要真正学好语文，我们就应该多琢磨琢磨这样的问题。

［三次"我的母亲"的叠现，是本课语文味的点睛之笔。情感性语言，不讲道理，却讲情理，它总是按照情感本身的逻辑来行文布局、遣词造句。情感来自意境，意境来自形象。因此，还原形象、创设意境、激活情感，就自然而然地成了感悟和理解三次"我的母亲"这一情感性语言的三大策略，一唱三叹，余音绕梁。］

五、与"立刻"的语言节律谐振

师：好！令"我"鼻子一酸的，除了刚才读过的这两处文字，还有别的发现吗？（稍顿）比如，描写母亲干活的动作的。（对一生）噢！你留意了，好！你请。

生：（朗读）母亲说完，立刻又坐了下去，立刻又弯曲了背，立刻又将头俯在缝纫机板上了，立刻又陷入了忙碌……

师：（大屏幕呈现这个句子，以下简称"句三"）你读的这一句，跟鼻子一酸有什么关系吗？

生：这句话写出了母亲干活非常忙碌，我从四个"立刻"中体会到了。看到母亲干活这样辛苦，所以"我"会鼻子一酸。

师：你对文字的把握非常准确，看来，你是真读懂了。孩子们，如果说前面一句对母亲神情的描写，是一个典型的慢镜头的话，那么，这一句，描写母亲干活动作的这个句子，就是一个再典型不过的快镜头了，是哪个词语带给你这种快镜头的感觉？

生：（齐答）立刻。

师：对！"立刻"。几个"立刻"？

生：（齐答）四个。

师：四个。一个不够，两个；两个不够，三个；三个不够，四个。整整四个"立刻"。谁来读一读，读出这种快镜头的感觉？

（生朗读"句三"，语速稍慢）

师：注意四个"立刻"，用一口气读完它。谁再读？（对另一生）你请。

（生朗读"句三"，效果不错）

师：好！我们一起读。

（生齐读"句三"）

师："立刻"是什么意思？找个同义词。

生：马上。

生：迅速。

生：立即。

师：我查过《同义词词林》，"立刻"的同义词多达二十几个。我就纳闷儿了，既然有这么多的同义词，作者为什么不用它们呢？你们看！（大屏幕呈现：母亲说完，马上又坐了下去，赶紧又弯曲了背，迅速又将头俯在缝纫机板上了，立刻又陷入了忙碌……）

师：（朗读此句）这样多好！第一，显得词汇丰富；第二，整句话不呆板，显得有变化。是吧？

（生随声应答，有说"是的"，有说"不是的"）

师：看来意见不统一。这样，你们自个儿来读一读这两个句子，体会体会各自不同的味道。

（生自由朗读，体会不同的表达味道）

师：好！孩子们！我先提一个问题，这两句话，都在写母亲干活非常忙碌，意思完全相同。是吧？但是，哪句话带给你一种十分急促、十分忙碌的感觉和节奏？

生：第一句。

生：第一句。

生：第一句。

师：都是第一句，是吗？

生：（齐答）是！

师：我的感觉跟你们的感觉完全一致。但是，这是为什么呢？（稍顿，对一生）你请。

生：因为四个"立刻"，就是一个排比句，排比句会带给我们这样的感觉。

师：说得好！这就叫作"一语中的"啊！第二句呢，尽管意思完全相同，但是，四个表示"立刻"的词不同了，所以，就无法形成一种排比的语势、排比的节奏，所以，那种急促的、忙碌的感觉就被淡化了。是这个理儿吧？

生：（齐答）是。

师：好！带着这种非常急促、非常忙碌的感觉，带着这种排比的语势和节奏，谁再来读一读这句话？（指一生）你请。

（生朗读"句三"）

师：眼睁睁地看着极其瘦弱的母亲为了挣钱、为了养家糊口，如此忙碌，如此疲惫，你的心里翻腾着一种怎样的滋味？

生：难过，非常难过。

师：把这种滋味带进去，谁再来读一读这个句子？（指另一生）你请。

（生朗读"句三"）

师：母亲陷入了忙碌。此时此刻、此情此景，做儿子的"我"却深深地陷入了——

生：痛苦。

生：悔恨。

生：鼻子一酸。

师：来！我们一起，再来读一读这个令人难受、令人悔恨、令人鼻子一酸的快镜头。

（生齐读"句三"）

师：所以，孩子们，为了表达"慈母情深"，这个快镜头能少吗？

（边说边在刚才的波浪线下面又画了一条波浪线，形成板书）

慈母情深
▲
~ ~ ~ ~
~ ~ ~ ~
~ ~ ~ ~

生：（齐答）不能。

师：四个"立刻"能改吗？

生：（齐答）不能。

师：这就是语言的味道，记住，同样的意思，用不同的语言表达往往有着不同的味道。我们一定要仔细体会，仔细理解。

[无独有偶，从语文味的视角解读四个"立刻"，仿佛是对三个"我的母亲"的一种回归、一种呼应。此句的表达，同样对"词汇丰富，要有变化"的文法不理不睬，它专注于情感的节奏和韵律，而单调的用词、排比的张力，就将母亲干活的忙碌、急促、机械、枯燥渲染得淋漓尽致、天衣无缝。]

六、攥紧"塞"的温度

师：孩子们，在母亲工作的地方，"我"第一次发现母亲在这样恶劣的环境下工作，第一次发现母亲原来已经变得这样瘦弱、这样憔悴，第一次发现母亲干活是这样拼命、这样劳累，你们说，母亲挣钱容易吗？

生：（齐答）不容易。

师：你知道母亲这样拼死拼活地干，一个月能挣多少钱吗？（稍顿）二十七块钱！注意啊，不是二百七十块，更不是二千七百块，而是二十七块钱！那么，一天呢？一天挣多少钱？

生：九毛钱。

师：没错，只有九毛钱。而"我"呢，开口向母亲要了多少钱？

生：一元五角钱。

师：一元五角，相当于母亲拼死拼活干两天的工资啊！如果说来工厂之前，你还找不到某种感觉，那么，现在，此刻，你目睹了母亲的工作环境，你目睹了母亲憔悴的神情，你目睹了母亲忙碌而极其瘦弱的身影，作为儿子的你，这么多的钱时，你还想要吗？

生：不想了。

生：不想了。

生：不想了。

师：心酸啊！心疼啊！要不出口啊！可是，母亲呢？当儿子开口要钱，一次要这么多钱时，"我"的母亲是怎么说的？

生：（朗读）我挺高兴他爱看书的！

师：母亲丝毫没有犹豫，丝毫没有舍不得，她是高兴，是挺高兴。母亲是这样说的，又是怎样做的？

生：（朗读）母亲掏衣兜，掏出一卷揉得皱皱的毛票，用龟裂的手指数着。

师：先是数钱，数了钱之后呢？

生：（朗读）母亲却已将钱塞在我手心里了。

师：（大屏幕呈现此句，以下简称"句四"）母亲却已将钱塞在我手心里了，大声对那个女人说："我挺高兴他爱看书的！"

如果说写母亲的神情用的是慢镜头，写母亲干活用的是快镜头，那么，写母亲给钱用的是——

生：特写镜头。

师：特写镜头！这个特写镜头，放大了母亲的手、龟裂的手，放大了一张张揉得皱皱的毛票，更放大了母亲给钱的动作，一个字——

生：（齐答）塞。

师：塞！把"塞"圈出来！请问，这是怎样地"塞"呀？

生：这是有力地塞。

师：有力，好！把"有力"这个词放到"塞"的前面，你来读读这句话。

生：（朗读）母亲却已将钱有力地塞在我手心里了，大声对那个女人说："我挺高兴他爱看书的！"

师：母亲给钱犹豫了吗？那么，这又是怎样地"塞"？

生：这是毫不犹豫地塞。

师：把"毫不犹豫"这个词放进去，大声地读！

生：（朗读）母亲却已将钱毫不犹豫地塞在我手心里了，大声对那个女人说："我挺高兴他爱看书的！"

师：母亲给钱吝啬吗？这还是怎样地"塞"？

生：这是慷慨地塞。

师：把"慷慨"这个词放进去，请你慷慨地读！

生：（朗读）母亲却已将钱慷慨地塞在我手心里了，大声对那个女人说："我挺高兴他爱看书的！"

师：有力也罢，慷慨也罢，毫不犹豫也罢，其实都无须再说，因为它们都已经深深地嵌入了这个"塞"字，深深地印在了这个特写镜头上。来，我们一起读！

（生齐读"句四"）

师：孩子们，请你再琢磨琢磨，母亲塞给"我"的，仅仅是那一元五角钱吗？

生：是爱。

师：无私的母爱。

生：是希望。

师：望子成龙的希望。

生：是感情。

师："感情"这个词太苍白了，你看看题目。

生：是深情。

师：说得好！母亲塞给儿子的，是——我们一起读！

生：（齐读）慈母情深。

（师在黑板上画下第四条波浪线，形成板书）

　　　慈母情深
　　　　　▲
　　　～～～～
　　　～～～～
　　　～～～～
　　　～～～～

师：孩子们，我们已经读懂了《慈母情深》的四个重要镜头。母亲的工作环境，那是一个广角镜头；母亲瘦弱而憔悴的神情，那是一个慢镜头；母亲工作的忙碌和疲惫，那是一个快镜头；母亲塞钱给儿子，那又是一个特写镜头。现在，让我们把这四个镜头重新放回课文。请大家打开课文，你们读四个镜头，其余的话由我来读。

（师生合作朗读课文，从课文开头一直读到"立刻又陷入了忙碌"为止）

[语言是有温度的，譬如母亲的这个动作——"塞"。"塞"是心甘情愿的，"塞"是不假思索的，"塞"是千言万语的极致，"塞"是大爱无言的平淡。让学生先扩词，咀嚼"塞"的意味；再缩词，充实"塞"的意蕴；最后拈连，升华"塞"的意义。攥紧了"塞"，也就攥紧了母爱的无私、纯真和伟大。]

七、由"我的母亲"到"天下母亲"

（大屏幕呈现以下内容，电影《我的父亲母亲》中的插曲缓缓响起）

我鼻子一酸，攥着钱跑了出去，我在心里一遍又一遍地对母亲说：
_____
_____。

师：就这样，"我"鼻子一酸，攥着钱，攥着母亲的辛劳和血汗，更攥着母亲那伟大而无私的爱，跑了出去。此刻，此景，作为母亲的儿子，作为她的亲生骨肉，"我"有多少话要对母亲说、有多少情要对母亲倾诉啊！

孩子们，拿出你的笔，写下"我"的悔恨、"我"的心疼、"我"的感激、"我"的愧疚、"我"的决心、"我"的懂事、"我"的内心独白。无论你写什么，请千万记住，"母亲"这个词语要至少出现三次。

（生各自写话，师巡视）

师：孩子们！面对慈母的深情，感受慈母的深情，咀嚼慈母的深情，"我"心情澎湃，"我"感慨万千，于是，"我"在心里一遍又一遍地对母亲说——（对一生）你请。

生：（朗读小练笔）母亲，别再这样拼命了，再这样下去，您的身体会被压垮的啊！母亲，对不起，您是为了我们才这么操劳、这么辛苦、这么憔悴的，可我是多么无知，还向您要血汗钱。母亲，等我长大成材了，我一定好好孝顺您，让您享享清福，您实在是太累了啊！母亲，我对不起您啊！母亲，我爱您！

师：多么真诚的表白。你对不起的是母亲的辛劳，但你对得起的却是自己的一片孝心！你长大了！

生：（朗读小练笔）母亲，您这么辛苦、这么劳累、这么瘦弱，您全是为了我们这几个不懂事的儿女啊！母亲，您是这个世界上最伟大、最无私的母亲。别人果然说得不错，这个世界上有一种最美丽、最崇高的爱，那就是母爱。母亲，您一心期待，只为子女成材。母亲，我的好母亲！

师：多么感人的倾诉。你理解了母爱，就理解了人类最无私、最美好的感情。孩子，你也长大了！

生：（朗读小练笔）母亲，我真是太对不起您了！您在这个鬼地方这么辛苦地挣钱，用血汗和疲惫换来的钱，您却这样毫不犹豫地给了我。母亲，我一定好好读书，将来有出息，不辜负您对我的希望。母亲，我虽然还没有长大，但是，等我长大了，我一定会好好报答您的。母亲，我只想对您说："我爱您！"

师：谁言寸草心，报得三春晖。其实，母爱是不图回报的。你的内疚、你的志向，就是你对母爱最好的回报。孩子们，慈母的情，滋润着"我"的心田，震撼着"我"的灵魂，在无言的教诲中，"我"长大了，我们共同长大了。这一切，因为什么？就是因为这春风化雨般的四个字！

生：（齐读课题）慈母情深。

师：慈母情深深几许？慈母情深深似海啊！孩子们，读着梁晓声的《慈母情深》，感动着梁晓声的慈母深情，你会很自然地想到哪个人？

生：我的妈妈。

生：我的妈妈。

生：我的妈妈。

生：我的妈妈。

师：老师相信，你们都会很自然地想到——

生：（齐答）我的妈妈。

师：其实，作家梁晓声跟你们的想法是完全一样的。他在小说原文的结尾，有过这样一段充满深情、意味深长的话（大屏幕呈现下述文字，师朗读）：

"由我的老母亲，很想到千千万万的几乎一代人的母亲中，那些平凡的甚至可以认为是平庸的在社会最底层喘息着苍老了生命的女人们，对于她们的儿子，该都是些高贵的母亲吧？一个个写来，都是些充满了苦涩的温馨和坚忍之精神的故事吧？"

孩子们，来！让我们恭恭敬敬地抬起头，挺起胸！为文中的母亲、为我们的母亲、为普天之下所有平凡而高贵的母亲，献上一首《懂你》的心曲吧！

（满文军《懂你》的歌声缓缓响起，大屏幕播放视频《献给母亲》）

［诚如惠特曼所言："全世界的母亲多么相像！她们的心始终一样。每一个母亲都有一颗极为纯真的赤子之心。"文中的母亲，是普天之下所有母亲的一个缩影、一扇窗户，打开她，就必将会打开一切母爱的情感闸门。因此，由"我的母亲"到"天下母亲"，由"一位母亲"到"千万母亲"，便是全文情感逻辑的必然走向和最后归宿。一曲《懂你》、一段《献给母亲》不知道会让多少"母亲的孩子"或"孩子的母亲"泪如雨下。］

【板书】

慈母情深
▲
~ ~ ~ ~
~ ~ ~ ~
~ ~ ~ ~
~ ~ ~ ~

［课终，再看板书，王老师的深意豁然明了——那一道道的波浪线代表着文中一个又一个典型的句子、精彩的片段，这分明在诉说：这就是慈母的情，这就是慈母的爱——温柔如水，深沉似海，恩重如山。］

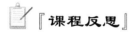『课程反思』

植入"语文意识"

在《慈母情深》之前，诗意语文一再被诟病为"人文强势，语文弱势"，但至于人文如何强势、语文又如何弱势，反倒无人一一开示。

我不大主张将"工具性和人文性的有机统一"视为语文课程的根本属

性，因为"工具性"与"人文性"在逻辑上根本不是一对相反相成的范畴，两者既非相对，则谈何统一？我主张"言语性"方为语文课程的根本属性。言语素养、言语人生、诗意人生，乃是语文课程的三级目标，或曰三重境界。

意识到这一点后，我便开始留意并研究"语文意识"了。在这里，我更愿意将"语文"一词解读为一个动词、一个过程化的产物。"语文"，就是用语言说、用文字写；"语文意识"，就是时时处处留心和关注作者"为什么说写""如何说写"。如果说"语文意识"是一个上位概念、集合概念，那么，在《慈母情深》一课中，我试着将这一混沌未开的概念细化为"字法意识""句法意识""章法意识"加以探索。

先说《慈母情深》的"字法意识"。众所周知，"炼字"是汉语言文字创作的一个优秀传统。杜甫说"为人性僻耽佳句，语不惊人死不休"，贾岛说"二句三年得，一吟双泪流"，这些都道出了人们对炼字的高度重视。当然，这是从创作的角度看，那么，从阅读的角度看，关注"炼字"、推敲所炼之字的佳妙与精彩，则是一种基础的语文意识。《慈母情深》一课，安排了两处比较典型的"字法意识"的唤醒：

第一处是在课题揭示的时候。编者将文题定为"慈母情深"而非"慈母情"，足见这个"深"字的分量。挣钱不易、给钱慷慨，是为母爱之深厚；支持读书、崇尚文化，是为母爱之深刻；大爱无言、春风化雨，是为母爱之深远。擦亮了"深"这个题眼，必将进一步擦亮整个文本的言说意图和人文意蕴。于是，在课题揭示的时候，我事先有意在"深"字底下标注了一个鲜明的三角符号。通过朗读时对重音的强调、为"深"组词、围绕"深"字质疑等方式，逐步让学生明白"深"为全文题眼这一特殊的字法现象。

第二处是在细读母亲给钱动作的时候。语言是有温度的，譬如母亲给钱的这个动作——"塞"。"塞"是心甘情愿的，"塞"是不假思索的，"塞"是千言万语的极致，"塞"是大爱无言的平淡。教学中，让学生先扩词，咀嚼"塞"的意味；再缩词，充实"塞"的意蕴；最后拈连，升华"塞"的意义。攥紧了"塞"，也就攥紧了母爱的无私、纯真和伟大。

茶要品，品方能知味；同样的道理，好的字眼也要反复品味，如此，方能体会个中的精微之义、精妙之思、精彩之笔。语文意识往往始于字法意识，而从表达、运用、写作的视角唤醒字法意识，则更是语文意识的一种绽放。

再来说《慈母情深》的"句法意识"。朱光潜先生曾经在《文学与语文》一文中指出："从前我看文学作品,摄引注意力的是一般人所说的内容。如果它所写的思想或情境本身引人入胜,我便觉得它好,根本不很注意到它的语言文字如何。反正语文是过河的桥,过了河,桥的好坏就可不用管了。近年来我的习惯几已完全改过。一篇文学作品到了手,我第一步就留心它的语文。如果它在这方面有毛病,我对它的情感就冷淡了好些。我并非要求美丽的词藻,存心装饰的文章甚至使我嫌恶;我所要求的是语文的精确妥帖,心里所要说的与手里所写出来的完全一致,不含糊,也不夸张,最适当的字句安排在最适当的位置。那一句话只有那一个说法,稍加增减更动,便不是那么一回事……这种精确妥帖的语文颇不是易事,它需要尖锐的敏感,极端的谨严,和极艰苦的挣扎。"这里所言"最适当的字句安排在最适当的位置""那一句话只有那一个说法,稍加增减更动,便不是那么一回事"等,即为"句法意识"。句法意识,就是高度关注"这个意思怎么说、写"的意识。"怎么说、写"呢?排列顺序、修辞手法、语句长短、调子起伏,等等,都是需要我们加以留心和关注的。在《慈母情深》一课的教学中,有两处颇为出彩的对"句法意识"的训练:

第一处是在三次"我的母亲"的叠现时。课文是这样写的:

　　背直起来了,我的母亲。转过身来了,我的母亲。褐色的口罩上方,一对眼神疲惫的眼睛吃惊地望着我,我的母亲……

这是一个非常独特的句式。那么,它的独特性表现在哪里呢?

独特之一,"我的母亲"连续出现了三次,其实,按照通常的写法,"我的母亲"只要出现一次就够了。

独特之二,"我的母亲"是后置的,也就是说,它是放在后面说出来的。通常,"我的母亲"作为主语的修饰限定成分,应该放在前面说出来。

所以,按照常理,这段话可以写成这个样子:

　　我的母亲背直起来了,转过身来了,褐色的口罩上方,一对眼神疲惫的眼睛吃惊地望着我。

显然,这是两种不同的句法。粗略一读,句子的意思并无多大区别。但是,一比较,一细读,我们就不难发现,句子的情味和意蕴其实有天壤之别:

首先,原句写出了一种缓慢的节奏感。这种写法仿佛电影中的慢镜头,母亲的每一个动作、每一个神情,都深深地印在了儿子的眼中,乃至心中。

其次，原句写出了一种艰辛的形象感。事实上，也的确如此，母亲因为长久的伏案劳作，要一下子直起背、转过身，是很艰难、很酸疼的。她只能慢慢直起背、转过身，这就从另一个侧面烘托出母亲挣钱的辛劳和不易。

　　再有，原句写出了一种惊讶的情味感。作为儿子的"我"，第一次在工厂真真切切地看到母亲，看到如此憔悴、如此疲惫的母亲，"我"简直不敢相信自己的眼睛。这是"我"的母亲吗？这是"我"记忆中的母亲吗？三次"我的母亲"，有惊讶，有疑惑，有心酸，有慨叹，包含了作者复杂而丰富的情感体验。

　　应该说，三次"我的母亲"的叠现，是本课语文味的点睛之笔。情感性语言，不讲道理，却讲情理，它总是按照情感本身的逻辑来行文布局、遣词造句。情感来自意境，意境来自形象。因此，还原形象、创设意境、激活情感，就自然而然地成了感悟和理解三次"我的母亲"这一情感性语言的三大策略，一唱三叹，余音绕梁。

　　第二处则是在四个"立刻"的铺排时。无独有偶，从语文味的视角解读，四个"立刻"仿佛是对三次"我的母亲"的一种回归和呼应。此句在表达上的最大特色，是以单调的用词与节奏来刻画母亲干活的忙碌、急促、机械、枯燥。四个"立刻"，一方面是有意凸显用词的单调，使之与母亲劳作的单调与辛苦相谐振；另一方面，则是营构出一种排比句式的逼人气势，突出母亲劳作的忙碌和急促。学生在用词比较、朗读品味中终于琢磨出了句法形式与句子内容之间的某种同构关系。

　　在小学语文教学中，句法意识的渗透和彰显乃是整个语文意识的重中之重。

　　如果说字法意识、句法意识更多地侧重于语感的话，那么，最后要说的章法意识则主要关注境感。事实上，语感和境感才是语文素养最核心的要素。

　　章法是指修饰篇章的方法，指由句子组成段落，再由段落组成文章的方式。章法又称谋篇布局的技巧。章法形态和文章结构有关，结构包括层次、段落、开头、结尾、过渡、照应等内容。不同的文体有着不同的章法，譬如，小说有小说的章法，散文有散文的章法，因此，《慈母情深》一课，我主要关注的是小说的章法意识。

　　小说的章法，从整体、共性上看，主要有三个要素，即完整的故事情节、典型的人物形象、具体的环境描写。其中，人物形象是核心，故事情节是骨架，环境描写是依托。因此，这三个要素不是简单的并列关系，而是一种以塑造人物形象为核心的向心关系。

《慈母情深》一课对教学重点的处理和把握，就是围绕文中"母亲"这一人物形象逐层展开的。

"七八十台缝纫机发出的噪声震耳欲聋"抓住的是"母亲"的劳作环境，三次"我的母亲"的叠现抓住的是"母亲"的外貌神态，四个"立刻"的铺排及"塞"钱抓住的是"母亲"的细节动作，正是通过对上述种种语言现象的聚焦和品读，才最终在学生心中建构起一位含辛茹苦、勤劳节俭而又不失眼界、尊崇文化的"慈母"形象。

总之，以《慈母情深》一课为标识，诗意语文在课堂实践这一层面上，开始自觉关注并积极探索"语文意识"。如前所述，语文意识，就是关注文本"怎么写""为什么这么写"的意识。"怎么写"是"话语形式"问题，"为什么这么写"是"话语意图"问题。"话语形式"涉及遣词造句、谋篇布局、表达方式、修辞方式、语法结构等问题，简言之就是关于语感的问题。而"话语意图"涉及言语动机、交际目的、语言环境、文体特征、语言风格等问题，概言之就是关于境感的问题。若光有语感没有境感，那是小语文；而光有境感没有语感，那叫空语文。所以，一个称职的语文老师应该既有良好的语感素养，又有良好的境感素养，既能够关注话语形式，又能够关注话语意图。只有这样，才是圆融的、完整的语文意识。

第八编

语文教学之于文化
——《枫桥夜泊》课堂实录与品悟

『课品综述』

客船夜半钟声渡

2008年10月,王崧舟老师用《枫桥夜泊》一课把我们带到了千年前那个静谧而又落寞的秋夜。

月落乌啼,霜气满天,诗人张继泊船枫桥,一夜难眠。我们看得见江上点点的渔火,看得见两岸瑟瑟的枫叶,甚至听得到诗人轻声的叹息,但是,我们不知道诗人为何辗转。

抑或是落第之愁,抑或是羁旅之思,抑或是家国之忧,抑或都有?

而诗的妙处就在于没有明说,课的妙处也就在于不肯点破。

王老师绕过了一般执教者常常做足做实的"愁眠"二字,让我们站在时光前静静聆听,于是,那夜半的钟声就穿越时空,贴着水面,敲到了我们心坎上。

在那个万籁俱寂的夜里,诗人忽然听到远远传来的钟声,猛地想起著名的寒山寺就在旁边。想起名寺,自然就会想起曾住在这里的僧人寒山吧。寒山曾有诗云:"吾心似秋月,碧潭清皎洁。无物堪比伦,教我如何说?"想着这些,人生逆旅中的种种境遇和遭际是否得以释怀?

张继把谜语永远留了下来。在王老师的课上我们也只听到寒山寺的钟声在千载之下依然悠悠,舒缓、缥缈,敲打着历史的回声,透着禅意与空灵,古雅而庄严。

钟声无言,又分明有言。那一夜张继不眠,千秋百代的文人也不眠。

在张继之前,从没有人把钟声写得这样扣人心弦;在王老师之前,也从来没有人将钟声教得这样厚重与丰满。

在语文教材中,《枫桥夜泊》当属"定篇"。王老师清楚地知道面对这样的经典,教学应侧重理解、欣赏、传承。但他敏锐地抓住了"钟声"这一意象的内涵,并将它放在文化的时空里,于是,这首诗的教学就超越"文字"与"文学"而触及了"文化"的层面。

其实我们常常忽视了,汉语言文字不是单纯的符号系统,它有深厚的文化历史积淀和文化心理特征,每一个汉字都体现着汉民族的特质,负载着汉民族的智慧与情怀。作为母语教育的语文教育是一种文化传递的过程,因为语文是文化的载体,更是文化的存在、文化的构成。因此,语文教育应具有独特的文化功能，特别是当我们面对古诗词，面对经典时。

客船夜半钟声渡。

或许王老师是希望用《枫桥夜泊》的钟声来消解人们对文化的漠视，诉说当代语文教学对文化欲理还乱、欲说还休的无限思绪，让语文可以仰望星空，带着乡愁的冲动，去寻找精神的家园。

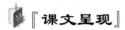『课文呈现』

枫桥夜泊

〔唐〕张继

月落乌啼霜满天，
江枫渔火对愁眠。
姑苏城外寒山寺，
夜半钟声到客船。

（注：本课选自北师大版义务教育课程标准实验教科书小学语文五年级下册第10课）

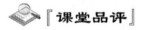『课堂品评』

钟声出寒山，经典传千年

一、起：枫桥钟声越千年

师：当代诗人陈小奇写过一首歌，歌名叫"涛声依旧"。听过这首歌吗？
生：（自由应答）听过。
师：好听吗？
生：（自由应答）好听。

师： 都喜欢听，是吧？

生：（自由应答）是的。

师： 王老师也喜欢。其实，这首歌在十多年前非常流行，我估计你们的爸爸妈妈也喜欢。这首歌不但曲谱得好，而且词也写得相当不错。我选了其中的两句——

（大屏幕出示）

> 流连的钟声
> 还在敲打我的无眠
> 尘封的日子
> 始终不会是一片云烟
> ——陈小奇《涛声依旧》

师： 谁来读一读？

（生朗读歌词）

师： 读得真好！我们一起来读——

（生齐读歌词）

师： 大家注意看，歌词中有一个词儿叫"无眠"，谁知道"无眠"的意思？

生： 说得通俗一点，"无眠"就是睡不着觉，就是难以入睡，或者说是因为思想上的一种愁而睡不着觉。

师： 说得好！既有通俗一点的说法——"睡不着"，又有文雅一点的说法——"难以入睡"，这叫雅俗共赏啊！既然他说到雅了，我倒有个建议，看你们能不能给"无眠"找一个意思相近的词语，比方说——

生： 愁眠。

师： 好的。

生： 难眠。

师： 好极了！

生： 失眠。

生： 不眠。

师： 看来咱们的词汇量很丰富。无眠，就是"失眠"，就是"难眠"，就是"不眠"，就是"未眠"，用大白话来说，就是睡不着觉啊！想一想，一个人睡不着觉是什么滋味儿。也许你们有过，也许现在还不曾体会过，但是，等你们慢慢地长大了，这种感觉一定能体会到的。让我们揣摩着这种滋味儿再来读一读这两句歌词。

[年纪尚小的孩子们还不能充分体会"无眠"的愁苦,但是通过解释"无眠"的意思,为"无眠"找近义词等方法,那辗转难眠的感觉就渐渐地真切起来。]

(生齐读歌词)

师:那么,是谁在敲打着我的无眠呢?

生:流连的钟声。

[将"无眠"与钟声联系了起来。]

师:是钟声,是流连的钟声在敲打我的无眠。于是,我们就会想:这是从哪里传来的钟声呢?大家看——

(大屏幕出示)

十年旧约江南梦,

独听寒山半夜钟。

——[清]王士祯《夜雨题寒山寺》

师:其实,早在两百多年前,清朝诗人王士祯在一首诗中,就写到过这样的钟声。谁来读一读?

(生朗读诗句)

师:真好,读出了古诗特有的节奏和味道来了。你听听,这是哪里的钟声呢?

生:寒山寺的。

师:你怎么知道是寒山寺的钟声?这两句诗什么地方向你传递着这样的信息?

生:因为诗句中"半夜钟"前面两个字是"寒山",所以我认为是寒山寺。

师:好的,找到一处依据了。谁找到第二处了?

生:我是从诗的题目"夜雨题寒山寺"上看出的。

师:很显然,这里的钟声就是——

生:(齐答)寒山寺的钟声。

师:诗人在诗中说,为了独听寒山寺的夜半钟声,他梦啊想啊,盼啊望啊,一等就等了多少年?

生:十年。

师：十年可不是一个小数目。一个人能有几个十年？整整十年，可见这钟声的魅力之大！这寒山寺的钟声为什么会有那么大的魅力呢？大家接着看——

（大屏幕出示）

> 几度经过忆张继，
> 乌啼月落又钟声。
> ——［明］高启《泊枫桥》

师：其实，早在六百多年前，明朝诗人高启在一首诗中也写到过这样的钟声，谁来读一读？

（生朗读诗句）

师：知道这是哪里的钟声吗？

生：我觉得这也是寒山寺的钟声。

师：依据何来？

生：因为诗题是"泊枫桥"。我查过历史资料，知道寒山寺就在枫桥这个地方，又名枫桥寺。

师：好极了。没错，寒山寺就在枫桥的边上，枫桥的边上就有寒山寺。所以，寒山寺又叫枫桥寺，枫桥寺又叫寒山寺。高启所写的也是寒山寺的钟声。然而，问题又来了，诗人说：他每次经过枫桥，每次听到寒山寺的夜半钟声，都会情不自禁地想起一个人，谁？

生：张继。

师：张继是何许人也？我们继续看——

（大屏幕出示）

> 七年不到枫桥寺，
> 客枕依然半夜钟。
> ——［宋］陆游《宿枫桥》

师：还有比这更早的。早在八百多年前，宋朝诗人陆游也写到过寒山寺的夜半钟声。来，我们一起读！

（生齐读诗句）

师：从诗中看，七年前陆游到过哪儿？听到过什么？

生：陆游当时去过枫桥，听到过寒山寺的钟声。

师：那是在几年以前？

生：七年。

师：没错，七年以前，陆游到过枫桥寺，听到过寒山寺的钟声。七年之后，诗人陆游又到了哪儿？又听到了什么？

生：七年之后，他又到了枫桥寺，依然听到了夜半钟声。

师：是的。时间一晃就是七年。人在变，心情在变，但是听寒山寺的夜半钟声的那份感觉却依然如故。假如不是"七年"，而是"十年"，诗人会怎样说呢？十年不到枫桥寺——

生：十年不到枫桥寺，客枕依然半夜钟。

师：十年不变是钟声啊！如果不是"十年"，我们把时间继续往前推，百年不到枫桥寺——

生：百年不到枫桥寺，客枕依然半夜钟。

师：我们把时间继续往前推，千年不到枫桥寺——

生：（齐诵）客枕依然半夜钟。

师：你看，十年不变是钟声，百年不变是钟声，千年不变的还是钟声。让我们回过头来看——

（大屏幕出示）

> 流连的钟声
> 还在敲打我的无眠
> 尘封的日子
> 始终不会是一片云烟
> ——陈小奇《涛声依旧》

> 十年旧约江南梦，
> 独听寒山半夜钟。
> ——［清］王士祯《夜雨题寒山寺》

> 几度经过忆张继，
> 乌啼月落又钟声。
> ——［明］高启《泊枫桥》

> 七年不到枫桥寺，
> 客枕依然半夜钟。
> ——［宋］陆游《宿枫桥》

师：你看，在陈小奇的笔下，有钟声——

（生齐读陈小奇的歌词）

师：在两百多年前清朝诗人王士禛的笔下有钟声——

（生齐读王士禛的诗句）

师：在六百多年前明朝诗人高启的笔下也有钟声——

（生齐读高启的诗句）

师：在八百多年前宋朝诗人陆游的笔下也有这样的钟声——

（生齐读陆游的诗句）

师：问题来了！什么问题？

（生有的静静思考，有的急着发言）

师：个别同学已经迫不及待，有人还在静静思考。说来听听，你们都想到了什么问题？

生：明朝的高启为什么每次经过寒山寺，听到寒山寺的钟声都要想起张继这个人？

师：其实，不光是高启这样想，所有写寒山寺钟声的诗人都会这样想。这的确是一个问题。

生：这几首诗里为什么都提到了寒山寺的夜半钟声？

师：怪啊！你看，搁着那么多的景物、景色不写，偏偏写寒山寺的钟声，而且偏偏要写夜半钟声！而不是早上的钟声，也不是黄昏的钟声。这又是为什么？

生："十年""几度""七年"这些字眼都告诉我们寒山寺的钟声是很古老的。我的问题是，寒山寺的钟声为什么这样古老，这样地令人怀念？

师：这钟声十年也罢，百年也罢，千年也罢，偏偏就是能吸引那么多的诗人，一代又一代。这钟声怎么会有那么大的魅力呢？

其实，你们想过的所有的问题都跟一个人息息相关，所有的问题都跟一首诗紧紧相连。这个人叫张继，这首诗叫——"枫桥夜泊"。

（大屏幕出示）

枫桥夜泊

［唐］张继

月落乌啼霜满天，江枫渔火对愁眠。

姑苏城外寒山寺，夜半钟声到客船。

［千年之下，寒山寺的钟声依然悠悠，敲打着我们的无眠。

循声追寻。王老师带着我们一路经过当代的陈小奇、清代的王士禛、明代的高启、宋代的陆游，终于回到了初唐的那个秋夜，站在了张继的面前。

这是超乎想象的开篇。

王老师曾说："一个不会抬头仰望星空的老师，绝不会是一个好老师。抬头仰望的繁星中，最闪亮的就是诗。"难得的是王老师将《枫桥夜泊》这首诗放在了历史与文化语境的星空中来阐释，于是，课堂因此厚重而丰满。]

二、承：张继独听寒山钟

师：请大家打开课文，自由朗读《枫桥夜泊》，反复读，一直到把这首诗读清爽了、读顺口了为止。

（生自由反复朗读诗歌）

师：不用听，只是看，我就特别感动，你们每个人的脸上都写着两个字——"投入"。真好！读书要的就是这种状态！谁来读一读这首诗？清清爽爽地读。

（生朗读全诗）（掌声）

师：听了你的读，王老师想送你四个字——声情并茂！真好！还想读吗？

（生均跃跃欲试）

师：都想读。我们一起读！来！抬头，坐正，然后深深地吸一口气，气沉丹田。怎么读呢？每句诗的前四个字你们读，后三个字我来读。

（师生合作朗读全诗）

师：好！味道出来了。现在，前后顺序调换一下，我读每句诗的前四个字，你们读后三个字。

（师生再次合作朗读全诗）

[《枫桥夜泊》在北师大版的教材里，出现在五年级。但是这首诗其实是"小学生必背古诗词"里的一首，学生们在学习这课之前，应该都已熟背了。所以，读得流畅准确绝对不在话下，基础好的孩子其实完全可以读得声情并茂。但是，要想真正读出诗的味道来，在深入理解诗歌之前还很难。此处的师生合作朗读，确是针对学情的恰切引领。

教师一开口，学生的诗味立即就有了。如果在现场，学生们模仿老师拖着长腔的"到客船——"一定会令你会心一笑。]

师：味道更浓了！我们把整首诗连起来读，注意保持刚才的那种节奏和感觉，揣摩你在读这首诗时心底泛起的那种情绪。

（生齐读诗歌）

师：这首诗我们已经反反复复地读了许多遍。读古诗，特别是读经典的古诗，我们不但要注意它的节奏、韵律，更要注意你自己在读这首诗时切切实实体会到的那种情绪、那种感觉。假如现在，王老师请你选一个词儿来形容你读完这首诗时的那份情绪、那份感觉，你想到的是哪个词语？

生：愁。

师：一个大大的"愁"。这是她的感觉，你可以把这个词写在课文边上。

生：幽幽的。

师：这也是一种感觉。还有不一样的感觉吗？

生：宁静。

师：宁静？厉害！其实还有比宁静更准确的一个词儿。什么"静"？

生：幽静。

师：他体会到的是一种幽静的感觉。谁还有不一样的感觉？

生：孤寂。

师：厉害！"戴眼镜的"到底不一样啊，读过不少书。肚子里要是没点货，绝对想不到"孤寂"这个词儿。会写吗？

生：会。孤独的孤，寂寞的寂。

["选一个词儿来形容你读完这首诗时的那份情绪、那份感觉"，若这个词找到了，也就有了一份属于自己的对这首诗的整体感知。]

师：好了，孩子们，《枫桥夜泊》这首诗，有人读出的是愁，有人读出的是幽幽，有人读出的是幽静，更有人读出的是孤寂。我就纳闷了，大家不妨对比着想一想，读李白的"朝辞白帝彩云间，千里江陵一日还"，你会感到孤寂吗？

生：（自由应答）不会。

师：肯定不会！读杜甫的"两个黄鹂鸣翠柳，一行白鹭上青天"，你会有忧愁的感觉吗？

生：（自由应答）不会。

师：我想也不会。吟白居易的"日出江花红胜火，春来江水绿如蓝"，你会有幽静的感觉吗？

生：（自由应答）不会。

师：怪了，那么，为什么读《枫桥夜泊》，你感到的却偏偏是孤寂，是幽静，是忧愁的情绪呢？

［通过对比，使得这份情绪与感觉更加鲜明。］

（生多数沉默，个别学生举手）

师：不着急回答。咱们静静地再读一读《枫桥夜泊》，找一找，诗的哪些地方、哪些字眼儿向你传递着这样的感觉和情绪，你可以在上面做一些记号。

（生默读，并圈点批注）

师：好！每个同学都有了自己的圈点，甚至是批注。其实你画下的，不仅是记号，更是自己的思考、自己的体会，这是最珍贵的。

［再读诗歌，找出"哪些字眼儿向你传递着这样的感觉和情绪"。阅读开始由整体感知转向细读赏析。］

师：大家对这首诗都有了自己的体会，我只提一个问题考考大家，敢不敢接受挑战？

生：（自由应答）敢。

师：注意听！我们知道，枫桥夜泊的时候，应该是张继休息的时候、睡觉的时候，对吧？

生：（自由应答）对。

师：但是，这个晚上，诗人张继睡着了吗？

生：（自由应答）没有。

师：没有？何以见得？诗中的哪个字眼儿直截了当地告诉你，张继没睡，根本就睡不着？

生：愁眠。

生：愁眠。

生：愁眠。

生：愁眠。

师：把"愁眠"二字圈出来。（板书：愁眠）

（生动笔圈出"愁眠"）

师：来，一起读。

生：（齐读）愁眠。

师：不愁，再读。

生：（齐读）愁眠。

师：把声音压低了，再读。

生：（齐读）愁眠。

师："愁眠"是什么意思？

生："愁眠"就是因为忧愁而不能入睡。

师：给"愁眠"找个近义词，比如——

生：难眠。

生：不眠。

生：无眠。

生：失眠。

[为"愁眠"找近义词，与前一板块"无眠"的教学相映成趣。课堂的结构里出现了一个小小的圆。]

师：愁眠啊愁眠，因为愁眠，诗人在这个晚上看到了一些什么？咱们按照诗的顺序一样一样地说，看到了什么？

生：月落。

师：（板书：月落）请把"月落"用一条线画下来。睡不着觉啊，张继看着月亮缓缓地升起来，又看着月亮沉沉地落下去。当月亮完全落下的时候，天地之间，一片幽暗，一片朦胧。在一片幽暗和朦胧之间，诗人还看到了什么？

生：江边的枫树。

师：（板书：江枫）请把"江枫"用一条线画下来。看到的是怎样的江枫呢？想看吗？

生：想。

师：把眼睛闭上，（师描述）月亮落下去了，天地之间一片幽暗，一片朦胧。这时秋风瑟瑟地吹来，吹过枫树，吹过枫林，吹着火红的枫叶，吹呀，吹呀……现在看到枫树了吗？请睁开眼睛。你的脑海里出现了关于江枫的一幅怎样的画面？

[又是闭上眼睛"看"。]

生：一条小河，边上有一排枫树，秋风吹来，枫树的叶子在一片一片地飘落。有的飘落在地上，有的飘落在水面上，甚至还有一两片飘到了渔船上。

师：当你眼前出现了这样的画面，看到了这样一番情景时，你的心里是一种什么感觉?

生：特别特别忧愁。

师：这就是诗人啊。诗人就和你一样，触景生情。谁还看到了江枫的画面?

生：我看到月亮落下去了，整个村子一片漆黑，只有渔船上的灯还隐隐约约地亮着。枫叶像红雨一样地飘落下来，那种美景无法形容，有几片飘到了那隐隐约约的渔船上。

师：假如当时你就在那渔船上，看到这样的一番景致，你的心头又会涌起一份怎样的情绪?

生：我会想：我这份孤枕难眠的心情谁能理解?（笑声）

师：一位女诗人诞生了!什么叫诗人?你这就叫诗人!你刚才说那是一番美景，那是一份怎样的美?

生：凄凉的美。

师：对!一个词儿——凄美。我们继续看，在一片幽暗和朦胧之间，诗人在江边看到了落叶飘零、江枫瑟瑟。

["湛湛江水兮，上有枫。目极千里兮，伤春心""青枫浦上不胜愁"，"江枫"这个景物往往摇曳着诗人们沉郁的感情。多么难得，学生通过想象体会到了。]

师：那么，诗人在江中又看到了什么呢?

生：他看到了"渔火"。

师：（板书：渔火）请把"渔火"用一条线画下来。谁能找一个词来形容形容，那可能是怎样的渔火?

生：隐隐约约的。

生：星星点点的。

生：忽明忽暗的。

师：那星星点点、隐隐约约、忽明忽暗的渔火就这样伴随着张继"愁眠"。

["江枫"与"渔火"，一暗一明，一江边一江上。]

师：睡不着啊，睡不着。因为愁眠，张继又听到了一些什么?

生：乌啼。

师：（板书：乌啼）请把"乌啼"用两条线画下来。乌鸦啼叫的声音是凄凉的，甚至还有点儿让人恐惧。当几声凄厉的乌啼，在寂静的秋夜消失的时候，茫茫秋夜变得更加沉寂，就在这个时候，诗人又听到了什么？

生：钟声。

师：是的，姑苏城外寒山寺的夜半钟声。（板书：姑苏城外寒山寺，夜半钟声到客船。）请把"钟声"用两条线画下来。

（生画下"钟声"）

师：从看到的，我们读出了张继的愁眠；从听到的，我们也同样感受到了张继的愁眠。然而，还有一个地方更让人奇怪。因为睡不着，因为忧愁，因为愁眠，诗人身体的感觉竟然在悄然发生变化。他似乎觉得——

生：霜满天。

师：（板书：霜满天）用波浪线画下来。你在生活中看到过霜满天吗？

生：（自由应答）没有。

师：谁都知道，霜华凝结的时候是在地上，在草上，在树枝上，在瓦片上，在窗台上，不可能在天上。所以，大诗人李白才写过这样的诗句：床前明月光——

生：（接答）疑是地上霜。

师：对啊！所以我就奇怪，我就纳闷了，我百思不得其解，不可能"霜满天"，只可能"霜满地"。只有一种可能，尽管我很不愿意说出这种可能，但我还是得实话实说，这种可能就是——张继写错了！同意吗？

［欲擒故纵。］

生：（齐答）不同意！

师：不同意？为什么？

生：我认为这个"霜满天"是用来表示张继的心情的，此时天气不一定真的是"霜满天"，但是对于张继来讲，这种心情让他觉得非常寒冷。

师：你太有才了！贵姓？（笑声）

生：比较难记，我叫翟晟钧。

师：来，咱握个手。小翟老师，厉害。你们都听到了吗？说得真好，把王老师都说动了。在这一点上他可以做我的老师。他说了一个非常关键的地方，谁听出来了？

（生沉默思考）

师：一个人在语文课堂上能滔滔不绝地说那叫能力、水平，但是能够专心致志地听那叫修养。学好语文不光要有能力，更要有修养。

生：我认为他说的"霜满天"不是下的霜，而是心里的那种孤独。

师：你不但记住了，而且理解了；你不但理解了，而且转化了。是啊，这哪里是"霜满天"啊？是冷满天，是寒满天。那是因为作者的心是冷的，作者的心是寒的。在这个秋夜，在背井离乡的这个夜晚，在客船之上，他的心是冷的，于是他才会有这样的幻觉。不！这是他最真的感觉，这感觉就是三个字——

生：（齐读）霜满天。

师：再读。

生：（齐读）霜满天。

（最后形成以下板书）

> 月落乌啼霜满天
> 江枫渔火　愁眠
> 姑苏城外寒山寺
> 夜半钟声到客船

师：（指着板书）大家看，月落是景，乌啼是景；江枫是景，渔火是景；霜天是景，钟声是景。这景那景，都一层又一层地包围着——

生：（齐读）愁眠。

师：（在"愁眠"下画上波浪线）都一层又一层地伴随着——

生：（齐读）愁眠。

师：（在"愁眠"下再画波浪线）都一层又一层地笼罩着——

生：（齐读）愁眠。

[从"看到"的、"听到"的到"感觉"到的，诗歌中出现的景物一一呈现。

王老师将月落乌啼、霜天寒夜、江枫渔火、孤舟客子、半夜钟声等景象叠加整合，使我们轻易地走进了诗歌所创造的艺术意境里。]

师：（在"愁眠"下再画波浪线）用张继自己的话来说是，江枫渔火——

生：对愁眠。

师：（板书：对）孩子们，你们注意过这个"对"字吗？我查了一下字典，发现这个"对"主要有四个义项。什么是"对"？为什么要用这个"对"？大家看——

（大屏幕出示）

对

① 对待；对付。如：对事不对人。

② 面向；朝着。如：对着高山。

③ 对面的；敌对的。如：对手。

④ 使两个东西配合或接触。如：对对联。

——见《现代汉语小词典》（第4版）第156页

师：这是我从《现代汉语小词典》中摘录下来的一些义项。想一想，你选哪一个？

（生看屏幕，思考）

师：选①的举手。

（生无人举手）

师：没有。选②的举手。

（生部分举手）

师：说说，为什么选第二个？

生：张继是面对着江枫和渔火才产生的愁眠。

师："愁眠"是面向着江枫、渔火，还面向着——

生：月落、乌啼、霜天、钟声。

师：是的。选②完全说得通。有选③的吗？

（生无人举手）

师：也没有。选④的呢？

（生部分举手）

师：哦，有。为什么选第四个呢？

生：我觉得这些景色是配合张继忧愁的心情的。

师：在你看来，你的言下之意，似乎愁眠的不仅仅是张继一个人，还有谁也陪着张继一块儿忧愁？

生：月亮。

生：乌鸦。

生：江枫。

生：渔火。

师：是啊，似乎天地万物都跟着愁眠的诗人一块儿愁眠。那真是愁上加愁，愁不堪愁！这个"愁"的背后，这个"对"字的背后，恰恰对出了张继这样一种寂寞、孤独、忧愁。

　　[这首诗中的"对"很奇妙，王老师曾将它与"伴"字作过比较。其实，"对"字包含了"伴"的意蕴，不过不像"伴"字那么外露。

　　王老师让学生选义项实在是一种高明的引导。在给学生的关于"对"字释义的四个选项中，选择集中在"面向"和"配合"两个义项。如果选义项"面向"，那么诗人面对的江枫、面对的渔火则是孤立的，他是在用"以物观物"的审美感应方式感受内心的愁绪。如果选义项"配合"，那么江枫、渔火的意象与诗人则是互动的，让人感觉到舟中的旅人与舟外景物之间有一种无言的交融和契合，那就是化为浓浓的物我一体的愁。这是一种沉浸和交融，是"以我观物"的审美感受。

　　当然，"对"的意思没有标准答案，"一切景语皆情语"而已。]

师：于是，情动于中而辞发于外，《枫桥夜泊》就这样诞生了！（音乐——邓伟标的《空》——响起，师范读全诗）（掌声）

（生随着音乐，齐读全诗）

师：（随着音乐）月亮西沉，乌啼声声，霜气布满了天地之间；江枫瑟瑟，渔火点点，寒山寺的夜半钟声悠悠传来。睡不着啊，睡不着，无限愁绪涌上心头。《枫桥夜泊》就这样从张继的口中轻轻地流出。月落乌啼——

生：霜满天。

师：江枫渔火——

生：对愁眠。

师：姑苏城外——

生：寒山寺。

师：夜半钟声——

生：到客船。

师：（随着音乐，大声朗诵）姑苏城外寒山寺——

生：（随着音乐，大声齐读）夜半钟声到客船。

师：（随着音乐，小声朗诵）姑苏城外寒山寺——

生：（随着音乐，小声齐读）夜半钟声到客船。

师：（音乐消失，更小声朗诵）姑苏城外寒山寺——

生：（更小声齐读）夜半钟声到客船。（掌声）

　　[读——赏——读。这一板块是诗歌赏析的主体。

　　这首诗的前两句布景密度很大，仅十四个字却写了六种景象，后两句却特别疏朗，两句诗只写了一件事：卧闻山寺夜钟。一繁一简，体现出来的感觉也一实一虚，对比非常清楚。王老师在教学的过程中，抓住诗人的所见、所闻、所感，将诗歌中的七个意象叠加整合，并在板书中一一呈现，使诗人所营造的情景交融、物我两忘的意境如在眼前。

在充分赏析之后，《空》的音乐响起，水声轻荡，梵音禅响于心湖处划过，王老师深情的朗读适时传来，课境的美令人无法抗拒。

是的，有时候我们无法分清是因为一段音乐而爱上一首诗、一堂课，还是因为爱上一堂课、一首诗，而爱上一段音乐。

末了，师生对读声越来越弱。音乐理论里称之为"声音渐弱"，电影表现手法里称之为"画面渐隐"。听着这样的对读，诗歌中那空灵孤寂的愁就悄无声息地钻进我们内心深处了。]

三、升：夜半钟声化愁眠

师：月亮落下去了，还看得见吗？
生：（自由应答）看不见了。
师：（擦去板书"月落"）乌鸦凄厉的啼叫声划破了秋夜的宁静，也消失了。（擦去"乌啼"）那满天的霜气不是看到的，而是——
生：（自由应答）心里感到的。
师：（擦去"霜满天"）在一片幽暗和朦胧之中，那瑟瑟的江枫还看得清吗？
生：（自由应答）看不清。
师：（擦去"江枫"）那点点渔火忽明忽暗，若有若无。（擦去"渔火"）还有那姑苏城外的寒山寺，还看得见吗？
生：（自由应答）看不见。
师：（擦去"姑苏城外寒山寺""夜半""到客船"）天地之间，一片幽暗，一片朦胧，似乎已经没有什么景物可以相对了。（擦去"对"）
（形成以下板书）

　　　　愁眠
　　　　～～
　　　　　～～
　　　　　　～～
　　钟声

师：就在这个时候，听——（钟声悠悠响起）

师：钟声来了，那是寒山寺的钟声。（随着钟声的节奏，在"钟声"下面画上三条波浪线，最后形成以下板书）

    愁眠
    ～～
     ～～
      ～～

  钟声
  ～～
  ～～
  ～～

[波浪线，就是层层水波。水波之上，"钟声"伴着"愁眠"。]

师：在这个夜半时分，那钟声穿过枫林，贴着水面，来到了张继的客船之上。你听，这钟声那样真切，似乎在对张继说些什么……孩子们，展开你的想象，写写钟声的诉说。注意，此时此刻，你要化身为寒山寺的钟声。你来到客船，想对孤独的张继说些什么？对寂寞的张继、对忧愁的张继说些什么？

（大屏幕出示）

  这钟声仿佛在说：
  张继啊张继，＿＿＿＿＿＿＿＿＿＿＿＿＿＿＿＿＿＿＿＿＿＿＿＿
＿＿＿＿＿＿＿＿＿＿＿＿＿＿＿＿＿＿＿＿＿＿＿＿＿＿＿＿＿＿＿＿。

（生随着音乐，想象写话）
（师巡视）

师：好！请停下你手中的笔。有的已经写完，正迫不及待地要表达自己的心声；有的还在静静地书写，其实有没有写完不重要，写多写少，写长写短也不重要，重要的是在你提笔的一瞬间，你真的感到有话想对张继说。那悠悠传来的钟声，好像在对张继说——

生：（朗读）张继啊张继，不要觉得孤独，天地间万物虽若有若无，可现在有钟声陪你做伴，有何可愁的呢？放下一切不开心之事，放下人情的冷，放下不应有的愁与仇，心静自然凉。（掌声、笑声）

师：好一个放下！唯有放下，才有快乐；唯有放下，才有自在。（笑声）

生：（朗读）张继啊张继，你心里想说的那千言万语，也许只有我这钟声能静听；你那孤寂的心情，也许只有我这钟声能明白；你那思乡的情感，

也许只有我这钟声能体会。那么,就让我来陪伴你吧!(掌声)

师:好一个深情款款的钟声。

生:(朗读)张继啊张继,不要忧愁,不要孤寂,这钟声能带给你快乐的心情。假如生活欺骗了你,不要烦躁,不要发愁,拾起快乐和自信,保持好心情,挺过这个难关,快乐的日子就会来到。(掌声、笑声)

师:这是激励的钟声,它让人振奋!让人昂首向上!当寒山寺的夜半钟声款款消失的时候,王老师相信,随着你们那温暖的钟声、那激励的钟声、那大彻大悟的钟声一起消失的一定还会有张继的——

生:(齐答)愁眠。

(师擦去板书"钟声"和"愁眠")

[板书——擦掉,景物逐一褪去。只剩下"钟声"还荡着水波,对着"愁眠"。

但是,诗人是为何而愁绪满怀,辗转难眠呢?诗的妙处就在于没有明言,而是着力写出一种情绪、一种氛围、一种色彩。王老师正是深谙中国抒情诗的这一特点,所以也不带领学生去探究作者的愁怀何在,而是着力在课上营造一种情绪、一种氛围、一种色彩。

他绕过"愁眠",带我们关注"钟声"。其实,寒山寺的钟声相当特别,它在每天子夜23点40分开始响起,均匀响108下,最后一声恰合午夜与凌晨之瞬间。依照佛教传说,凡人在一年中有一百零八种烦恼,只要闻钟声,便可"烦恼清,智慧长,菩提生"。

课上,王老师并没有对生活体验尚浅的孩子们讲透这些,而是让他们代"钟声"说话,孩子们的书写虽流畅,但难免简单,不过,他们没有察觉,一份禅意其实已悄然生于心间。

最后,王老师擦掉"钟声"与"愁眠",我们的眼前就只剩下了钟声响过之后的朦胧与幽暗。]

四、转:月落时分听钟声

师:孩子们,其实"愁眠"是人人都会有的一种心情。这种心情,会伴随人的一生,也会伴随人类的全部历史。所以,古今中外,写愁眠的诗歌成千上万,数不胜数。在中国的古典诗歌中,写愁眠,尤其是写思乡的愁眠的,更是比比皆是。大家看——

（大屏幕出示）

  举头望明月，低头思故乡。
    ——[唐]李白《静夜思》

  露从今夜白，月是故乡明。
    ——[唐]杜甫《月夜忆舍弟》

  海上生明月，天涯共此时。
    ——[唐]张九龄《望月怀远》

  春风又绿江南岸，明月何时照我还。
    ——[宋]王安石《泊船瓜洲》

  明月几时有，把酒问青天。
    ——[宋]苏轼《水调歌头·明月几时有》

师： 因为愁眠，大诗人李白曾经这样写道——
（生齐读李白的诗句）
师： 因为愁眠，大诗人杜甫曾经这样写道——
（生齐读杜甫的诗句）
师： 因为愁眠，诗人张九龄曾经这样写道——
（生齐读张九龄的诗句）
师： 也是因为愁眠，王安石曾经这样写道——
（生齐读王安石的诗句）
师： 还是因为愁眠，苏轼苏东坡曾经这样写道——
（生齐读苏轼的诗句）
师： 大家一定已经发现，所有的愁眠都跟一种景物连在一起，这个景物就是——
生： 明月。
生： 明月。
生： 明月。
生： 明月。
生： 明月。
生： 明月。
师： 正所谓，明月千里照愁眠，愁眠一夜望明月。于是，诗人的思乡之愁、怀人之情，都寄托在了那一轮皎皎的明月上。那么，在没有明月的夜晚，在月亮落下去的夜晚，诗人张继又把这份浓浓的思乡之愁、怀人之情寄托给了谁呢？

（大屏幕出示）

枫桥夜泊
［唐］ 张继

月落乌啼霜满天，江枫渔火对愁眠。
姑苏城外寒山寺，夜半钟声到客船。

师：我们一起再来读一读张继的《枫桥夜泊》。

（生齐读《枫桥夜泊》）

师：劝解张继这份愁眠的是——

生：（齐答）钟声。

师：抚慰张继这份心情的是——

生：（齐答）钟声。

师：温暖张继这颗心灵的，还是——

生：（齐答）钟声。

师：孩子们，在张继之前，没有人这样写过钟声；在张继之后，尽管有很多人写过钟声，但是，没有一个人写得像张继这样扣人心弦，感人肺腑。这，正是《枫桥夜泊》这首诗能够流传千古的秘密所在。让我们再次满怀深情地走进这首千古绝唱，《枫桥夜泊》——

（生齐读《枫桥夜泊》）

［意象是通往诗人心中的路。王老师将"钟声"与"明月"相对比，彰显出"钟声"这一极富诗意且有着丰富文化内涵的意象。］

五、合：钟声悠悠情满天

师：于是，从张继之后，从《枫桥夜泊》之后，除了"明月千里寄相思"外，在中国诗人的心中，又多了一种寄托愁绪的美好景物，那就是——钟声！这钟声穿越时空，穿越历史，在一代又一代的诗人笔下悠悠回荡。

（大屏幕出示）

七年不到枫桥寺，
客枕依然半夜钟。
——［宋］陆游《宿枫桥》

师：这钟声穿越时空，穿越历史，悠悠传来。四百多年过去了，这钟声在陆游的笔下悠悠回荡——

（生齐读诗句）

（大屏幕出示）

> 几度经过忆张继，
> 乌啼月落又钟声。
> ——［明］高启《泊枫桥》

师：六百多年过去了，这钟声在高启的笔下悠悠回荡——

（生齐读诗句）

（大屏幕出示）

> 十年旧约江南梦，
> 独听寒山半夜钟。
> ——［清］王士祯《夜雨题寒山寺》

师：一千多年过去了，这空灵的钟声在王士祯的笔下悠悠回荡——

（生齐读诗句）

（大屏幕出示）

> 流连的钟声
> 还在敲打我的无眠
> 尘封的日子
> 始终不会是一片云烟
> ——陈小奇《涛声依旧》

师：一千两百多年过去了，到了今天，到了现在，这钟声还在陈小奇的笔下继续回响——

（生齐读歌词）

师：孩子们，这就是经典！这就是文化！

（形成板书：经典　文化）

［由远及近，王老师带我们又经过宋代的陆游、经过明代的高启、经过清代的王士祯、经过当代的陈小奇，回到了今天。教学结构似一个大大的圆，但是，当我们再读那些诗词时，感觉已全然不同了，我们回到的绝不是

当初的原点。]

师：今天很有幸和你们一块儿学习张继的《枫桥夜泊》。我想，读了张继的《枫桥夜泊》，我们的心中，可能会有那么一点点的感触、那么一丝丝的感动。然后这首诗就这样进入了你的心坎。于是，它伴随着你一起成长。假如你长大后，有那么一天，你真有机会到苏州去，我相信，你一定会去看一座桥，哪座桥？

生：枫桥。

师：你一定会去看一座寺——

生：寒山寺。

师：也许，你更想去听听寒山寺的——

生：钟声！

师：真想去吗？

生：想！

师：请闭上眼睛。光阴似箭，日月如梭，一转眼十年过去了，"十年旧约江南梦，独听寒山半夜钟"，你们都成了小伙子、大姑娘。你真的来到了苏州，于是，在一个夕阳西下的黄昏，你来到了姑苏城外，来到了古运河边。你找啊找，你在找一座桥，那座桥就是枫桥。你找啊找，终于找到了那横跨在古运河上的彩虹一般的枫桥，由青石砌成，上面还有斑斑的痕迹，那是历史留下的沧桑。来到桥上，你抚摸着桥的栏杆，抬头望着不远处掩映在一片绿荫中的寒山寺，你情不自禁地想到了一个人，谁？

生：张继。

师：想到了一首诗——

生：《枫桥夜泊》。

师：于是，你突然又想起来，那是在十年以前，有一位来自杭州的王老师，曾经在一家影剧院和我们一块儿美美地读过张继的《枫桥夜泊》。这时候，你的心里突然升起一份无法用语言表达的感动。于是，你的口中就这样情不自禁地轻轻吟诵起《枫桥夜泊》——

（生轻声齐诵《枫桥夜泊》）

师：孩子们，睁开眼睛。其实你很不愿意睁开眼睛，你想就这么让自己永远地沉浸在那一份诗情和诗意当中。但时光把我们生生地拽了回来。现在，你还是你，我还是我。但是，现在，你再去读《枫桥夜泊》，感觉又会不一样。你发现尽管你跟张继相隔千年，但是，好像你们并不陌生，甚至此刻还是朋友。尽管你跟寒山寺、枫桥相隔百里、千里,甚至万里,但是,你觉得,那枫桥就在你的眼前,就在你的心中。它让你那样熟悉,那样亲切。孩子们,这就是经典的魅力,这就是文化的力量!(在"经典""文化"后补上感叹号)

(会场响起热烈的掌声)

(最后形成板书:经典!文化!!)

[课的结尾落脚在经典与文化上。

是的,诗以寺传,寺以诗名,寒山寺与张继共同构筑了一个超越时代、超越国界的空灵境界。王老师带我们置身其间,让我们流连忘返。

那寒山寺的钟声不仅温暖了张继的心灵,同样温暖了一代又一代跟张继一样"愁眠"的心灵,温暖了课堂上学生的心灵,也温暖了中华民族一千二百多年来的文化历史。

这就是经典的力量。唯有阅读经典,传承文化,我们才有可能记住自己的血脉,在这样喧嚣的物质主义时代,守住自己的精神家园。]

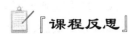『课程反思』

返回中国文化的原点

如果说我的《长相思》一课是诗意语文在艺术层面上的一次巡礼,那么,《枫桥夜泊》则是在文化层面上的一次朝圣了。

杨义先生在《中国诗学的文化特质和基本形态》一文中郑重提出:"把重要的经典当做伟大的个案,进行细读,进行感悟,把它上升到学理的高度进行思辨,这是我们返回中国文化的原点,确认中国作家的文化发明专利权的基本方法。这就需要我们直接面对经典文本,重视自己的第一印象。"

《枫桥夜泊》一课从设计理念到课堂实践,正是把重要经典当作伟大个案进行细读和感悟的,尽管就小学语文的实际情况而言,尚无可能也无必要提升到学理高度进行思辨。于此,也算是对复兴中国文化的一个交代吧。

当然,这种觉醒并不意味着我放弃了"语文",事实上,见与不见,

"语文"就在那里。所不同的是,站在"大地"上看语文是一番景象,站在"巅峰"上看语文则另有一番情致。

我站在文化之巅看《枫桥夜泊》,对语文的体悟与演绎便有了如此这般的视野和思路。

一、时间:"钟声文化"的传承性

人们往往赋予文化以时间性,在时间范畴内讨论和思考文化问题,这就是文化的时间意识。从某种意义上讲,文化与时间是同构共生的。基于这种文化的时间意识,我在《枫桥夜泊》的设计和实施中,便打破了对一首诗的基本阅读模式,在一个更为开阔的时空背景下,引领学生感受和领悟《枫桥夜泊》作为一种文化符号的时间流变和历史穿越。

我以当代诗人陈小奇的《涛声依旧》为基点,逆时间而上,逐步拈出清代诗人王士祯的《夜雨题寒山寺》、明代诗人高启的《泊枫桥》、宋代诗人陆游的《宿枫桥》等诗句,让学生以一种直观、形象的视角去发现一种文化传承的密码:为什么一年又一年、一代又一代,变的只是南来北往的诗人,不变的却是那寒山寺的夜半钟声?

如果说启课是一种时间性的逆向追溯,那么,结课则反其道而行之,让时间性重新回到顺向的流变和承续上。我以张继的《枫桥夜泊》为基点,顺时间而下,又一次复现了陆游、高启、王士祯和陈小奇的诗句,在穿越千年的寒山寺钟声的心灵回响中,使学生切实感悟到经典的魅力、文化的力量。

二、意象:"钟声文化"的象征性

中国诗学是以生命作为它的内核,以文化作为它的血肉的。而构成诗学细胞的"意象"也就当仁不让地成为文化象征的一种符号,被一代又一代的中国人所识别、所记忆。古典诗歌的意象,是和我们的文化体验与生命感悟融合在一起的。因此,意象的感受与分析,也总是和文化内涵联系在一起的。

张晓风在《不朽的失眠》一文中敏锐地指出:"感谢上苍,如果没有落第的张继,诗的历史上便少了一首好诗,我们的某一种心情,就没有人来为我们一语道破。"落第是否为张继创作《枫桥夜泊》的生命缘起尚待考证,但是,此诗道破了"我们的某一种心情"倒是明明白白的实情。这种心情,张继以神来之笔叠用了一连串密集的意象加以抒写:"月落"生愁、"乌啼"听愁、"霜天"映愁、"江枫"弄愁、"渔火"照愁,最终汇聚到"愁眠之人",可谓"只恐双溪舴艋舟,载不动、许多愁"了。

但是,且慢,倘若此诗果真只是抒写了"愁情",那么,纵观几千年的中国诗学和诗史,张继的半首《枫桥夜泊》断乎上不了传世经典的排行榜,更遑论它的文化穿透力和千年不朽的记忆了。

就文化的象征意义看,最终让一代又一代的人们惦记和回味的不是这"许多愁",恰恰是抚慰、荡涤张继无限愁绪的寒山寺的"夜半钟声"。张晓风所言的"某一种心情"在张继的诗中其实并未一语道破,相反,寒山寺的夜半钟声倒是真真切切地勾起了人们的另一种心情——那曾经被尘世蒙蔽、被功名掩埋了的一种内在的宁静和澄明。

是的,"钟声"被张继发现并赋予了特定的生命体验之后,这一"意象"从此便在古典文化丛林中占据了难得的一席之地,并一次又一次地引发后人的精神共鸣和心灵呼应。即便到了今天,即便是"不识愁滋味"的少年们,也对"钟声"抒写着充满灵性和智慧的心声——

师:好!请停下你手中的笔。有的已经写完,正迫不及待地要表达自己的心声;有的还在静静地书写,其实有没有写完不重要,写多写少,写长写短也不重要,重要的是在你提笔的一瞬间,你真的感到有话想对张继说。那悠悠传来的钟声,好像在对张继说——

生:(朗读)张继啊张继,不要觉得孤独,天地间万物虽若有若无,可现在有钟声陪你做伴,有何可愁的呢?放下一切不开心之事,放下人情的冷,放下不应有的愁与仇,心静自然凉。(掌声、笑声)

师:好一个放下!唯有放下,才有快乐;唯有放下,才有自在。(笑声)

生:(朗读)张继啊张继,你心里想说的那千言万语,也许只有我这钟声能静听;你那孤寂的心情,也许只有我这钟声能明白;你那思乡的情感,也许只有我这钟声能体会。那么,就让我来陪伴你吧!(掌声)

师:好一位深情款款的钟声。

生:(朗读)张继啊张继,不要忧愁,不要孤寂,这钟声能带给你快乐的心情。假如生活欺骗了你,不要烦躁,不要发愁,拾起快乐和自信,保持好心情,挺过这个难关,快乐的日子就会来到。(掌声、笑声)

师:这是激励的钟声,它让人振奋!让人昂首向上!当寒山寺的夜半钟声款款消失的时候,王老师相信,随着你们那温暖的钟声、那激励的钟声、那大彻大悟的钟声一起消失的一定还会有张继的——

生:(齐答)愁眠。

意象折射人的精神,精神编撰人的文化变迁史。可以说,诗的意象正是文化开出来的一朵审美之花,没有文化,诗的意象之花就会凋零、枯萎。

三、比较:"钟声文化"的独创性

从某种角度讲,文化是一个比较的产物。方文山在《文化多元的意义》中如此感慨:"试想,如果我们生活在只有一种选择、一种美学鉴赏、一种文化价值、一种固定的统一的色香味世界里,那简直就是一场灾难。"

没错,《枫桥夜泊》在古典文化史上的独特与珍贵,恰恰在于后人在乎其文化意象、文化符号上的独创性。其实,感受《枫桥夜泊》的情绪和意境对学生而言并非难事,难就难在如何分析和体验此诗在文化范畴上的个性和价值,因为这须将此诗的核心意象——"钟声"置于一个相当开阔的诗学背景下,而且,须对张继之前一代又一代诗人抒写"愁绪"、寄怀"心情"的常见意象有着相当的了解和体认。

对此,我的选择只有一条——比较。不少人质疑我在"钟声"的意蕴逐层揭示之后,为什么还要呈现一连串的关于"明月"的诗句——

举头望明月,低头思故乡。
——[唐]李白《静夜思》

露从今夜白,月是故乡明。
——[唐]杜甫《月夜忆舍弟》

海上生明月,天涯共此时。
——[唐]张九龄《望月怀远》

春风又绿江南岸,明月何时照我还。
——[宋]王安石《泊船瓜洲》

明月几时有,把酒问青天。
——[宋]苏轼《水调歌头·明月几时有》

其实,目的只有一个,若没有跟"钟声"相异的文化意象的存在,如何证明张继的"钟声"在文化上的差异性和独创性呢？

以"明月"来寄怀某一种心情的大有人在，但在张继之前，却没有人这样写过钟声；在张继之后，尽管有很多人写过钟声，但是，没有一个人写得像张继这样扣人心弦，感人肺腑。这正是《枫桥夜泊》这首诗能够流传千古的秘密所在。从张继之后，从《枫桥夜泊》之后，除了"明月千里寄相思"，在中国诗人的心中，又多了一种寄托愁绪的美好景物，那就是——钟声！这钟声穿越时空、穿越历史，在一代又一代的诗人笔下悠悠回荡。

总之，《枫桥夜泊》的设计与课堂演绎，我是以文化的时间意识为纵轴、以文化的意象符号为横轴，着眼于文化在"同一种心情"这一断面上的比较和还原，引领学生进入中国文化的原点，去感受其千年不朽的审美精神和生命力量。就文化意识而言，此课是诗意语文在古诗词教学上的一次新的尝试和超越。

当然，在语文学习中涵养文化精神，从而得到情感和精神世界的自我建构，不是一种短期行为，而是一种长线规划。诚如曹明海先生在《语文教育文化学》中所指出的："我们不能只热衷于短期效应，而忽略语文对心灵启蒙和人文意识启蒙的影响力。只重视记忆性和固定格式的知识，一切为应试服务，是一种寻捷径、找窍门儿的急功近利的浮躁之举，对真正意义上文化素质的培养毫无裨益。它使人们习惯于浮光掠影，常常是仅凭一斑之见妄断全豹，使语文的文化丧失了它需要的感悟与体验的深度和整体性。"

这也算是我对"八十分钟只上了一首古诗"这一质疑的回答吧。

第九编

爱是唯一的神话
——《普罗米修斯》课堂实录与品悟

『课品综述』

如果，遇见

如果说语文教学的本质是一种"遇见"。那么，王崧舟遇见《普罗米修斯》，这本身就令人期待。

因为在我们的印象里，王老师的语文教育思想大致是根植于中国传统诗学的，因此，王崧舟执教《普罗米修斯》分明就像是中国古典美学与古希腊神话的一场美丽"邂逅"。

翻开外国文学史，我们看到的普罗米修斯的形象是在不断演变着的，不同时代的不同作家对普罗米修斯形象的分析与理解也不相同。较早将普罗米修斯从神话传说写进文学作品的是被称为"悲剧之父"的埃斯库罗斯，在他的笔下，普罗米修斯是正义的殉道者的象征；而古希腊诗人贺拉斯却认为普罗米修斯胆大妄为、肆意诈骗、盗来火种，招致潘多拉，是种种罪恶之源；到了18、19世纪，从歌德开始，普罗米修斯才被解读为反抗既定秩序的英雄，之后的拜伦与雪莱也都在自己的诗作中将普罗米修斯塑造为不畏强暴、勇敢坚强、反抗专制、争取自由和解放的斗士。

因为知道普罗米修斯形象的丰富与多义，因此，对王老师的《普罗米修斯》一课就难免有更多的想象与期待。

曾经有幸现场听课。当王崧舟遇见《普罗米修斯》，当我们遇见王崧舟时，语文的美依然淋漓尽致，我们依然无法抗拒。不过，王老师将普罗米修斯精神解读为"爱"，确乎有些令人感到意外。毕竟在大多数人看来这是一个笼统而宽泛的字眼。

其实，与东方"女娲造人"的神话相映成趣，在古希腊的传说中，是普罗米修斯造人。他用河水调和黏土，捏成形体，赋予他们生命，并且教授给他们观察天文、耕种采矿、占卜祭祀、航海采药等生存的本领。普罗米修斯之于人类，该是有一份父亲似的博大的胸怀，因此，看到人类没有火的悲惨生活后，那么多的神之中，只有普罗米修斯心疼、不忍，并且抗拒了宙斯的命令为人类盗来火种。

想来，王老师就是将这种心疼、这种不忍、这种悲悯，解释为"爱"。这样的情怀甚至可以超越普罗米修斯与人类的渊源。

王老师也有他自己对"爱"的理解。他说："一定要为'爱'找些近义词来通融的话，那就是'体贴'和'怜惜'了；倘若只能找一个词代替，那就是'在乎'了。"他曾经还对比"爱"与"慈悲"："爱"的文化更多地带有西方文化的色彩，它是一种普世价值，而事实上，在我们的传统文化中，还有比"爱"的境界更高的东西，那就是慈悲。慈悲超越了一般意义上的"爱"。无缘大慈，同体大悲。慈就是助人得乐，悲就是助人离苦。慈心遍一切众生，以一切众生的苦为自己的苦。所以，这种境界或可谓之"大爱"吧。

王老师解读的普罗米修斯之"爱"，大约就是"以一切众生的苦为自己的苦"，愿意舍身"助人离苦"的境界，就是一种"大爱"。

由此想到，我们从文学中看到的，永远只能是我们自己心中所有的。埃斯库罗斯心中理想的人格是"正义的殉道者"，于是，他眼中的普罗米修斯就是"哲学日历中最崇高的圣者与殉道者"。雪莱在心中呼唤着时代需要的勇于斗争的"英雄"，因此，他解读的普罗米修斯就是英雄。而贺拉斯认为普罗米修斯是"罪恶之源"，这无疑折射着他中庸的生活哲学观。同样，爱的解读，折射出的正是王崧舟语文教育的慈悲情怀。在这种情怀里，希腊神话与"儒释道"兼具的东方文化"遇见"。

或许，仍然有许多老师无法理解这样的阐释，当然这没有关系。恰如任何文本都是一个"召唤结构"，任何课品也是一个"召唤结构"，我们每个人能从课中读到的仍然只能是我们自己的心灵。

当然，进入课本的《普罗米修斯》其实只是一个简单的故事，文学本身的价值很淡，翻译与改编的文字相对而言是粗糙的，这就注定了《普罗米修斯》一课教学的局限。况且，我们相信王崧舟可以创造不断超越的奇迹，但王崧舟不是神话。所以，让懂的人懂，让不懂的人不懂吧，无论如何，王崧舟和《普罗米修斯》，他们在那儿。

『课文呈现』

普罗米修斯

很久很久以前，地面上没有火，人们只好吃生的东西，在无边的黑暗中度过一个又一个长夜。就在这时候，有一位名叫普罗米修斯的天神来到了人间，看到人类没有火的悲惨情景，决心冒着生命危险，到太阳神阿波罗那里去拿取火种。

有一天，当阿波罗驾着太阳车从天空中驰过的时候，他跑到太阳车那里，从喷射着火焰的车轮上，拿取了一颗火星，带到人间。自从有了火，人类就开始用它烧熟食物，驱寒取暖，并用火来驱赶危害人类安全的猛兽……

众神的领袖宙斯得知普罗米修斯从天上取走火种的消息以后，气急败坏，决定给普罗米修斯以最严厉的惩罚，吩咐火神立即执行。

火神很敬佩普罗米修斯，悄悄对他说："只要你向宙斯承认错误，归还火种，我一定请求他饶恕你。"

普罗米修斯摇摇头，坚定地回答："为人类造福，有什么错？我可以忍受各种痛苦，但决不会承认错误，更不会归还火种！"

火神不敢违抗宙斯的命令，只好把普罗米修斯押到高加索山上。普罗米修斯的双手和双脚戴着铁环，被死死地锁在高高的悬崖上。他既不能动弹，也不能睡觉，日夜遭受着风吹雨淋的痛苦。尽管如此，普罗米修斯就是不向宙斯屈服。

狠心的宙斯又派了一只凶恶的鹫鹰，每天站在普罗米修斯的双膝上，用它尖利的嘴巴，啄食他的肝脏。白天，他的肝脏被吃光了，可是一到晚上，肝脏又重新长了起来。这样，普罗米修斯所承受的痛苦，永远没有尽头了。

许多年来，普罗米修斯一直被锁在那个可怕的悬崖上。

有一天，著名的大力神赫拉克勒斯经过高加索山，他看到普罗米修斯被锁在悬崖上，心中愤愤不平，便挽弓搭箭，射死了那只鹫鹰，接着又用石头砸碎了锁链。普罗米修斯——这位敢于从天上拿取火种的英雄，终于获得了自由。

（注：本课选自人教版义务教育课程标准实验教科书小学语文四年级下册第31课）

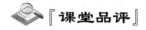『课堂品评』

爱的神话：超越英雄

一、平起：一串神的名字

师：今天，我们要学一个神话故事，请大家一起读题目。
生：（齐读）普罗米修斯。
师：这是一个外国的神话故事，来自古希腊，一看题目就有感觉，是吧？我们再读一遍。
生：（齐读）普罗米修斯。

["一看题目就有感觉"，"感觉"的妙处就在于只需感受，不用明说。]

师：神话故事，当然是写神的故事。打开书本，快速地浏览一遍课文，看一看这个神话故事写到了哪几个神，用波浪线把神的名字画下来，在每个神的名字前面分别标上"1""2""3""4"。
（生浏览课文，标画神的名字；师巡视指导）
师：标完的请举手示意。（生纷纷举手）好极了，把书本合上。
（生合上书本）
师：凭刚才的印象，故事中第一个神叫什么名字？
生：叫"普罗米修斯"。
师：没错。第二个神叫什么名字？
生：叫"太阳神阿波罗"。
师：好极了！第三个神呢？
生：第三个神叫"众神领袖宙斯"。
师：是的，众神领袖、众神之王，拥有至高无上的权力，他叫——
生：宙斯。
师：是的，第四个神叫——越到后面越难了。
生：火神。
师：火神，故事中没有出现他的名字，其实他有名字，叫"赫淮斯托斯"。当然，我们不用记这个名字，太拗口。第五个？
生：第五个神是"有名的大力士赫拉克勒斯"。

师：是"大力士"，还是——
生：（自由应答）大力神。
师：没错！（向前一生）
生：大力神赫拉克勒斯。
师：好极了，因为是第五个，越往后越难，很了不起！还有别的神吗？
生：（齐答）没有了。

［马丁·布贝尔曾经这样阐释"对话"——真正的对话，无论是沉默不语还是开口说话，那里的每一位参与者都是真正心怀对方的。在帮助学生纠错这个小小的环节里，王老师的提示与鼓励，是那么自然恰当，让我们感受到了一种真正的心怀对方。］

师：没有了。大家请看——
（大屏幕呈现）

> 天神普罗米修斯
> 太阳神阿波罗
> 众神领袖宙斯
> 火神
> 大力神赫拉克勒斯

这就是故事中写到的五个神的名字。咱们先自由读一读，因为他们是古希腊的神，读起来难免有些拗口，读的时候可以多读几遍，注意把它读顺口、读顺溜了。
（生自由朗读五个神的名字）
师：好！我想请一位同学来读一读这些神的名字。
生：（朗读）天神普罗米修斯、太阳神阿波罗、众神领袖宙斯、火神、大力神赫拉克勒斯。
师：真好！读得字正腔圆！谁再来读一读？
（生朗读五个神的名字）
师：很好！读熟了！读顺了！好的，我们一起来读一读这五个神的名字。第一个——
生：（齐读）天神普罗米修斯。
师：第二个——
生：（齐读）太阳神阿波罗。
师：第三个——

生：（齐读）众神领袖宙斯。

师：第四个——

生：（齐读）火神。

师：第五个——

生：（齐读）大力神赫拉克勒斯。

师：孩子们，这五个神当中，你最敬佩的是哪个神？最讨厌的又是哪个神？

生：我最敬佩的是天神普罗米修斯。

师：为什么？

生：因为他为了人类，不怕危险去拿取火种。

师：还有谁也最敬佩普罗米修斯？

（生纷纷举手）

师：除了敬佩他不怕生命危险拿取火种，你还敬佩他什么？

生：我还敬佩普罗米修斯为了人类，不向比自己强大很多倍的宙斯屈服。

师：这一点确实让人敬佩！那么，这五个神当中，你最讨厌的是哪个神？

生：我最讨厌的是众神领袖宙斯。

师：为什么呢？

生：因为他太自私了！

师：不但自私，而且残暴，是吧？孩子们，你最敬佩的与你最讨厌的，正是这个故事中最重要的两个人物。你抓住了这两个人物，也就轻而易举地抓住了这个故事的主要内容，明白吗？

生：（自由应答）明白。

［不难发现，这是一个整体感知的环节。但是"概括文意"对四年级的孩子来说仍有难度，于是，教师巧妙地设计了两个步骤，也就为学生整体把握文本提供了两个"抓手"。

首先，新课伊始，教师引导学生将神话中出现的五个神的名字找出来，反复朗读。这一设计基于中西文化的差异与对学生学习心理的关注，很自然地契合了学生初读文本的难点，做到了以学定教，更为后面把握文章内容做好了铺垫。

接下来，教师顺势提问："这五个神当中，你最敬佩的是哪个神？最讨厌的又是哪个神?"在学生稍微"抬抬脚"的回答里,故事的梗概自然就有了。教师的点睛提示:"你最敬佩的与你最讨厌的,正是这个故事中最重要的两个人物,你抓住了这两个人物,也就轻而易举地抓住了这个故事的主要内容。"于是,中段阅读学习的目标——"初步把握文章内容""复述叙事性作品的大意"就这样在了无痕迹中水到渠成。而这"最敬佩的"与"最讨厌的"也自然是学生对文本蕴涵情感的初步触摸与确认。

回看课的开端,稳稳平起,并无先声夺人的气势,细细思量,却简洁隽永,颇有些四两拨千斤的惬意与从容。]

二、蓄势:神与火

师:大家都敬佩普罗米修斯,是吧?那么,这份敬佩之情又是怎么来的呢?我们来细细地读一读这个神话故事。打开课本,默读1、2两个自然段。这是神话故事的开头,孩子们,假如你用心的话,你会发现,这个故事的开头向我们展现了两个画面,那是两个完全不一样的画面。当你发现这两个画面时,不要轻易地放过去,你可以做两件事——

(大屏幕呈现)

默读课文1、2两个自然段:
第一,把这两个完全相反的画面用波浪线画下来;
第二,展开想象,让自己走进这两个画面,体会自己心情的变化。

第一,把这两个完全相反的画面用波浪线画下来;第二,展开想象,让自己走进这两个画面,体会自己心情的变化。

(生默读、圈画,师巡视指导:"找到的孩子可以轻轻地读一读。")

师:好的,第一个画面在哪里?

生:第一个画面是(朗读)"很久很久以前,地面上没有火,人们只好吃生的东西,在无边的黑暗中度过一个又一个长夜"。

师:跟他找的一样的举手。

(生纷纷举手)

(大屏幕呈现"句一":很久很久以前,地面上没有火,人们只好吃生的东西,在无边的黑暗中度过一个又一个长夜。)

师:第二个画面又在哪儿呢?

生:(朗读)自从有了火,人类就开始用它烧熟食物,驱寒取暖,并用火来驱赶危害人类安全的猛兽……

师：我们一起来读一读这两段文字，看大屏幕——

（大屏幕又呈现"句二"：自从有了火，人类就开始用它烧熟食物，驱寒取暖，并用火来驱赶危害人类安全的猛兽……）

师：第一个画面，没有火。读——

（生齐读"句一"）

师：第二个画面，有了火。读——

（生齐读"句二"）

师：这两个完全不一样的画面，对人类意味着什么呢？我们先来看第一个画面，谁来读一读第一个画面？

（生朗读"句一"）

师：孩子们，你得把这一段文字读成画面，读成一个又一个画面。比如，这一句，"地面上没有火，人们只好吃什么"？

生：（自由应答）生的东西。

师："生的东西"。想象一下，人们在吃哪些"生的东西"？比如——

生：猛兽们吃剩下的残骸。

师：那是生的残骸。比如——

生：吃生的野兔子。

师：那是生的野兽的肉。看一下那画面，还淌着什么？（师做滴血的手势）

生：可能还躺着死去的东西。

师：因为你没吃过，没经验，是吗？（笑声）

[这位学生大约是将"淌"误听为"躺"了，所以任凭教师如何提示，也说不出"鲜血"之类的词语。不过没关系，教师幽默的应答已为课堂平添了一份未曾预约的精彩。]

师：再比如——

生：吃生的蘑菇。

师：吃生的野草、吃生的树皮、吃生的野兽的肉、吃生的动物的尸体的残骸，今天吃生的，明天呢？

生：（自由应答）还是吃生的。

师：今年吃生的，明年呢？

生：（自由应答）还是吃生的。

师：一百年前吃生的，一百年后呢？

生：（自由应答）还是吃生的。

师：假如让你这样吃，你受得了吗？

生：我受不了。

师：你呢？

生：我受不了。

师：你呢？

生：我受不了。

师：谁受得了啊！

［画卷从内容到时间，在学生的想象中自然展开。］

师：这是"吃生的东西"，画面出来了。继续想象，比如"在无边的黑暗中度过一个又一个长夜"，画面又出来了——太阳下山了，黑暗笼罩着大地，这个时候，你看不见——

生：看不见前方的路。

师：你看不见——

生：看不见危害人类的猛兽。

师：你看不见——

生：看不见有毒的荆棘。

师：看不见有毒的荆棘，你甚至伸出自己的五个指头，都看不见，这叫"伸手不见五指"。在这样一个漆黑的夜晚，从远方，不，从不远处，传来了野兽吼叫的声音，你听到了，有什么感受？

生：我听到了这种声音会感觉很悲惨。

师：悲惨。你呢？

生：我会感到十分害怕。

师：肯定害怕。你呢？

生：我还会感到十分没有安全感。

师：孩子们，把这样的感受、把刚才的种种想象带进去，我们再来读一读这个画面，谁来读？

（生有感情地朗读"句一"）

师：谁再来读？要把自己的不安全感、自己的害怕、自己的恐惧，把自己的种种感受带进去！

（生感情充沛地朗读"句一"）

师：我们一起读——

（生齐读"句一"）

师：孩子们，当普罗米修斯看到人类过着如此痛苦、如此悲惨的生活时，他的心里一定感到——

生：十分难过。

生：十分焦急。

生：十分担忧。

师：是的，他难过，他着急，他担忧，他心里不好受啊！孩子们，带着这样的感受，我们再来读一读这个画面——

（生齐读"句一"）

师：此时此刻，此情此景，人类最最需要的是什么？一个字——

生：火。

师：大声地喊！

生：（激昂地）火！

师：焦急地喊！

生：（焦急地）火！

师：（大屏幕呈现一个大大的"火"字）你听，骨瘦如柴的老人在呼唤——

生：（齐答）火！

师：瑟瑟发抖的妇女在呼唤——

生：（齐答）火！

师：面黄肌瘦的小孩在呼唤——

生：（齐答）火！

［复沓的渲染，急促的节奏，画面一个又一个定格、闪现、叠加，课的气场如火焰四射一般出来了。］

师：但是，没有火。（停顿片刻）后来，普罗米修斯冒着生命危险，从太阳神阿波罗那里拿取了火种，并把火种带到了人间，于是，我们看到了另一个完全不一样的画面，谁再来读一读？

（生朗读"句二"）

师：孩子们，像刚才那样，我们得把这段文字读成一个又一个画面，自从有了火，人类用火在做什么？

生：人们用火烧熟食物。

师：烧熟食物，是吗？我来问一问，你在烧什么吃？

生：烧蘑菇吃。

师：你呢？烧什么吃？

生：烧野兔吃。

师：来，大家过来闻一闻，深深地闻一闻，怎么样？用一个字形容——

生：香。

师：用两个字形容——

生：真香。

师：用三个字形容——

生：非常香。（众笑）

师：好！尝一尝！味道如何？

生：十分鲜美。

生：让人陶醉。

生：味道好极了！

[不仅要"看"，还要"闻"，还要"尝"，一堂课也由此声色味俱佳。]

师：说得好极了！再看，人们还在用火干什么？

生：人类还在用火驱寒取暖。

师：想象一下，来到一个冰天雪地的画面——草屋的外面，北风呼啸，大雪纷飞，而你正在做什么？

生：我把手靠在火堆旁取暖。

师：感觉——

生：非常温暖。

师：那都是因为有了——

生：火。

师：没错！孩子们，我们继续看，人们还在用火干什么？

生：人类还在用火驱赶危害人类安全的猛兽。

师：比如豺狼，比如虎豹，天黑了，星星没有，月亮也没有，突然远方传来了野兽的吼叫声，没有火的时候，你害怕，你发抖，你恐惧，但是现在呢？你在做什么？

生：我会烧一堆火赶走那些猛兽。

师：好，当那堆火熊熊燃烧的时候，你可以安安稳稳地坐在火堆旁，你就不用——

生：我就不用害怕那些猛兽来攻击我了。

［仔细看这段引导——先问"人类用火在做什么"，是紧贴文本的观照；再问"你在做什么"，是走出文本的启发与想象。由此看出，教师的心思真是缜密如发。］

师：是的，有火真好！孩子们，你看一看这段话的结尾是什么。

生：省略号。

师：省略号，六个小点儿，那就意味着只要你愿意，只要你想象，你还可以看到更多的画面。比如，你还看到——

生：人类用火烧掉那些危害人类安全的荆棘。

生：我还看到人类用火照明、探路。

生：我还看到人类用火来烧水。

师：是的，太多太多的画面呈现在你的面前，这一切的一切都是因为人类有了什么？

生：（齐答）火！

师：（大屏幕呈现一个大大的"火"字）孩子们，这安全的生活靠什么？

生：（齐答）火！

师：这温暖的生活靠什么？

生：（齐答）火！

师：这幸福的生活靠什么？

生：（齐答）火！

师：是的，当普罗米修斯看到人类用火过上了安全的、光明的、幸福的生活时，他的心里一定会感到——

生：他的心里一定会感到很高兴。

生：他心里一定会感到很欣慰。

生：他心里一定会感到很温暖。

师：孩子们，这样的感情就是一个字——（师用红色粉笔板书：爱）

生：（齐读）爱。

［以一切众生之苦为苦，以助人离苦为乐，这样的悲悯就是"爱"。因为慈悲，所以懂得。

"诗不是用来'解'的，而是用来'见'的。"——因了对"诗意语文"的钟情，我们对朱光潜《诗论》里的观点也烂熟于心。——王老师这一板块的设计无疑是对这一美学观点的生动诠释。"把文字读成画面,读成一个又一个画面",在教师巧妙的设境引导之下,学生的想象打开了,他们真真切切地感受到了"没有火"的苦难,以及"有了火"的幸福,在课的进行中,精彩迭出,其乐融融。这"读成画面""走进画面"似乎也是"诗意语文"对学生进行感性陶冶的不二法门。

然而,在我们与学生一起沉醉于画面的同时,难免心生疑虑:王老师为什么会在1、2自然段如此费时费神、泼墨如云?这两个自然段在整个故事里似乎并不重要,并不精彩呀!执教者如此浓墨重彩地渲染"取火"前后的两个画面,究竟用意何在?我在统观全课后,再回望、细想,方觉出这样处理的秘妙:

其一,从教学内容看,学生只有真切地走进"取火"前后人们不同的生活,才能深切地理解"取火"的意义,只有做足了这两个画面,学生理解之后普罗米修斯的甘心受苦才有了坚实的情感基础及价值皈依。

其二,从课堂的节奏看,在平起的开端之后,这一板块是一个渐高的蓄势与铺垫,随着教学的推进,我们开始暗暗期待,精彩继续呈现。]

三、直面:神在受难

师:是的,因为爱,因为爱人类,普罗米修斯竟然冒着生命危险触犯天条,拿取火种,带到人间,让人类过上了幸福的生活。也正因为爱,他触犯了天条,触怒了众神之王宙斯,于是,故事的画面继续展开。

接下来,你会很不情愿地看到两个画面,那是两个惨不忍睹的画面。孩子们,当你看到这两个画面的时候,请你也不要轻易放过去,你可以做两件事:第一,用波浪线将这两个画面画下来;第二,圈一圈,体会哪些细节深深地刺痛着你的心。

(大屏幕呈现)

> 默读课文6、7两个自然段:
> 第一,用波浪线将这两个画面画下来;
> 第二,圈一圈,体会哪些细节深深地刺痛着你的心。

(生默读、圈画)

师:尽管我们很不愿意,但是,我们还得把这两个画面找出来。第一个画面在哪里?

生：第一个画面是（朗读）"普罗米修斯的双手和双脚戴着铁环，被死死地锁在高高的悬崖上。他既不能动弹，也不能睡觉，日夜遭受着风吹雨淋的痛苦"。

师：就是这个画面，惨不忍睹。第二个画面，又在哪里？

生：（朗读）狠心的宙斯又派了一只凶恶的鹫鹰，每天站在普罗米修斯的双膝上，用它尖利的嘴巴，啄食他的肝脏。白天，他的肝脏被吃光了，可是一到晚上，肝脏又重新长了起来。这样，普罗米修斯所承受的痛苦，永远没有尽头了。

师：是的，就是这两个画面，这两个惨不忍睹的画面。我们不情愿，但是，我们必须走进去。孩子们，让我们一起走进第一个画面——

（大屏幕呈现"句三"：普罗米修斯的双手和双脚戴着铁环，被死死地锁在高高的悬崖上。他既不能动弹，也不能睡觉，日夜遭受着风吹雨淋的痛苦。）

（生齐读"句三"）

师：孩子们，展开想象，尽管你很不情愿，但是我相信，当这段文字出现在你眼前的时候，一个普罗米修斯的形象也一定出现在了你的眼前。你看到了怎样的画面？

生：我看到他的双手和双脚被死死地锁在悬崖上，眼神非常痛苦。

生：我看到普罗米修斯痛苦地呻吟着。

生：我看到普罗米修斯的双脚悬空着，双手被吊在悬崖上，可是他的眼神中充满了坚定。

师：孩子们，让这些画面渐渐地褪去。想一想，我们的普罗米修斯是一位天神，在他没有盗取火种、触犯天条之前，他过的可是无忧无虑、自由自在、幸福快乐的日子，而如今，他竟然过着这样的日子！谁来读一读？

（生有感情地朗读"句三"）

师：想一想，被死死地锁在高加索山上的普罗米修斯，他饿吗？

生：饿。

师：他渴吗？

生：渴。

师：饿了，渴了，他为什么不吃上一口？

生：因为他知道，只要吃上一口就意味着向宙斯屈服，就要向人类收回火种，人们就不能过上幸福的生活了。

师：此时此刻他有办法吃东西吗？

生：没有办法。

师：为什么？

生：因为他不向宙斯屈服。

师：你看，他的双手和双脚——

生：被死死地……被死死地……被死死地锁在高高的悬崖上。

师：你反反复复地在念那个"死死地锁"，把它圈出来。是的，本来是一个自由自在的天神，本来是一个无忧无虑的天神，现在，他居然过着这样的日子。谁再来读一读？

（生感情充沛地朗读"句三"）

师：孩子，被死死地锁在高加索山上的普罗米修斯，他累吗？

生：累。

师：他困吗？

生：困。

师：他累，他困，可他为什么不坐下来歇一歇，不躺下来睡上一觉呀？

生：因为他被死死地锁在高高的悬崖上。

师：又一个"死死地锁"，孩子们，请在这个"锁"字上再圈上一圈。

（生动笔圈画）

师：我们不妨再对比着想一想：当人们正在用火驱寒取暖、围着火堆享受温暖的时候，普罗米修斯却过着怎样的日子？

（生朗读"句三"）

师：寒风刺骨、大雪纷飞的时候，普罗米修斯冷吗？

生：冷。

师：冷，为什么不躲一躲？为什么不生堆火给自己取取暖？

生：因为他不能动弹，他被死死地锁在悬崖上了。

师：还是"锁"。来，把这个"锁"字再画上一圈。

［一圈，又圈，再圈，"画圈"既是对语言本身的反复揣摩，又是对"死死地锁"所作的最形象、最巧妙的解读，与《枫桥夜泊》一课的"钟声"之波浪线如出一辙。］

师：死死地锁啊，死死地锁！就这样风吹雨淋，就这样饥寒交迫。可是，不要忘了，他是一位天神，一位曾经如此自由、如此快乐、如此幸福的天神！如今，他竟然过着这样的日子！我们一起读——

（生声情并茂地齐读"句三"）

师：孩子们，这已经够痛苦的了，但是这还不够！狠心的宙斯竟然又对我们的普罗米修斯作出了这样的惩罚——

（大屏幕逐字呈现"句四"：狠心的宙斯又派了一只凶恶的鹫鹰，每天站在普罗米修斯的双膝上，用它尖利的嘴巴，啄食他的肝脏。白天，他的肝脏被吃光了，可是一到晚上，肝脏又重新长了起来。这样，普罗米修斯所承受的痛苦，永远没有尽头了。）

［多么摄人心魄的"呈现"！

在学生的屏息凝神中，在全场的一片静默中，文字一个接一个地呈现在黑色的背景上，每一个呈现的文字，都像鹫鹰在狠狠地啄食着天神的肝脏。一个一啄，一啄一个，连续不断，没有尽头。全场都为之震慑，为之窒息，为之动容。

这一个又一个文字，裹挟着血腥和残忍，字字都直刺学生的心灵。］

师：孩子们，一个如此血腥的画面就这样定格在你的眼前，画面中哪些字眼深深地刺痛着你？

生："啄食他的肝脏"刺痛着我。

师：哪个字眼？

生：啄。

师："啄食"，是吗？你知道那是怎样的"啄食"吗？

生：就是凶恶的鹫鹰站在他的双膝上，用它尖利的嘴巴啄食着。

师："啄食"这个字眼深深地刺痛着你，还有别的字眼吗？

生：我从"尖利"这个词感受到非常痛心。

师：那不是一张普通的嘴，那是一张——

生：尖利的嘴。

师：它啄食着普罗米修斯的肝脏，仿佛也啄食着你的——

生：肝脏。（笑声）

师：感同身受啊！（笑声）孩子们，还有哪些字眼也深深地刺痛着你？

生："尽头"在刺痛着我。

师：我知道，你想说的是"没有尽头"，是吗？

生：是。

［只有站在学生言说的角度去理解，才会有这样智慧的理答。］

师：为什么？

生：咱们做什么事都有尽头，而普罗米修斯承受的苦永远永远没有尽头。

师：这尽头是一百年吗？

生：不是。

师：是一千年吗？

生：不是。

师：是一万年吗？

生：不是。

师：谁都不知道是多少年，没有尽头啊！孩子们，还有哪些字眼深深地刺痛着你？

生："凶恶"刺痛着我，这只鹫鹰非常凶恶，他每天都啄食普罗米修斯的肝脏，所以我觉得"凶恶"刺痛着我。

[对"没有尽头""凶恶""尖利""啄食"等词语的理解品读，其实也是教师对细节描写的关注与点拨，只是教师顾及课的"情境"，始终没有点破罢了。]

师：那么多的字眼深深地刺痛着你，那么多的细节没有尽头地折磨着普罗米修斯，那就让我们把这些字眼、这些细节抠掉吧！

（大屏幕呈现：将"句四"中的下述词语用灰色隐去：凶恶、每天、尖利、啄食、吃光、重新、没有尽头。）

师：好吗？让普罗米修斯少受一点苦，让普罗米修斯减轻一点儿折磨，好吗？

生：（自由应答）好！

师：好！你们答应了，但是，谁不答应？

生：普罗米修斯不答应。（众生哗然）

师：不着急，我知道。

生：应该是宙斯不答应。

师：是的，你们同意了，（回向前一生）谁不同意？

生：宙斯不同意。

[那个孩子一直认为普罗米修斯如果不忍受痛苦，就意味着向宙斯屈服，他是想到更深处去了，所以答出了"普罗米修斯不答应"。现场哗然，教师却从容不迫地拍着他的肩膀说"不着急，我知道"，而且在另一生正确提示

后又一次回头请他自己更正。这又是一个意外，又是一个细节，从中我们依然觉察得到一种愿意理解的力量。]

师：是的，宙斯不答应，宙斯不同意！那个至高无上的众神之王！现在，他就站在你的面前，你有话想对他说吗？

生：我想对宙斯说——

师：他就站在你面前。

生：宙斯，我想对你说，你不能这样对别人，你不能因为自己的私心害了别人！

师：你在谴责他。谁还有话想对宙斯说？

生：宙斯，我想对你说，你为什么不给人类火种呢？每年人类向你敬献这么多的东西，而你却一点火种都不能给他们吗？普罗米修斯为人类造福，你却惩罚他，你太自私了！

师：好，你在质问宙斯，你在替普罗米修斯伸张正义。谁还有话想对面前这个可恶的宙斯说？

生：宙斯，我想告诉你，你不能这样惩罚普罗米修斯，普罗米修斯为人类拿取火种，有什么错啊？

师：反问他，质问他，普罗米修斯为人类拿取火种有什么错？

[精彩果然呈现出来了。在这个板块中，课的情感基调已经高了起来，课的节奏在紧张地推进。表面上看，课似乎仍然是在赏析画面——普罗米修斯受难的画面，一个是"死死地锁"，一个是"啄食肝脏"，前者又为后者铺垫衬托。但王老师显然已不再将教学的目标放在想象画面上，在这个板块中，巧妙的品词与注重体验的反复引读才是教学的关键。]

四、升华：爱是神唯一的语言

师：孩子们，你们在质疑，你们在控诉，你们在呐喊，你们在替普罗米修斯叫屈叫冤啊！但是，你发现这些话普罗米修斯说了吗？

生：（自由应答）没有。

师：他替自己叫屈了吗？

生：（自由应答）没有。

师：他替自己呐喊了吗？

生：（自由应答）没有。

师：为什么？孩子们，我们看——

（大屏幕呈现一组普罗米修斯受难的画面，凝重而悲怆的音乐响起）

这就是被死死地锁在高加索山上的普罗米修斯，这就是被鹫鹰啄食着肝脏、生不如死的普罗米修斯，这就是为人类拿取了火种却无怨无悔的普罗米修斯！

（大屏幕出示课文插图，配文字：在高高的悬崖上，普罗米修斯坚定地望着大地，望着人间，他看到……）

但是，他却是那样坚定地站在高高的悬崖上，尽管他的双手和双脚被死死地锁着，他的目光却一直坚定地望着远方，望着大地，望着大地上生活的人类。孩子们，拿出你的笔，放飞你想象的翅膀，看一看，普罗米修斯看到了大地上一番怎样的情景。

（生伴乐想象写话）

师：（提示）一个画面，一段故事，无论他看到了什么，我相信有一个情景一定会在他的面前不断出现，那就是——熊熊燃烧的火！一次，两次，也许更多次。

（生继续伴随音乐想象写话）

［既是对语言运用的指导，也是对文章主旨的再次眷注。］

师：孩子们，有没有写完并不重要，重要的是，当你提笔的那一刻，你的心已随着你想象的翅膀，飞到了普罗米修斯曾经看到的那一个世界。他看到了——

生：他看到了人类非常快乐幸福的生活，人类用火来驱寒取暖，还用火来照亮前方的路。

师：快乐，幸福，火，这一切，不正是普罗米修斯对人类的最大祝福吗？

生：他看到了人们围着他从天上拿取的火高兴地跳舞，唱歌，火上还烤着香喷喷的食物。

师：看到人类围着火高兴地跳啊，唱啊，普罗米修斯的脸上露出了——

生：露出了欣慰的笑容，为了人类，我甘愿在这里受苦受难。

师：是的，为了人类，所有的苦难我都愿意承受到底。

生：他看到了人们用火来烧熟食物，用火来取暖，用火来驱赶猛兽，过着幸福快乐的日子。

师：一口气用了三个火。是的，这正是他最愿意看到的，这所有的一切，不正是为了让他心爱的人类能过上幸福快乐的日子，这所有的感情加在一起，（指板书）就是一个字——

生：（齐答）爱。

师：正是这份爱，这份博大的爱，支撑着普罗米修斯义无反顾地触犯天条、拿取火种。还记得吗？当火神奉了宙斯之命前去劝降的时候，普罗米修斯曾经坚定地回答——

（生默读课文，寻找答案）

师：我们一起读——

生：（齐读）为人类造福，有什么错？我可以忍受各种痛苦，但决不会承认错误，更不会归还火种！

师：坚定地，不容置疑地，我们再读一遍！

生：（齐读）为人类造福，有什么错？我可以忍受各种痛苦，但决不会承认错误，更不会归还火种！

（大屏幕呈现"句五"：为人类造福，有什么错？我可以忍受各种痛苦，但决不会承认错误，更不会归还火种！）

师：是的，他是这样说的。那么，面对宙斯的惩罚，普罗米修斯这样说了吗？

（大屏幕呈现：为人类造福没有错。我可以忍受各种痛苦，但决不会承认错误，更不会归还火种！）

师："为人类造福没有错。"他这样说了吗？

生：（自由应答）没有。

师：他为什么不这样说呢？

生：因为这样，他可以让宙斯或者火神说有没有错，而普罗米修斯如果说了没有错的话——

师：根本用不着宙斯或者火神来回答。你注意到没有，这两句话的区别在——

生：第一句用了反问句。

师：对啊，你的目光非常敏锐啊，反问句是不用对方回答的。那么，他为什么非得用反问的语气对宙斯说，对火神说呢？

生：他在用反问的语气告诉宙斯：为人类造福没有错，我可以忍受各种痛苦，但决不会承认错误，更不会归还火种！

师：反问的语气，是一种更加坚定的语气、一种更加强烈的语气。我们一起读一读。

［对反问句的关注。］

（生齐读"句五"）

师：面对宙斯的严厉惩罚，普罗米修斯这样说了吗？

（大屏幕呈现：为人类造福没有错。我可以忍受各种痛苦，但<u>不会承认错误，归还火种</u>。）

师：他为什么不这样说呢？

生：因为有"决"和"更"两个字，更能表现出普罗米修斯的坚定。

师：很好。是坚定，是肯定，是一定，是不容置疑。把这份理解读出来——

（生齐读"句五"）

［对关键词的体味。］

师：那么，面对宙斯的惩罚，普罗米修斯为什么不这样回答呢？

（大屏幕呈现：为人类造福，有什么错？我可以忍受各种痛苦，但决不<u>会归还火种，更不会承认错误</u>。）

生：因为火神在劝他的时候，让他先承认错误再归还火种。

师：他回答的时候是按照火神问题的顺序回答的，看得很仔细。大家想一想，在承认错误和归还火种之间，普罗米修斯把哪个看得更重要？

生：火种，因为火种可以为人类造福。

师：是呀，一旦归还火种，那就意味着他深爱的人类又将——

生：承受各种痛苦，又将回到黑暗中。

师：没错，所以他一定不会那样回答，而会这样回答——

（生齐读"句五"）

［对语序的品读。］

师：你听，这坚定的回答在普罗米修斯被死死地锁在高加索山上的时候响起过——

（音乐响起，大屏幕上画面和文字不断叠映出"句五"：为人类造福，有什么错？我可以忍受各种痛苦，但决不会承认错误，更不会归还火种！）

（生齐读"句五"）

师：你听，这坚定的回答在普罗米修斯被狂风暴雨无情吹打的时候响起过——

（生齐读"句五"）

师：你听，这坚定的回答在普罗米修斯被鹫鹰啄食肝脏、生不如死的时候响起过——

（生齐读"句五"）

师：一百年过去了，这声音依然坚定地回响在高加索山上——

（生齐读"句五"）

师：一千年过去了，这声音依然坚定地回响在人类的心中——

（生齐读"句五"）

师：不需要再用眼睛看这些文字了，我相信这些文字已深深地印在你的心上。一万年过去了，两万年过去了，三万年过去了，这声音不但没有减弱，没有消失，反而更加坚定地回响在茫茫的天地之间——

（生齐读"句五"）

师：响彻百年，响彻千年，响彻万年的，不仅是普罗米修斯那坚定的回答，更是他对人类那无私的——

生：（齐读）爱！

师：坚贞的——

生：（齐读）爱！

师：博大的——

生：（齐读）爱！

[我们似乎是无法设防地被卷了进去，当音乐响起，画面呈现，当王老师深情的旁白与孩子们一次比一次更投入的朗读一起冲击着我们时。尽管现场学生的写话仍很青涩，但我们确乎是在这一时刻与台上的师生一起达到了一种"审美自失"的高峰体验。

而后，再审视。尽管这个环节里有非常明显的读写结合以及品句训练，执教者似乎也在传达着他"将语文意识进行到底"的信念，但教师圆润的驾驭技术、精彩的语言、恰如其分的音乐与画面以及创设情境后"回环复沓"的引读，仍然是"诗意语文"的"杀手锏"。]

五、突转：永远的神话

师：孩子们，故事的结尾是这样的，三万年之后，大力神赫拉克勒斯看到普罗米修斯受难，愤愤不平，一气之下，他射死鹫鹰，砸碎锁链，救了普罗米修斯。但是假如故事的结尾不是这样，因为我们知道大力神赫拉克勒斯是宙斯的儿子，也许他碍于父亲的情面，纵使愤愤不平，也只能不了了之，走开了，而没有解救普罗米修斯，那么，你想一想，我们的普罗米修斯还有获救的可能和希望吗？

生：（自由应答）有。

师：为什么？

生：我觉得天上好心的天神非常多，只不过他们不敢违抗宙斯的命令，再过上许多年，肯定会有一个像普罗米修斯一样的天神，敢于去拯救他，违抗宙斯的命令，维持正义。

生：我觉得就算天神没有救他，人类也会救他的。

师：你就是人类的一分子，当你看到普罗米修斯这样受难的时候，假如你拥有无边的法力，你愿意救他吗？

生：愿意。

师：为什么？

生：普罗米修斯给了我们火，我们一定要报答他。

师：他给我们的何止是火，更是——

生：一颗爱心。

师：孩子们，是的，我们有理由相信，假如大力神赫拉克勒斯不去拯救普罗米修斯，普罗米修斯也一样会得到拯救，因为他是爱的化身。法国人彭沙尔曾经说过这样的话——

（大屏幕呈现）

> 爱别人，也被别人爱，这就是一切，这就是宇宙的法则。
> ——［法国］彭沙尔

师：其实，真正解救了普罗米修斯的，不是大力神，也不是别的什么神，而是他自己。让我们永远牢记这样一条宇宙的法则——

生：（齐读）爱别人，也被别人爱，这就是一切，这就是宇宙的法则。

师：让我们把普罗米修斯用自己全部的生命和磨难写下的这一条宇宙的法则牢记在自己的心上——

生：（齐读）爱别人，也被别人爱，这就是一切，这就是宇宙的法则。

（热烈的掌声响起）

［课的结尾是个出人意料的突转。

在我们与学生一起进入了文本，体验了普罗米修斯的无私、无畏和坚毅的博爱之后，在王老师将话锋一转，忽然提出"假如大力神赫拉克勒斯没去解救普罗米修斯，那么，普罗米修斯还有获救的可能和希望吗"时，我们一时怔住了。没想到王老师会将课的情感与精神境界再往前推一步，推向"爱"的最高境界，推向一切"拯救"原是"自救"，并移情孩子自身的体验。

就这样，在千回百转之间，总有一些感动令我们凝眸顾盼。]

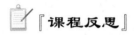〖课程反思〗

神话文本的美学解读与文化想象

这是我第一次尝试神话文本的教学，也是第一次直面西方文化语境。
神话、神话文本与神话文本教学是三个既有联系又有区别的范畴，对此，我有相当的心理准备和学理铺垫。

一、神话文本的美学解读

课文《普罗米修斯》改编自古希腊神话，但是，这一经典的西方传世神话一旦凝固为汉语言文本，那么，文本呈现的神话意义就有别于古希腊文化语境下的神话传说了。因为两种语境、两种神话表现形态在翻译和转换时，一定会流失一些意义，也一定会注入一些新元素。

以下便是我对《普罗米修斯》这一汉语言文本所作的美学解读。

文本：

很久很久以前，地面上没有火，人们只好吃生的东西，在无边的黑暗中度过一个又一个长夜。就在这时候，有一位名叫普罗米修斯的天神来到了人间，看到人类没有火的悲惨情景，决心冒着生命危险，到太阳神阿波罗那里去拿取火种。

解读：

盗火的原因是"没有火"！

普罗米修斯盗火是因为他爱人类！在古希腊神话中，人是普罗米修斯一手造出来的。正如在中国神话语境中，女娲是人类共同的母亲一样，普罗米修斯则是西方语境中人类共同的父亲。在我看来，这个神话隐喻着人类普遍的"父爱饥渴"与"恋父情结"。

文本第一句点出"没有火"，继而开始反复渲染"没有火"的苦难。

第一是"吃"。人们"只好吃生的东西"，因为"地面上没有火"。而"只好吃生的东西"，给人类带来了怎样悲惨的情景？吃了不能很好地消化，吃进去的东西带有许多细菌和病毒，吃的东西更容易腐烂，人类的寿命因此很短很短。

第二是"睡"。人们"在无边的黑暗中度过一个又一个长夜"，因为"地面上没有火"。长夜漫漫，给人类带来的是怎样悲惨的情景？晚上不敢出去，因为可能会迷路；凶猛的野兽可以肆无忌惮地袭击人类，人类因此随时面临着死亡的威胁。

吃、睡，这是人类生活形态最集中、最形象的反映。

其实，文本在此处留给读者以广阔的想象空间。譬如：地面上没有火，冬天，尤其是冬夜无法取暖，很多人因此被活活冻死；只能喝生水、冷水，感染、中毒随时都在发生；刀耕火种的文明无法创生，等等。

顺着"没有火"的逻辑，读者很自然地会联想到"盼望火"的情景。画面如蒙太奇一般，在我心中一帧一帧叠映：

骨瘦如柴的人们在呼唤——火！

饥肠辘辘的人们在呼唤——火！

惊恐万状的人们在呼唤——火！

瑟瑟发抖的人们在呼唤——火！

奄奄一息的人们在呼唤——火！

继续顺着"没有火""盼望火"的逻辑，又很自然地联想到"拿取火"的情景。听到人类这样的呼唤，谁伤心了？谁难过了？谁焦急万分了？谁心如刀绞了？这是什么感情？这就是"爱"！父亲对子女的"爱"，天然、天性、无私、无畏。因为爱，普罗米修斯才会来到人间；因为爱，普罗米修斯才会看到悲惨；因为爱，普罗米修斯才会下定决心；因为爱，普罗米修斯才会奋不顾身。

文本：

有一天，当阿波罗驾着太阳车从天空中驰过的时候，他跑到太阳车那里，从喷射着火焰的车轮上，拿取了一颗火星，带到人间。自从有了火，人类就开始用它烧熟食物，驱寒取暖，并用火来驱赶危害人类安全的猛兽……

解读：

盗火情节虽有细节，但并不显眼，也不铺叙，只是一笔带过。显然，文本的深意并不在"盗火"，而在下文的"受难"。这一点，读者须着眼。

有火的日子多么幸福！人们可以用火烧熟食物了，从此，人们吃得可口了、安全了、健康了，从此，人们的寿命越来越长了。

有火的日子多么美好！人们可以用火驱寒取暖了，从此，人们的生活有了温暖的依靠。

有火的日子多么踏实！人们可以用火驱赶猛兽了，从此，威胁变得越来越少，人们可以安全地待在一起了。

当普罗米修斯拿着火种来到人间的时候，人们该是怎样的欣喜若狂啊！

听，白发苍苍的老人们对普罗米修斯说……

听，面黄肌瘦的孩子们对普罗米修斯说……

听，风餐露宿的猎人们对普罗米修斯说……

听，饥寒交迫的村民们对普罗米修斯说……

看到人类过上了有火的生活，最高兴的是谁？最开心的是谁？最欣慰的是谁？最快乐的是谁？当然是天神普罗米修斯。生活中，谁最有可能这样无私地爱我们？父亲！

故事似乎可以到此为止了。因为人类已经过上了有火的日子，普罗米修斯也可以安心地离开人间了。但是，故事倘若仅止于此，那么这位天神的形象必将流于俗套，普罗米修斯之爱也就丧失了西方普世价值中对于"博爱"的诠释了。

文本：

众神的领袖宙斯得知普罗米修斯从天上取走火种的消息以后，气急败坏，决定给普罗米修斯以最严厉的惩罚，吩咐火神立即执行。

火神很敬佩普罗米修斯，悄悄对他说："只要你向宙斯承认错误，归还火种，我一定请求他饶恕你。"

普罗米修斯摇摇头，坚定地回答："为人类造福，有什么错？我可以忍受各种痛苦，但决不会承认错误，更不会归还火种！"

解读：

"受难"才是《普罗米修斯》这一神话文本的主体与核心。有时，爱会给你带来痛苦！但是，你会因此放弃爱吗？普罗米修斯的回答是，为了爱，我永不放弃！因为爱，我甘愿忍受无尽的痛苦！

"为人类造福，有什么错？"是质疑，是反问，更是无问之问，不容置疑，毫无顾忌。为人类造福是人伦之爱，更是天伦之爱，是无须推理、无须证明的真理之爱。西方谓之"博爱"，东方谓之"慈悲"。文化在这里是互通的，因为人性本无二致。"神话"说到底还是"人话"。

"忍受"一词极具冲击力。不是遭受，不是承受，不是经受，而是忍受。"各种痛苦"，说明普罗米修斯已经作了最坏、最惨的打算。

"决不会……更不会……"的句式，突出了火种的分量和意义！在这里，火是光明，火是温暖，火是安全，火是最高的爱！

文本写普罗米修斯说出口的话，仅此一句。但是，这一句，已抵过千言万语。

文本：

  火神不敢违抗宙斯的命令，只好把普罗米修斯押到高加索山上。普罗米修斯的双手和双脚戴着铁环，被死死地锁在高高的悬崖上。他既不能动弹，也不能睡觉，日夜遭受着风吹雨淋的痛苦。尽管如此，普罗米修斯就是不向宙斯屈服。

解读：

这里细写了普罗米修斯遭受的痛苦。"锁"字须高度着眼。锁，致使天神丧失了身体的自由，丧失了生活的自由，丧失了行动的自由。但此刻他所遭受的痛苦，更多的还是身体表层的煎熬。

文本：

  狠心的宙斯又派了一只凶恶的鹫鹰，每天站在普罗米修斯的双膝上，用它尖利的嘴巴，啄食他的肝脏。白天，他的肝脏被吃光了，可是一到晚上，肝脏又重新长了起来。这样，普罗米修斯所承受的痛苦，永远没有尽头了。

解读：

对于"受难"，文本继续发挥着出人意料的想象，这里再次细写普罗米修斯所承受的痛苦。"鹫鹰啄食天神的肝脏"这一惊人细节，震撼也震颤着每一个读者的心。这种超乎常人的想象，不正暗示着超乎常人的痛苦吗？此刻的痛苦，已是身体深处的折磨。

这一痛苦写得极其血腥和惨烈，"被吃光"楔入了人的体验，"重新长"又刻画了神的力量。而具有反讽意味的是，神的力量不但没有减缓甚至消除神的痛苦，反而变本加厉地延长和加深了神的痛苦。

这痛苦，生不如死！这场景，即为地狱！

"我不下地狱，谁下地狱？"博爱的极致便是自我牺牲！

文本：

　　许多年来，普罗米修斯一直被锁在那个可怕的悬崖上。

解读：

在古希腊的神话传说中，这"许多年"是"三万年"。三万年的生不如死，三万年的地狱生活，三万年的不屈不挠，只为了一个字——爱！

文本：

　　有一天，著名的大力神赫拉克勒斯经过高加索山，他看到普罗米修斯被锁在悬崖上，心中愤愤不平，便挽弓搭箭，射死了那只鹫鹰，接着又用石头砸碎了锁链。普罗米修斯——这位敢于从天上拿取火种的英雄，终于获得了自由。

解读：

从表面上看，救下普罗米修斯的是大力神赫拉克勒斯。其实，真正拯救普罗米修斯的是他自己，是他无私、博大、坚贞的爱！正是这种爱，影响、感动了大力神，才最终换取了普罗米修斯的自由！因为只有爱，才能拯救爱！

《普罗米修斯》是个神话故事，是一个关于"爱的神话"。万世沧桑，唯有爱才是永远的神话。

宙斯只有恨，而普罗米修斯只有爱，最终，爱战胜了恨！

将普罗米修斯定位于"英雄"，是对天神的贬低，是对博爱的亵渎。英雄以力胜，圣父以爱成。普罗米修斯是古希腊文化中的"圣父"，正如基督教文化中的"耶稣"。

二、神话文本的文化想象

高尔基曾说过："普罗米修斯是人类热爱的不朽形象。"那么，如何才能透过这一神话文本，让普罗米修斯的"圣父"形象矗立于学生心中，并让这形象有血、有肉、有声、有情，而不仅仅是一个神话中的名字，或是绘画中的造型呢？

我的教学策略就是层层激活和引领学生的"文化想象"。

第一，用文化想象勾勒画面，让文本与情境联系起来。

课文开头两段陈述了人类"没有火"和"有了火"两种不同的情况。我让学生找出这两个完全不同的画面，并据此展开丰富的想象。

从一句"只好吃生的东西"来想象是吃哪些生的东西，想象天天吃生的东西的感受；从一句"无边的黑暗"来想象人类都看不见什么，想象听到野兽叫声时人们心里会怎么想；从"烧熟食物""驱寒取暖""驱赶猛兽"等文字，想象人类都在用火干什么。当一个个生动、鲜活的画面呈现在学生眼前的时候，神话文本就有了画面感，有了丰富的情感，学生自然也就理解了普罗米修斯之爱的根本缘由。

第二，用文化想象丰富内容，让内容催化文本理解。

该怎么理解"死死地锁""没有尽头""啄食肝脏"这些词语的含义？我在课堂上并没有让学生死抠文字的词典意义，而是让他们运用想象，不断丰富这些文字的语境义、联想义，不断还原和重构文字背后的形象和情感。

被缚的普罗米修斯饿不饿？渴不渴？冷不冷？累不累？困不困？但他为什么不吃？不喝？不穿？不歇？不睡？

100年没有尽头，1000年没有尽头，10000年没有尽头，"没有尽头"，那是何等漫长的煎熬！

鹫鹰啄食的是肝脏，那是天神身体里最柔软、最敏感的部位。

又"长"出来的仅仅是肝脏吗？是又一次生不如死的痛苦。

当这字字入耳、声声入心的诠释深深触动学生心灵的时候，文本语言便有了色彩，有了质感，有了生命体验的意义。

第三，用文化想象激发情感，让学生参与文本的再创作。

想象可以让文字变成画面，给文字注入生命，也可以让情感飞扬起来。你看，被缚的普罗米修斯，他站在高高的悬崖上，铁环死死地锁住他的身体，鹫鹰狠狠地啄食他的肝脏，而他坚定的眼神，却凝望着远方，凝望着大地，他望到了什么呢？

在我创设的这一"凝望"情境中，学生展开想象的翅膀，从普罗米修斯坚定的眼神中看到了无数的画面，从而被这位伟大的天神对人类的爱深深触动。于是，被触动的灵感便倾泻于学生的笔端，并流出激扬的文字。文本的深度、广度和暖度，因了学生的投入和再创作，被不断地向四周延伸。

第四，用文化想象促进思考，让学生走向文本精神的高处。

在教学的结尾，我让学生想象：如果大力神没有救下普罗米修斯，普罗米修斯还会不会获救？谁会救他？

这是另一种文化想象，是与思考紧密结合的想象，它渗透着学生对"爱"的理解，也提升着学生对"爱"与"被爱"的认识——爱，能拯救别人，也能拯救自己；爱别人，也被别人爱，这便是宇宙的法则！

总之，无论是从文学文本还是从神话文本的角度感悟《普罗米修斯》这一神话故事，文化想象都是进入其堂奥、体验其精髓的一把钥匙。文化想象总是意味着师生对自身生活方式及其理想形态的幻想、联想以及虚构。因此，学习《普罗米修斯》，也是从这面想象的他者之镜中，回头重新打量自我，而从中映照出的必定是一个自身的前所未见的新形象。

想象神话，亦即想象新自我。这就是《普罗米修斯》这一神话文本在诗意语文、文化语文上的终极关怀。

第十编

在思维的断裂处
——《与象共舞》课堂实录与品悟

『课品综述』

为了理性探究而存在的课堂

2010年夏,在山东潍坊,我看到了语文教育史上的一个奇迹。

王崧舟老师推出了新课——《与象共舞》。在这个课品中,王老师尝试了一种全新的教学模式——"一课两上",或者叫"一个人的同课异构"。他根据不同的课堂价值取向对同一篇课文进行了完全不同的教学设计,然后在不同的两个班分别进行教学实践。此课一出,举座震惊。听者不仅沉浸于《与象共舞》的两种不同的诗意之中,更被王老师在语文教学中敢于实践、勇于超越的精神所深深折服。

这显然是一次为了理性探究而刻意进行的教学实践。

课的价值取向是对阅读教学重"内容"与重"形式"的刻意反思。"一课两上",两课的不同之处绝不在于教学方法的选用,而在于教学价值的取向。而不同的教学价值追求,则呈现为不同的设计意图,反映为不同的教学目标。语文课的教学目标其实是很难清晰准确地设计与达成的,这大概是被纷乱的教学现象所掩盖了的一个语文教育的根本问题。王荣生先生曾言:"语文教师教案里的'教学目标'多数是骗人的,这已是不争的事实。"但是,在王老师执教的两节《与象共舞》中,课的教学目标是非常明确的,不仅明确,而且迥异。第一节课,他以培养学生的阅读能力为取向,重对文本内容的理解、感悟和积累,重"语言的内容";第二节课,他以培养学生的写作能力为取向,重对言语形式的理解、感悟和运用,重"语言的形式"。阅读教学的目标到底是应该重"内容"还是重"形式"?问题往往比答案更重要。在这里,王老师也绝不是要用自己的课作答,而是把这两种价值取向都摆出来,都作到极致,以引起语文教育者更深入的探讨。

课的思维张力来自"阅读本位"与"写作本位"的对立统一。传统的阅读教学是强调"阅读本位"的,以叶圣陶先生为代表的主流读写观认为,"阅读是写作的基础""写作的'根'是阅读""教师教得好,学生读得好,才能写得好";而2004年福建师范大学的潘新和先生在自己的《语文:表现与存在》一书中颠覆性地提出了"写作本位"说,他提出,"阅读,指向言语表现,指向写作""写作是阅读的目的""写作是语文能力的最高呈现",这一读写观是"写作本位"的。说"阅读是写作的基础",强调的是阅读对写作的重要作用；说"写作是阅读的目的"，强调的则是写作对阅读的重要作用。当然，这二者的指向是截然相反的，也恰恰表明了二者是互补的，它们之间的作用不是单向的，而是双向互动的。王崧舟老师的《与象共舞》就是用同一文本演绎两种价值取向，从而呈现出一种认知的张力、一种情感的张力、一种审美的张力。课堂上，我们分明感受到王老师将自己推到了思维的断裂处，然后，邀您共舞。

　　语文教学当然需要形而下层面的操作方法与技巧，但语文教学更需要形而上层面的反思与追问。阅读教学的目标应该重"内容"还是重"形式"？语文教学的价值应该是"阅读本位"还是"写作本位"？课程改革走过了十个年头，从方法论到认识论再到本体论，明天的语文教育将走向何方？答案是不知道。我们和王崧舟一样都不知道，但是没关系，我们与王崧舟一道，都在思索的路上。

『课文呈现』

与象共舞

　　在泰国，如果你在公路边或者树林里遇到大象，那是一件很自然的事。不必惊奇，也不必惊慌，大象对人群已经熟视无睹，它会对着你摇一摇它那对蒲扇般的大耳朵，不慌不忙地继续走它自己的路，一副悠闲沉着的样子。

　　象是泰国的国宝。这个国家最初的发展和兴盛，和象有着密切的关系。大象曾经驮着武士冲锋陷阵，攻城守垒；曾经以一当十、以一抵百地为泰国人做工服役。被驯服的大象走出丛林的那一天，也许就是当地生产、生活发生较大变化的日子。泰国人对大象存有亲切的感情，一点儿也不奇怪。

　　在国内看大象，都是在动物园里远观，人和象离得很远。在泰国，人和象之间没有距离。很多次，我和象站在一起，象的耳朵拍到了我的肩膀，象的鼻息喷到了我的身上。起初我有些紧张，但看到周围那些平静坦然的泰国人，神经也就松弛了。在很近的距离看大象，我发现，象的表情非常平静。那对眼睛相对它的大脑袋，显得极小，目光却晶莹温和。和这样的目光相对，你紧张的心情自然就会松弛下来。

　　据说象是一种聪明而有灵气的动物。在泰国，大象用它们的行动证实了这种说法。在城市里看到的大象，多半是一些会表演节目的动物演员。在人的训练下，它们会踢球，会倒立，会用可笑的姿态行礼谢幕。最有意思的是大象为人做按摩。成排的人躺在地上，大象慢慢地从人丛里走过去，它们小心翼翼地在人与人之间寻找落脚点，每经过一个人，都会伸出粗壮的脚，在他们的身上轻轻地抚弄一番，有时也会用鼻子给人按摩。有趣的是，它偶尔也会和人开开玩笑。有一次，我看到一头象用鼻子把一位女士的皮鞋脱下来，然后卷着皮鞋悠然而去，把那位躺在地上的女士急得哇哇乱叫。脱皮鞋的大象一点儿也不理会女士的喊叫，用鼻子挥舞着皮鞋，绕着围观的人群转了一圈，才不慌不忙地回到那位女士身边，把皮鞋还给了她。那位女士又惊奇又尴尬，只见大象面对着她，行了一个屈膝礼，好像是在道歉。那庞大的身躯，屈膝点头时竟然优雅得像一个彬彬有礼的绅士。

　　最使我难以忘怀的，是看大象跳舞。那是在芭堤雅的东巴乐园，一群大象为人们表演。表演的尾声，也是最高潮，在欢乐的音乐声中，象群翩翩起舞，观众都拥到了宽阔的场地上，人群和象群混杂在一起舞之蹈之，热烈的气氛感染了在场的每一个人。舞蹈的大象，没有一点儿笨重的感觉，它们随着音乐的节奏摇头晃脑，踮脚抬腿，前后左右颤动着身子，长长的鼻子在空中挥舞。毫无疑问，它们和人一样，陶醉在音乐之中了。这时，它们的表情仿佛也是快乐的。我想，如果大象会笑，此刻所展示的便是它们独特的笑颜。

　　（注：本课选自人教版义务教育课程标准实验教科书小学语文五年级下册第27课）

『课堂品评』

《与象共舞》（A版）：指向理解与感悟

一、触摸词语，初步感受"象为国宝"的独特风情

　　师：《与象共舞》是一篇略读课文（在课题上板书略读课文的符号"＊"）。课前老师布置了两个预习任务：第一，读通课文，特别要留意课文中标注了拼音的生字；第二，去搜集一些反映泰国风情的文字或者图片。这

两项预习任务不难,但真要做起来可能有点儿烦。我来了解一下,完成这两项预习任务的同学请举手!

[教师强调这是一篇略读课文,接着便重述了两个预习任务,看似家常的开端,其实正是此课的价值取向的暗示。]

(生纷纷举手)

师:真好,个个举手,自信满满。预习情况究竟如何呢?我们看——

(大屏幕出示:熟视无睹 冲锋陷阵 小心翼翼 彬彬有礼 翩翩起舞)

师:这是这篇课文中出现的五个成语,有的带生字,有的没带,但都是新出现的词语。谁来读一读?

(生朗读词语)

师:真好,字正腔圆!

师:谁再来读一读?五个词,一口气,如行云流水!

(生一口气、熟练地朗读词语)

师:真好!读得熟啊,熟能生巧!来,我们一起把这五个词读一下。

(生齐读词语)

师:还记得吗,这五个词语在咱们这篇课文当中都是写谁的?

生:大象。

师:没错!都是写大象的。那么作者是怎么写大象的呢?我们看——

(大屏幕出示)

　　在泰国,大象对人群已经_____。
　　在泰国,大象曾经驮着武士_____。
　　在泰国,大象会_____地为人做按摩。
　　在泰国,大象优雅得像一个_____的绅士。
　　在泰国,大象_____的热烈气氛让人难以忘怀。

师:五句话、五个词儿都在写大象,谁来读第一句?

生:(选词朗读)在泰国,大象对人群已经熟视无睹。

师:也就是说,大象看到人群跟没看到似的,是吗?你不觉得这有点儿奇怪吗?第二句——

生:(选词朗读)在泰国,大象曾经驮着武士冲锋陷阵。

师:噢!原来大象曾经是战象,是吧?曾经和武士们一起出生入死,浴血奋战。好的,第三句——

生：（轻声、慢速地选词朗读"句三"）在泰国，大象会小心翼翼地为人做按摩。

师：嗯，你也读得够小心的。大象用什么给人做按摩呢？

生：用粗壮的脚。

师：嗯，粗壮这个词用得好，还有鼻子，是吗？你想一想，大象粗壮的大腿、肥大的鼻子，居然会小心翼翼地给人做什么？

生：（自由应答）按摩。

师：你不觉得这有点奇怪吗？好，继续读下一句——

生：（选词朗读"句四"）在泰国，大象优雅得像一个彬彬有礼的绅士。

师：最后一句，谁来？

生：（选词朗读"句五"，急促地）在泰国，大象翩翩起舞的热烈气氛让人难以忘怀。

师：流畅地、完整地再读一遍，不着急！

（生再读"句五"，语气舒缓）

师：不错。大象如此庞大，如此魁梧，如此粗壮，居然能够和人群一起干什么？

生：（自由应答）跳舞。

师：翩翩起舞。这不是更让人奇怪，更让人觉得不可思议吗？来，我们一起把这五个句子读一读！我读"在泰国"，你们读后边的部分，明白吗？

（师生合作朗读"句一"至"句五"，教师通过每一句的"在泰国"来示范和引领句子的情感、语气）

师：多么独特的风情啊！你们知道如此独特的风情作者是在哪儿看到、哪儿听到的吗？

生：在泰国。

生：在泰国。

生：在泰国。

师：记住了，是在哪儿？

生：（自由应答）泰国。

师：没错，是在泰国。在咱们中国能看到吗？

生：（自由应答）看不到。

师：去澳大利亚能看到吗？

生：（自由应答）看不到。

师：去美国能看到吗？

生：（自由应答）看不到。

师：去法国、德国、意大利能看到吗？

生：（自由应答）看不到。

师：去埃塞俄比亚、阿拉伯联合酋长国能看到吗？

生：（自由应答）看不到。

师：只有——

生：（自由应答）泰国。

师：你不觉得奇怪吗？你不觉得有什么问题冒出来想问问自己，也问问大家吗？

生：为什么在泰国大象会这样？

师：是啊，我跟你想的一样，怎么在泰国大象就变成这样了？

生：为什么泰国的大象就能小心翼翼地给人做按摩？

师：不仅如此，还有很多不可思议的事呢！

生：为什么泰国的人不怕大象？

师：对呀，换了你，你第一次看到大象怕吗？

生：怕。

师：毫无疑问，肯定怕！问得好！我知道你们还有许多问题，重要的是思考，重要的是问题，就让我们带着这些问题，打开课文，快速地把课文浏览一遍，思考：课文有五个自然段，看看每个自然段都在写些什么。如果能够用一句简单的话概括出来就更好了！开始！

（生浏览课文，师巡视指导，用时约2分钟）

[从词语入课，触摸了词语，也就触摸到了文本中最小的表意空间，学生开始感受文本特有的温度。"这五个词语都是写大象的"，由词到句，语境的扩充像呼吸一样自然。选词朗读这些句子也就让学生初步感受到了"象为国宝"的"泰国风情"，于是问题自然而然地涌出："为什么在泰国大象会这样？"静静地，思维开始深入，智慧正等待开启。]

二、把握中心句，深入理解"人象无间"的浓情厚意

师：第一段写什么？简简单单的一句话。你请！

生：写了在泰国如果遇到大象是一件很自然的事。

师：嗯，再简单一点！就刚才你说的那句话再简单一点。把话说简单、

说到点子上可是一项非常重要的本领。哪怕减少一个词也好。看看,行不行?孩子,行吗?——别对我说不行!

师: 在泰国——

生: 在泰国遇到大象——

师: 是——

生: 是很自然的事。

师: 好极了,我知道你准行!就是这一句。咱们一起读——

(大屏幕出示"句一":在泰国遇到大象是很自然的事。)

生: (齐读)在泰国遇到大象是很自然的事。

师: 这是文中现成的话,你发现了吗?它在什么地方?

生: 第一段的第一句。

师: 画下来。第二段写什么?

生: 第二段写"象是泰国的国宝"。

师: 一起读!

(大屏幕出示"句二":象是泰国的国宝。)

生: (齐读)象是泰国的国宝。

师: 把它画下来。

(学生动笔圈画)

师: 注意到了吗?这也是课文中现成的话,在哪儿?

生: 在第二段的第一句。

师: 孩子们,注意看第一段、第二段。你已经发现了一个非常重要的规律。——谁发现了?

生: 它们的主要内容一般都是在第一句话中。

师: 没错!话说得很准确又很有弹性!她说每一段的主要内容一般都在这段话的第一句话中。她注意到了"一般都在"。是不是这样呢?我们接着往下看,把后面的三段话迅速地再浏览一遍,你看看行不行?

[这是非常明显的阅读方法的训练,彰显着课的主旨。教师引导学生概括了第一、二自然段,然后让学生运用自己发现的方法快速概括其他自然段,有扶有放。]

(学生浏览后纷纷举手)

师: 好的。你看,方法一对头,速度就会加快,这就叫事半功倍。好极了!第四段,谁来?

生：据说象是一种聪明而有灵气的动物。

师：老师给你提一个小小的建议，你想一想，根据下文的内容，"据说"这个词还需要使用吗？

生：不需要了。

师：为什么不需要了？"据说"是听人家说，然而，象的聪明和灵气对作者来说，只是听说吗？还是——孩子，他看到了吗？

生：看到了。

师：那么"据说"这个词还需要吗？

生：不需要了。

（大屏幕出示"句四"：象是一种聪明而有灵气的动物。）

师：真好！读！

生：（齐读）象是一种聪明而有灵气的动物。

师：画下来。还在第一的位置，是吗？第五段——

生：最使我难以忘怀的是看大象跳舞。

（大屏幕出示"句五"：最使我难以忘怀的是看大象跳舞。）

师：读！

生：（齐读）最使我难以忘怀的是看大象跳舞。

师：画下来！还在第一句，是吗？

（学生动笔圈画）

师：再看第三段。

生：在泰国人和象之间没有距离。

（大屏幕出示"句三"：在泰国人和象之间没有距离。）

师：读！

生：（齐读）在泰国人和象之间没有距离。

师：画下来。还是第一句吗？

生：（自由应答）不是。

师：第几句？

生：（自由应答）第二句。

师：可见这个"一般"的重要性。一般的时候都在第一句，特殊的时候可能在第二句，甚至在最后一句。明白吗？

生：（自由应答）明白。

［段落顺序的有意打乱，原来是为了强调这个"一般"的重要！］

（大屏幕出示"句一"至"句五"）

师：正是这五个中心句把咱们这篇课文的主要内容一网打尽了。来，我们捋一捋这篇课文的内容，跟老师一起读。

师：在泰国——

生：（齐读）遇到大象是很自然的事。

师：注意第二句，在泰国——

生：（齐读）象是泰国的国宝。

师：糟糕！在泰国——

生：（齐读）象是国宝。

师：聪明！再来。在泰国——

生：（齐读）象是国宝。

师：在泰国——

生：（齐读）人和象之间没有距离。

师：在泰国，大象用他们的行动证明——

生：（齐读）象是一种聪明而有灵气的动物。

师：真好！在泰国——

生：（齐读）最使我难以忘怀的是看大象跳舞。

师：好极了，多么奇特的风情！这也只有在泰国才可以看到，才可以听到。还记得刚才同学们提出的问题吗？还记得吗？其实，你们刚才思考的所有问题的答案就在眼前。谁发现了？你觉得其中的哪句话直截了当地告诉了你那么多问题的答案？

生：在泰国人和象之间没有距离。

师：再读一遍！

生：在泰国人和象之间没有距离。

师：太好了，一起读！

生：（齐读）在泰国人和象之间没有距离。

师：没有距离。孩子们，把这四个字写在课题"与象共舞"的旁边。

（生动笔批注）

师：好的，把笔放下，抬头看黑板，看王老师写一个字。（师在课题下板书：人）孩子们，我在这个位置写一个"人"字，你想一想，这个"象"字应该写在哪儿？谁来写一写？好的，你请！

（一个学生在黑板上紧贴"人"的右边写了一个"象"）

师：跟大家说说，为什么这个"象"字写在这儿？

生：因为他们像朋友一样，所以是紧紧地挨在一起的。
　　师：说得真好，"紧紧地挨在一起"。（稍顿）还有不一样的写法吗？
（第二个学生到黑板前书写）
　　师：注意看她怎么书写，猜猜她为什么这样写？
（第二个学生在黑板上紧贴"人"的下边写了一个"象"）
　　师：跟大家说说为什么这么写？
　　生：在泰国人经常骑着象，在古代人还骑着象冲锋陷阵。
　　师：人骑在大象上冲锋陷阵、生死与共，这个时候人和象之间还有距离吗？
　　生：（自由应答）没有距离！
　　师：还有不一样的写法吗？
（第三个学生上讲台，在黑板上紧贴"人"的上边写了一个"象"）
　　师：跟大家说说。
　　生：因为在泰国有时候象会为人们做按摩。
　　师：大家想想看，当大象用它粗壮的腿脚给人做按摩的时候，按摩的大象和被按摩的人之间还有距离吗？
　　生：（自由应答）没有距离！
　　师：还有不一样的写法吗？
（第四个学生来到黑板前，抬笔时有些犹豫，回头看老师）
　　师：写，大胆写！
（第四个学生在"人"的位置上写了一个"象"，"人"与"象"叠在一起）

　　师：说说！
　　生：因为我认为大象可以在树林间自由走动，就说明人与象之间是平等的——不能出现人骑在象上这些——我觉得人和象是平等的。
　　师：在她心里人和象是完全平等的。人骑在象上冲锋陷阵、象为人做按摩时的小心翼翼也一样让我们感受到了他们之间——
　　生：（自由应答）没有距离！

　　[第二板块的教学，就是引领学生发现并学会把握中心句的"一般规律"。而五个中心句也就把课文的主要内容一网打尽了。掬一掬这篇课文的内容，也就深入理解了"人象无间"的浓情厚意，正是"提领而顿，百毛皆顺"。
　　接下来，教师在黑板上写一个大大的"人"，请学生思考"象"应该写在哪里。学生充满个性与诗意的书写正是他们对文本独特的理解与感知。接受美学特别强调读者在阅读过程中的作用，即"意义在瞬间生成"。学生对"人象没有距离"的个性化体悟也恰恰是在他动笔书写的瞬间生成的，阅读的体验由此变得多彩且丰盈。]

三、聚焦重点语段，升华感悟"与象共舞"的天地奇观

师：说到人象之间没有距离，我想你们脑海里面一定会有一个印象特别深刻的画面、特别深刻的场景，哪一个？在脑海里面迅速搜索一下，哪个画面、哪个场景让你一下子想到人象之间一点距离都没有？

生：看大象跳舞。

生：象在给人按摩。

生：人和象在一起跳舞。

生：人和大象在一起跳舞。

师：是的，我相信，一定有很多孩子脑海之中会留下这幅画面，这幅画面就是人和大象一起舞之蹈之。这也是作者赵丽宏最难以忘怀的一幅画面。来，打开书，默读这一段，看看你是从哪些地方体会到了人象之间没有距离。

（生默读第五自然段）

师：好的，我们一起看看这个画面，谁来读一读"与象共舞"的画面？

（大屏幕出示：在欢乐的音乐声中，象群翩翩起舞，观众都拥到了宽阔的场地上，人群和象群混杂在一起舞之蹈之，热烈的气氛感染了在场的每一个人。舞蹈的大象，没有一点儿笨重的感觉，它们随着音乐的节奏摇头晃脑，踮脚抬腿，前后左右颤动着身子，长长的鼻子在空中挥舞。毫无疑问，它们和人一样，陶醉在音乐之中了。）

（生看屏幕朗读）

师：好，我们一起读一读这个"与象共舞"的画面。"在欢乐的音乐声中"，起！

（生齐读该段，在朗读过程中师纠正"踮脚抬腿"的读音）

师：孩子们，请你特别留意大象跳舞的动作，你仔细看一看，随着音乐的节奏，大象时而——

生：摇头晃脑。

师：时而——

生：踮脚抬腿。

师：时而——

生：前后左右颤动着身子。

师：时而——

生：长长的鼻子在空中挥舞。

师：没错，就是这样的节奏，就是这样热烈的气氛。读一读吧，放开声音，按自己的节奏读吧！

（生自由朗读课文）

师：来，谁来读一读？读出欢乐，读出热烈，读出舞蹈的节奏！

（生朗读段落）

师：好，孩子们，我们一起来！"在欢乐的音乐声中，象群翩翩起舞"——

（生齐读课文）

师：多么欢快的舞蹈，多么热烈的气氛啊！孩子们，假如你当时就在现场，就在东巴乐园，我想你一定愿意成为其中的一名观众，是吗？愿意做观众的请举手！

（生纷纷举手）

师：好的，把你们的这种陶醉读出来，此时此刻我们就是观众，我们就是人群，我们就是舞之蹈之的每一个人！

（大屏幕出示：在欢乐的音乐声中，象群翩翩起舞，我们都拥到了宽阔的广场上，我们和象群混杂在一起舞之蹈之，热烈的气氛感染了在场的每一个人。舞蹈的大象，没有一点儿笨重的感觉，它们随着音乐的节奏摇头晃脑，踮脚抬腿，前后左右颤动着身子，长长的鼻子在空中挥舞。毫无疑问，它们和我们一样，陶醉在音乐之中了。）

（生替换角色朗读）

师：记住，你就是我，我就是你，人群就是我们，我们就是人群！来，我们一起和大象舞之蹈之！起！

（生集体替换角色朗读）

师：多么热烈的气氛，多么陶醉的场景啊！孩子们，假如你当时就在现场，就在东巴乐园，我想你也一定愿意成为一头舞之蹈之的大象，是吗？愿意的请举手！

（生纷纷举手）

师：好家伙，都想做大象。请你记住，我们就是大象，我们就是陶醉其中舞之蹈之的象群。

（大屏幕出示：在欢乐的音乐声中，我们翩翩起舞，观众都拥到了宽阔的广场上，人群和我们混杂在一起舞之蹈之，热烈的气氛感染了在场的每一个人。舞蹈的我们，没有一点儿笨重的感觉，我们随着音乐的节奏摇头晃脑，踮脚抬腿，前后左右颤动着身子，长长的鼻子在空中挥舞。毫无疑问，我们和人一样，陶醉在音乐之中了。）

（生替换角色朗读）

师：还有谁也想成为大象？来，我们用自己的语言，用自己的声音，和大象舞之蹈之，起！

（生全体替换角色朗读）

师：这就叫"人象合一"（板书）。作者赵丽宏也曾这样说："那真是天地间的美妙奇观，那真是匪夷所思的天作之合。"孩子们，让我们一起再次走进这与象共舞的美妙奇观，再一次感受这人象合一的天作之合！

（大屏幕出示：在欢乐的音乐声中，象群翩翩起舞，观众都拥到了宽阔的场地上，人群和象群混杂在一起舞之蹈之，热烈的气氛感染了在场的每一个人。舞蹈的大象，没有一点儿笨重的感觉，它们随着音乐的节奏摇头晃脑，踮脚抬腿，前后左右颤动着身子，长长的鼻子在空中挥舞。毫无疑问，它们和人一样，陶醉在音乐之中了。）

（生声情并茂地齐读）

师：毫无疑问，我们已经和他们一样，也陶醉在与象共舞的美妙境界中了！下课！

【板书设计】

  27* 与象共舞
    象
   人象合一
    象

[因为是略读课文，教师便着力聚焦了描写"与象共舞"的重点语段。此时，入情入境的朗读代替了理性的分析，学生在教师设计的不同情境中、在不断的角色置换中反反复复地朗读，真可谓读到了文字中，读到了情境中，读到了作者的心中。

课的基调越来越高，学生的朗读也变得越来越声情并茂，所有人都沉浸在"与象共舞"的和谐与快乐里！教师却以一句"毫无疑问，我们已经和他们一样，也陶醉在与象共舞的美妙境界中了"结束了教学。

余音甫收，欲罢不能。
我忽然明白了中国画中"留白"的艺术——断在此处即为美。]

《与象共舞》（B版）：指向运用与表达

一、一串带"睹"字的成语

师：很高兴和大家一起学习一篇新的课文（指板书的课题）——
（生齐读课题）

师：细心的同学一定发现了，课题前有个星号，表示这是一篇略读课文，略读课文我们一般用一节课的时间把它学完。课前王老师布置了两个预习任务：第一，通读课文，如果有可能，再去找一找那些带"睹"字的成语；第二，猜想一下，这个题目假如是一篇命题作文——与象共舞，请你来写，你会写些什么？这两项预习任务有难度，不知完成得如何。我了解一下，完成的请举手示意。

［品味这预习作业的布置，课的主旨似草蛇灰线早已在课前埋设。］

（生纷纷举手）

师：哟，真厉害！把手放下。好！好就好在"认真"二字。看出来了，我们这班同学有很认真的学习习惯。预习情况究竟如何呢？看看，这是这篇课文当中出现的一个新词，也是一个成语，还带一个生字，谁来读？

（大屏幕出示：熟视无睹）

生：熟视无睹。

师：好的，每一个字都读得非常清晰，来，一起读——

生：（齐读）熟视无睹。

师：知道这个词儿的意思吗？在这个成语当中有两个字的意思是相同的，谁发现了？

生：是"视"和"睹"。

师："视"和"睹"啥意思？

生：是"看见"的意思。

师：没错，是"看见"的意思。更巧的是，这个成语当中有两个词语的意思是相反的，谁发现了？

生:"熟"和"无"。

师:"熟视"和"无睹"的意思是相反的。知道"熟视"的意思吗?

生:"熟视"就是"看惯了"的意思。

师:就是经常看见,是吧?"无睹"呢?

生:从来没有看见。

师:是啊,经常看见的人和事好像没有看见一样,这就是这个词的意思,明白了吗?好,我们再来读一下这个词,起!

生:(齐读)熟视无睹。

师:再读!

生:(齐读)熟视无睹。

师:其实啊,还有好些个带"睹"字的成语。我让你们预习的时候查了,是吗?比如——

生:惨不忍睹。

师:好嘛,一开口就"惨不忍睹",最好别"惨不忍睹"。(笑声)比如——

生:先睹为快。

师:好极了,先睹为快。再比如——

生:有目共睹。

师:嗯,真好。还比如——

生:睹物思人。

师:你这年纪,应该不大会"睹物思人"。等你长大了,你就知道"睹物思人"的滋味了。(笑声)

生:耳闻目睹。

师:嗯,真好!哎,这些带"睹"的成语你们想看一看吗?

生:想!

师:那就让我们一起先睹为快!

(大屏幕展示:熟视无睹 有目共睹 先睹为快 耳闻目睹)

师:我们一起把这些带"睹"字的成语读一读,每个词读一遍。

(生齐读词语)

师:好极了!学语文啊,有时候要有这样的敏感,由一个词儿,噌地一下,联想到跟它有关的一串词儿,这样,积累起来就方便多了。明白吗?好了,看!还有一组,也是带生字的新词。看清楚了,谁来读?

(大屏幕展示:松弛 按摩 尴尬 气氛)

（生读词语）

师：真好！我们一起读——

（生齐读词语）

师：孩子们，这两组词语搁在一块儿会有什么联系呢？大家看！

（大屏幕出示：熟视无睹　有目共睹　先睹为快　耳闻目睹

在泰国，大象对人群已经_____，所以，你遇到大象神经完全可以松弛下来。）

师：想一想，这个空格里你会选择哪个成语？请你完整地读出来！

生：（选词朗读）在泰国，大象对人群已经熟视无睹，所以，你遇到大象神经完全可以松弛下来。

师：嗯，好的！不错！谁再来读一读，一口气，如行云流水，完完整整地，你请！

生：（读）在泰国，大象对人群已经熟视无睹，所以，你遇到大象神经完全可以松弛下来。

师：嗯，真好！我们继续看——

（大屏幕出示：熟视无睹　有目共睹　先睹为快　耳闻目睹

在泰国，据说最有意思的是大象为人做按摩，去那里旅游的人都想_____。）

师：这句话当中的空格处你会选哪个成语？

生：（选词朗读）在泰国，据说最有意思的是大象为人做按摩，去那里旅游的人都想先睹为快。

师：真聪明，好极了！来，我们一起来读——

生：（齐读）在泰国，据说最有意思的是大象为人做按摩，去那里旅游的人都想先睹为快。

师：好的，我们继续看！这句话，你会选哪个成语？

（大屏幕出示：熟视无睹　有目共睹　先睹为快　耳闻目睹

在泰国，做按摩的大象偶尔也会跟人开开玩笑，这是观众_____的事儿，你不必惊奇，更不必尴尬。）

生：（选词朗读）在泰国，做按摩的大象偶尔也会跟人开开玩笑，这是观众有目共睹的事儿，你不必惊奇，也不必尴尬。

师：是"更不必尴尬"，是吗？好的，最后一题，准备秒杀！（笑声）

（大屏幕出示：熟视无睹　有目共睹　先睹为快　耳闻目睹

在泰国，你_____象群和人群在欢乐的音乐声中翩翩起舞的场面，你陶醉其中，难以忘怀。）

生：（选词朗读）在泰国，你耳闻目睹象群和人群在欢乐的音乐声中翩翩起舞的场面，你陶醉其中，难以忘怀。

师：嗯，好！相信这次发言也会令你难以忘怀，是吧？好，真好！孩子们，你有没有发现，刚才你们所填所读的这四句话，如果把它们合在一块儿，正是我们这篇课文的主要内容，是吗？

[对比第一案的教学，同样是由词到句地巧妙梳理课文的主要内容，却与第一案完全不同，在这一设计里教师更强调词语的积累、拓展与运用。与第一案共有的却是以简驭繁、以少胜多的剪裁艺术。]

二、由课题引出的问题

师：很好，第一项预习任务已经圆满完成，不但圆满而且超额了！现在我们看第二项预习任务。一起把课题读一遍！

生：（齐读）27. 与象共舞。

师：再读！

生：（齐读）27. 与象共舞。

师：从字面上看，这个题目是什么意思？

生：是人和象一起跳舞。

师：好的，和大象一起跳舞，是吗？（在课题下板书：和大象一起跳舞）很显然，"与象共舞"的意思是"和大象一起跳舞"。我曾经让你们猜想过课题，想一想假如这是一篇命题作文，你会写什么，你会重点写什么，你想了吗？

生：（自由应答）想了。

师：我猜你们应该会这样写，应该八九不离十吧！会写什么？第一，为什么要和大象跳舞啊，这叫起因；第二，怎么跟大象跳舞啊，这叫经过；第三，跳舞后有些什么收获与感想呀，这叫结果。而且我会重点写怎么跟大象跳舞，我一定会把我怎么跟大象跳舞写得又生动、又具体、又清楚，写得有条不紊，是吗？

生：（自由应答）是。

师：奇怪！你用最快的速度浏览课文，可以一目一行，可以一目三行，还可以一目五行、一目十行，你能够迅速地发现这篇课文很奇怪的地方。

（生浏览课文后纷纷举手）

师：已经有人满脸困惑，已经有人迫不及待，已经有人跃跃欲试。哈，把手放下。奇怪吗？

生：（自由应答）奇怪。

师：题目是与象共舞，第一自然段写和大象跳舞了吗？

生：（自由应答）没有。

师：第二段写和大象跳舞了吗？

生：（自由应答）没有。

师：第三段写和大象跳舞了吗？

生：（自由应答）没有。

师：只有第五段。（稍顿，作困惑状）不对呀？怎么可以这样写呢？跑题了呀？怎么搞的，题目都没搞清楚就写文章了？

（生议论或沉思）

师：哪一段没跑题？

生：最后一段。

师：我们不妨先看看第五自然段，请大家自由朗读这一段，一边读一边体会，一边读一边琢磨：作者的哪些描写特别让你难以忘怀？可以动笔画一画。

（生自由朗读第五自然段，圈画、批注）

[看着王老师自始至终一本正经、困惑十足的样子，听着王老师那么"认真"地一遍一遍感叹着"奇怪呀"，到终于成功地"挑逗"起学生质疑文本、议论纷纷，我终于会意地笑起来。——王老师自己说过，一个聪明的教师常常要在学生面前装出"愚钝"的样子。]

三、体会语言的节奏

师：来，就这一段写与象共舞，你觉得作者的哪些描写特别精彩，特别让人难以忘怀？

生：（朗读）舞蹈的大象，没有一点儿笨重的感觉，它们随着音乐的节奏摇头晃脑，踮脚抬腿，前后左右颤动着身子，长长的鼻子在空中挥舞。

师：噢，真好，谁也画了这一处，举手示意一下。噢，真不少，我们一起读一读这句话！

（生齐读此句）

（大屏幕展示：舞蹈的大象，没有一点儿笨重的感觉，它们随着音乐的节奏摇头晃脑，踮脚抬腿，前后左右颤动着身子，长长的鼻子在空中挥舞。)

师：毫无疑问，这一句写大象跳舞，而且写得那么生动、那么形象、那么具体，连续地写了大象跳舞的四个动作。第一个是——

生：摇头晃脑。

师：画下来！（生动笔圈画）第二个是——

生：踮脚抬腿。

师：继续画！第三个是——

生：前后左右颤动着身子。

师：把这句话读成四个字——

生：颤动身子。

师：画下来！好，第四个动作是——

生：挥舞。

师：读原句。

生：长长的鼻子在空中挥舞。

师：也试着把它读成四个字！

生：鼻子挥舞。

师：说反了！

生：挥舞鼻子。（笑声）

师：画下来，"挥舞鼻子"。孩子们，舞蹈的大象没有一点儿笨重的感觉，作者连续写了他的四个动作，第一个是——

生：（自由应答）摇头晃脑。

师：第二个是——

生：（自由应答）踮脚抬腿。

师：第三个是——

生：（自由应答）颤动身子。

师：第四个是——

生：（自由应答）挥舞鼻子。

师：既然如此，那么我们不妨把这个句子改成这样：

（大屏幕展示：舞蹈的大象，没有一点儿笨重的感觉，它们随着音乐的节奏摇头晃脑，踮脚抬腿，颤动身子，挥舞鼻子。）

（生齐读修改后的句子）

师：你看，动作的数量减少了吗？

生：（自由应答）没有。

师：动作的顺序颠倒了吗？

生：（自由应答）没有。

师：动作的意思改变了吗？

生：（自由应答）没有。

师：但是，什么变了？不着急，自个儿再试着读一读上下两句话，体会体会什么在变、什么变了！

（生自读品味）

师：嗯！嚼出一点儿味道来的举手。

（生纷纷举手）

师：好家伙！还真有不少同学嚼出味儿来了，咱们听听，他们嚼出了什么味儿？

生：我发觉上下两句的字数不同，"前后左右颤动着身子"，它就写了"颤动身子"，下面的把句子缩了。

师：这明眼人都能看出来，地球人都知道！（笑声）

生：我觉得前面的句子多几个字，它可以更生动更形象地描写出舞蹈的大象。而第二句缺少几个描写它的词语，那么，怎么读都是没有意思的。

师：我明白了，她的意思是字数越多越生动，字数越多越具体，所以要具体，要生动，写得越多越好！

生：字数越多也不一定越具体越生动，字数越少也不一定越具体越生动，字数呢，要差不多。（笑声）

师：你这不是和稀泥嘛！（笑声）

［孩子们隐隐约约地体会到两个句子的韵味不同，却无法准确地表达出来，也无法深入体会到产生这种不同的原因。想来想去，想不出；道来道去，道不明。这正是"愤""悱"的情状，接下来的"启"与"发"正当时。］

师：好，把手放下。孩子们，我们不着急，我们慢慢地品，我们有的是时间。来，我们读第一句话，"舞蹈的大象，没有一点儿笨重的感觉"，读——

生：（齐读）舞蹈的大象，没有一点儿笨重的感觉，它们随着音乐的节奏摇头晃脑，踮脚抬腿，前后左右颤动着身子，长长的鼻子在空中挥舞。

师：孩子们，你注意到没有，大象是随着什么在跳舞？

生：随着音乐的节奏在跳舞。

师：随着音乐的什么？

生：（自由应答）节奏。

师：把"节奏"这个词儿圈出来！（生动笔圈画）读！

生：（齐读）节奏。

师：再读！

生：（齐读）节奏。

师：没有节奏！读！

生：节奏。（语气有起伏变化）

师：再读！

生：（齐读）节奏。（短促而有变化）

师：听过音乐吧？

生：（自由应答）听过。

师：感受过音乐的节奏吧？

生：（自由应答）感受过。

师：音乐的节奏，它有快的时候，就一定会有——

生：慢的时候。

师：有长的时候，就一定会有——

生：短的时候。

师：有重的时候，就一定会有——

生：一定会有轻的时候。

师：它有强的时候，就一定会有——

生：弱的时候。

师：好啊，是的，孩子们，你再读一读，你再感受一下，哪一句话让你感受到了跟音乐一样的节奏。

生：（齐读）舞蹈的大象，没有一点儿笨重的感觉，它们随着音乐的节奏摇头晃脑，踮脚抬腿，前后左右颤动着身子，长长的鼻子在空中挥舞。

师：再读读下面的一句。

生：（齐读）舞蹈的大象，没有一点笨重的感觉，它们随着音乐的节奏摇头晃脑，踮脚抬腿，颤动身子，挥舞鼻子。

师：说说你体会到的味道。

生：我觉得下面一句把词语连起来写没有一点味道，就是跳来跳去的感觉。加上几个词语的话，比较有节奏感。

师：好的，就这四个动作，大象跳舞的四个动作，在语言的节奏上，你感觉哪儿是短的，哪儿是长的？

生："摇头晃脑""踮脚抬腿"是短的。而"前后左右颤动着身子"是长的,"长长的鼻子在空中挥舞"是长的。

师:没错,你再看看,哪儿是急促的?

生:"摇头晃脑"是急促的,"踮脚抬腿"是急促的。

师:哪儿是舒缓的?

生:"颤动着身子"是舒缓的,"长长的鼻子在空中挥舞"是舒缓的。

师:没错,是的,孩子们,这就叫语言的节奏。明白了吗?来,我们一起带着这样的节奏,再来读一读大象跳舞的美妙动作。

(师示范朗读)

(生齐读句子,较好地体现了语言的节奏感)

师:这样的舞蹈的大象给你什么样的感觉?

生:有灵气。

生:有音乐感。

生:这个大象已经投入音乐中去了。

师:说得多好!投入音乐中去了。然而,我们再看看下面这一句,你听听那是一头怎样的大象?(师朗读,有意读得一字一顿,毫无节奏感)舞蹈的大象,没有一点笨重的感觉,它们随着音乐的节奏摇头晃脑,踮脚抬腿,颤动身子,挥舞鼻子。

生:这样没有音乐感。

生:我觉得这样写太死板了。

生:我觉得这样写大象并不是沉醉在音乐中,它是一个提线木偶!(笑声,掌声)

师:哎呀妈呀,太有才了!那是大象吗?那是木偶象、机器象,没有一点生命的活力。而那第一头大象聪明、灵气,深深地陶醉在音乐的节奏中。要把这种感觉读出来!

(生齐读句子,声情并茂。有的学生情不自禁地边读边"颤动身子""踮脚抬腿")

师:这样的大象怎能不让人喜欢啊!这一处写得的确精彩。

[《与象共舞》这一课里王老师没有使用音乐——那是他极擅长的造境方式与思维符号。但是,在这一段的教学里,他分明就是个语言的指挥家、语言的音乐家!他竟然抓住了语言中的"节奏"引导学生品味、揣摩遣词造句的妙处。不知不觉地,在反复涵泳、比较品析当中,学生由不懂到懂,由毫无感觉到朗读时也跟着"摇头晃脑""踮脚抬腿",这又是怎样神奇的"音乐"!

其乐融融，大音稀声。]

四、好一个"拥"字的赏析

师：还有哪些地方也是这样特别精彩？

生：（朗读）表演的尾声，也是最高潮，在欢乐的音乐声中，象群翩翩起舞，观众都拥到了宽阔的场地上，人群和象群混杂在一起舞之蹈之，热烈的气氛感染了在场的每一个人。

师：嗯，谁也画了这一处？

（数生举手）

师：好的，也有不少。我们一起读一读。

（生齐读句子）

师：孩子们，这是写"与象共舞"，对吗？写谁与象共舞？

生：（自由应答）写人和大象共舞。

师：没错，写人、写观众与象共舞。但是你发现没有，作者写观众的第一个动作是什么？

生：拥到了宽阔的广场上。

师：一个字——

生：拥。

师：把"拥"字圈出来。孩子们，什么是"拥"？

生：就是一部分人聚集到一个点上。

生：大家都喜欢的东西就会有很多人跑去抢。

生：我认为就是很多人一起跑到一个地方去。

师：好，大家都强调了在这个"拥"字的背后不是三三两两，不是几个人，而是很多很多的人。是吗？但是，确实有很多很多的人，他们井然有序，他们排着队伍，他们鱼贯而入，这叫"拥"吗？

生：（自由应答）不叫。

师：那么，什么叫"拥"？

生：他们争着抢着往那里去。

生：很多很多人挤在场地上，迫不及待地想去。

生：我认为是人群像潮水一样赶到一个地方。

师：好一个"争着抢着""迫不及待""像潮水一样"！那才叫"拥"啊！没错，把这种感觉和理解带进去，我们来读一读这一段与象共舞！

（生齐读句段）

师：我说亲爱的观众朋友们啊，你进去跟谁跳舞啊？

生：大象。

师：你就不怕被大象撞了？

生：不怕。

师：为什么？

生：大象已经对我们熟视无睹了。

师：我说亲爱的观众朋友们啊，你进去跟谁跳舞啊？

生：我当然是跟大象一起跳舞了。

师：你就不怕大象用长长的鼻子把你卷起来之后再把你摔个嘴啃地？

生：不可能，我们的大象很温柔的。

师：此时此刻当你进去的时候，你紧张吗？

生：不紧张。

师：你害怕吗？

生：不害怕。

师：你恐惧吗？

生：不恐惧。

师：孩子们，瞧瞧，这叫"拥"啊。从这个"拥"字当中，你分明能够感受到人对大象的那一份感情、那一种关系。那叫——

生：朋友关系。

师：那叫——

生：非常亲密。

师：那叫——

生：亲密无间。

师：孩子们，来，把这种喜爱、这种信任、这种亲密无间、这种和谐相处表现出来！

师：（引读）表演的尾声，也是最高潮——

（生齐读句段）

［王老师引导学生对"拥"字的赏析，不但不留痕迹地指导了学生炼字品词的能力，而且让学生充分感悟到了人与象亲密无间和谐相处的主题。

法国作家福楼拜说："无论你所讲的是什么，真正能表现它的句子只有一个，真正恰当的动词和形容词也只有一个。"当教师带领学生们面对文本，走进文本时,又何尝不是必须找准"这一个"?]

五、回到课题的深意与形式

师:孩子们,再读课题——

生:与象共舞。

师:读到现在为止,你难道还认为"与象共舞"的意思就是"和大象一起跳舞"吗?

生:应该是和大象一起玩耍,和睦相处。

师:好一个和睦相处!

生:是对大象的一种信任。

师:信任。

生:与它做朋友,一起做游戏。

师:多好啊!和大象亲密无间、和谐相处。

(板书:和大象亲密无间)

师:孩子们,我们牢牢地抓住了这一段没有跑题的内容,让我们恍然大悟,原来"与象共舞"不仅有"与大象一起跳舞"的意思,更有"与大象亲密无间、和谐相处"的内涵。孩子们,在你明白了"与象共舞"的另一层含义之后,你回过头去看第一、第二、第三、第四段,你就会豁然开朗。比如第一段——写在泰国,看到大象是很自然的事,实际上写的是人与大象的关系是——

生:亲密无间、和谐相处。

师:好的,你再看第二段。写象是泰国的国宝,实际上写的是人与大象的关系是——

生:亲密的感情。

师:对,亲密无间、和谐相处。你再看第三段,写在泰国人和象之间没有距离,那分明是在告诉我们,人和象——

生:亲密无间。

师:你再看第四段,写的最有意思的是大象给人做按摩,实际上也写出了人和象之间——

生:亲密无间。

师:好极了。从这个意义上来讲,咱们这篇课文的每一句话、每一个字都在写——

生：（齐答）与象共舞。

师：孩子们，这种写法就叫"一语双关"。（板书：一语双关）到现在为止，我们终于明白，作者跑题了吗？

生：没有。

[跑题？没跑题？一节课王老师就在这样一个有趣的"挑战文本"的问题里与学生探究了"与象共舞"的真正含义。若只是这样的设计倒也罢了，每每观摩此课，王老师孩子似的狡黠的神情总是令人忍俊、令人动容。]

师：实际上，把这个"象"字抠掉，"与某某共舞"，已经成为一种特殊的语言形式，它要反映的是，与某某的关系非常亲密，非常和谐。比如，当你非常喜欢蝴蝶，和蝴蝶亲密无间、和谐相处时，你就可以说——

生：与蝶共舞。

师：好极了！与蝶共舞。再比如，你和原本生性残忍的狼，关系密切、和谐相处，你就可以说成——

生：与狼共舞。

师：没错，其实"与狼共舞"是一部大片的名字，获得过奥斯卡大奖。

师：据我了解，咱们这个班的同学特别喜欢读书，你可以说——

生：与书共舞。

师：还可以说——

生：与读共舞。

师：再比如说今天这堂课，你和王老师相处得特别好，你也可以说——

生：与王老师共舞。

师：好极了！我在网上搜集了一些"与某某共舞"的题目。大家来看，有一个字儿入题的。

（大屏幕展示：与龙共舞、与鲨共舞、与雪共舞、与墙共舞）

（生齐读上述题目）

师：哪个题目让你犯晕了？

生：与墙共舞。

师：猜猜看！

生：和墙亲密无间。（笑声）

师：（做靠墙而立的样子）你的意思是他靠在墙上，白天靠在墙上，晚上靠在墙上，今天靠在墙上，明天靠在墙上，今年靠在墙上，明年还靠在墙

上？傻了！（笑声）

生：可能是他在墙上乱涂乱画，他的生活离不开墙。

师：聪明啊，一个画家在墙上到处画，不是涂鸦，而是装饰环境，所以，写这个人的文章题目就叫"与墙共舞"。好极了，这是一个字入题的，还有两个字入题的，谁来读？

（大屏幕展示：与肖邦共舞、与风筝共舞、与压力共舞、与飞碟共舞）

（生齐读上述题目）

师：对哪个题目特别感兴趣？

生：与飞碟共舞。

师：见过飞碟吗？

生：见过。（全场大笑，师作疑惑状）

师：在哪儿见过？

生：在电视上见过。（笑声）

师：吓我一跳，那我也见过。有三个字入题的，一起读！

（大屏幕展示：与红楼梦共舞、与世界杯共舞、与奥运会共舞）

（生齐读上述题目）

师：2008年8月8日，我们与谁共舞了？

生：与奥运会共舞。

师：我还找了一个史上最牛的题目，一起读！

（大屏幕展示：与上帝共舞）

生：（齐读）与上帝共舞。

师：可能吗？

生：（自由应答）不可能。

师：见过上帝吗？

生：（自由应答）没有。

师：没有，怎么可能与上帝共舞呢？牛不牛？

生：牛。

师：一点儿都不牛。知道上帝是谁吗？噢，你敢猜？

生：天空。

师：不是。

生：天上的神。

师：不是。

生：大象。

师：不是。

生：大自然。

师：不是。咱们不猜了，这个人是个售货员，在他的眼中——

生：（迫不及待地）顾客就是上帝。

师：这叫典型的事后诸葛亮。（笑声）

师：很多人都想跟别人共舞，都想跟别人亲密无间、和谐相处。但是，也有人找不到共舞的伙伴啊，于是，只好感叹——

（大屏幕出示：谁与共舞）

生：（齐读）谁与共舞。

师：没错！孩子们，其实不管与谁共舞，它要表达的都是人希望和人、和自然之间——

生：亲密无间、和谐相处。

师：孩子们，那么在你的心中，你最想跟谁共舞呢？（稍顿）下课！

【板书设计】

27* 与象共舞

和大象一起跳舞 ⎫
　　　　　　　　⎬ 一语双关
和大象亲密无间 ⎭

[趣味盎然，一课一得。这节课的目标高度统一，围绕着课题，问题渐渐展开，思考不断深入，学生的所获所得也清晰可触。为了写，王老师的这节课从词语到句子，从构段方式到构词方式及含义，真是挖掘到了极致；同样是为了写，"与狼共舞、与蝶共舞、与书共舞、与老师共舞、与上帝共舞"，教学由课内延伸到课外、到生活！现场有位听课的老师感叹道："我都想写一篇这样的文章了，更别说学生了！"

课的最后，王老师轻声一问，"孩子们，你最想跟谁共舞呢"，就结束了教学。又是扔下愣住的我们，自己潇洒转身。

我恨不能变身为您班上的学生，日日得与语文共舞。]

『课程反思』

两极之辩：是阅读本位还是写作本位

2005年，我首次接触潘新和先生的鸿篇巨制《语文：表现与存在》，读罢全书，欣喜若狂。对"诗意语文"理论大厦的建构与阐释，于我，是力有未逮、学有所缺的。虽常以"理论是灰色的，唯有实践之树常青"宽慰自己，但是，每每在诗意语文实践中遭遇困顿和彷徨时，我便渴望着理论的强有力支撑和引领。没想到，"踏破铁鞋无觅处，得来全不费工夫"，在邂逅《语文：表现与存在》时，我豁然开朗，欲罢不能。原来，"诗意语文"的理论大厦早有先行者在精心规划、横空结撰了。从此，《语文：表现与存在》成了诗意语文最重要的智慧渊薮、灵感源泉。

2008年，我就"写作本位：读写观念的重构"对潘新和先生进行了访谈。彼时，我已隐隐约约意识到，语文课程改革中遭遇的种种尴尬和暴露出来的种种问题，已非方法论层面的思考所能解决，必须"向青草更青处漫溯"，而这"更青处"便是语文本体论。"理论思维首要的是对对象的本体论思考，应对语文教育学作'学理'的思考，'教法'一类的应用理论研究不是不重要，而是它必须在正确的基础理论指导下进行。"（潘新和《语文：表现与存在》之《自序》）

于是，在访谈中，我就语文本体论的价值取向是"阅读本位"还是"写作本位"这一焦点问题，向潘新和先生作了一番讨教。

以叶圣陶先生为代表的主流读写观认为"阅读是写作的基础""写作的'根'是阅读""培养读的能力，也是一个目的""教师教得好，学生读得好，才能写得好"。可以看出，这一读写观是"阅读本位"的。我们今天的中小学语文教材以文选来组织单元，外挂写作练习，就是按照这一观念编写的。教学的中心是阅读，课堂几乎是讲读、串讲课文一统天下，这种状况也是由这一观念所决定的。这一观念从20世纪初就开始逐渐形成，到今天已经成为教材与教学中的"惯例"和教师的"集体无意识"了。

其实，任何事物都不是一成不变的，读写观也是可以改变的。我们现在突破性地提出"阅读，指向言语表现，指向写作""写作是阅读的目的""写作是语文能力的最高呈现"，这就与传统的读写观完全不同了。这一读写观是"表现本位""写作本位"的，把原先的"阅读本位"的教学观念翻了个底朝天。说"阅读是写作的基础"，强调的是阅读对写作的重要作用；说"写作是阅读的目的"，强调的则是写作对阅读的重要作用。这二者的指向是截然相反的，也表明了二者是互补的，它们之间的作用不是单向的，而是双向互动的。这不是玩文字游戏，而是对一种根深蒂固的观念的颠覆，是认知的深化：不能只讲阅读对写作的作用，不讲写作对阅读的作用（潘新和、王崧舟《写作本位：读写观念的重构》）。

那次访谈之后，我一直试图在课堂实践的层面上以某种直观的、感性的形式呈现"阅读本位"与"写作本位"这一语文本体论上的两极之辩，但灵感迟迟未能青睐我的头脑，直到2010年。

没想到，"两极之辩"这一语文本体论的灵魂会附体在赵丽宏先生的《与象共舞》一文上，灵感如闪电，一个人"同课异构"的思路立刻照亮了我的头脑。短短一天的工夫，两个版本的《与象共舞》便潇洒地走进我的课堂，分裂与冲突的感觉就这样袭上我的心头，并震撼着每一位听课者。

我们试以列表的方式一览这种分裂与冲突。

同课异构	《与象共舞》（A版）	《与象共舞》（B版）
价值取向	阅读本位	写作本位
教学意图	以培养阅读能力为取向，重文本内容的理解、感悟和积累。	以培养写作能力为取向，重言语形式的理解、感悟和运用。

续表

同课异构	《与象共舞》（A版）		《与象共舞》（B版）	
学习目标	1. 能正确认读"熟视无睹、松弛、按摩、尴尬、彬彬有礼、绅士、气氛、冲锋陷阵、小心翼翼、翩翩起舞"等词语。 2. 能正确、流利地朗读课文的相关语段。 3. 能运用"摘录中心句"的方法概括段落大意，了解泰国的独特风情。 4. 依托重点语段，通过表情朗读、角色置换、想象体悟等方式，感受人象合一的美妙奇观，引发对人与自然和谐相处的思考。		1. 能正确认读"熟视无睹、松弛、按摩、尴尬、彬彬有礼、绅士、气氛、翩翩起舞"等词语，积累几个带"睹"字的成语。 2. 能正确、流利地朗读课文的相关语段。 3. 理解题目和内容之间的关系，初步体会题目的双关作用，扩大命题范围。 4. 依托重点语段，感受语言表达的节奏和精确，体会人和象关系密切、和谐相处的美好境界。	
预习要求	1. 通读课文，读准文中出现的生字新词。 2. 搜集一些反映泰国风土人情的资料，文字和图片均可。		1. 通读课文，找一找带"睹"字的成语，例如"熟视无睹"等。 2. 猜想课题，如果这是一篇命题作文，你会写些什么、重点写什么。	
教学过程	主要策略	意图	主要策略	意图
	一、抓成语感受风情 1. 出示文中五个带生字的成语，指名读，集体读。	1. 对重点新词正音，能通读课文。	一、抓成语积累成语 1. 由文中的"熟视无睹"带出"有目共睹、先睹为快、耳闻目睹"等成语。	1. 以课文中成语为线索积累更多成语。

续表

同课异构	《与象共舞》（A 版）		《与象共舞》（B 版）	
	主要策略	意图	主要策略	意图
教学过程	2. 以五个成语为线索，出示文中的相关句子，指名读，师生合作读。 3. 以五个带成语的句子为语境，引发学生对泰国大象的种种质疑。	2. 通过新词创设语境，激活阅读期待。	2. 出示文中新词——松弛、按摩、尴尬、气氛，朗读正音。 3. 根据四个新词出示文中的四个句子，要求学生将四个带"睹"字的成语分别填入句中。	2. 借助课文语境运用成语，并实现整体感知。
	二、抓中心句把握主旨 1. 提炼读法。通过概括一、二两段段意提炼出"中心句摘录法"。 2. 迁移读法。用"中心句摘录法"概括后面三段段意。 3. 聚焦主旨。哪个中心句能回答泰国大象如此奇特的原因？	1. 传授"摘录中心句"概括段意的方法。 2. 借助"文眼"（第三段中心句）把握全文中心。	二、抓课题质疑写法 1. 解释课题的字面意思。 2. 你来写《与象共舞》这篇命题作文，会写什么？ 3. 联系"与象共舞"这个题目，发现作者的写法是否出了问题。	1. 通过对课题表层意思的解释，引发学生对文章写法的质疑。

续表

同课异构	《与象共舞》（A版）		《与象共舞》（B版）	
	主要策略	意图	主要策略	意图
教学过程	三、抓重点段深化理解 1. 聚焦课文第五段。 2. 反复变换角色体验"人象合一"的境界。先将语段中的"观众"称谓换成"我们"，表情朗读，再将"大象"称谓换成"我们"，表情朗读。 3. 想象体悟：舞蹈的观众在对大象说什么？舞蹈的大象在对观众说什么？	1. 借助重点段，通过表情朗读、角色体验、想象情境等方式深入感受"人象合一"的美妙境界。	三、抓重点段体会表达特点 1. 思考：第五段中的哪些描写特别精彩？ 2. 通过扩词、比较、想象、还原等方法体会"拥"的精确和"描写大象舞蹈的语言"的节奏感、情味感。 3. 理解"与象共舞"的比喻义和语境义。 4. 感受全文"一语双关"的写法特点。	1. 借助重点段，体会文章在遣词造句上的写作秘妙。 2. 通过对课题深层含义的解读，感受全文"一语双关"的构思特点。
			四、抓课题扩展题型 1. 明白"与×共舞"是一种定格的词语形式，表示"和某某亲密无间、和谐相处"之义。 2. 逐层扩展题型：与蝶共舞、与狼共舞、与墙共舞、与飞碟共舞、与奥运会共舞、与上帝共舞等。	1. 扩展"与×共舞"这一词语格式，激发学生的写作愿望。

续表

同课异构	《与象共舞》（A版）	《与象共舞》（B版）
板书设计	人象合一	和大象一起跳舞 ⎫ 　　　　　　　　⎬ 一语双关 和大象亲密无间 ⎭

的确，《与象共舞》的两极之辩，于我是一次课程探索的冒险之旅，纠结、冲突，甚至思想分裂，不时折磨着自己的心灵。这是一个人的战争，我在战场上冲锋陷阵，浴血奋战，亦感受到一种突破思想重围的眩晕一般的高峰体验。

第一，超越"教法"。《与象共舞》使我再次确证，教法一旦失去方向，必将一无所获。正如寓言《南辕北辙》所示：你带的盘缠越多，马跑得越快，车夫的驾驶技术越高（"盘缠""马""车夫"可以隐喻"教法"），离楚国也就越远（"楚国"可以隐喻"语文本体"）。因此，我们对"教法"的选择与创设，必须进一步追问两个问题：我选择这些"教法"的目的是什么？我选择这些"教法"的依据是什么？目的之问即为本体之思，依据之问即为条件之思。本体乃"教法"的内因，条件乃"教法"的外因，两者缺其一，便不可能有"教法"的缘起。《与象共舞》两个版本的"教法"选择，完全自觉地服从和服务于课的价值取向和教学意图。因此，真正的"异构"不在"教法"，而在"语文本体"的确证。

第二，超越"教材"。其实，王荣生先生提出的教材作为"定篇"、作为"例文"、作为"样本"、作为"用件"的课程设计，正是对教材的一种超越，其背后已经隐含着对课程价值的学理思辨。只不过我的《与象共舞》并未按照这一视角超越教材，而是从一个更为根本和究竟的高度实现了对教材的超越，即"语文本体论"的学理思辨。在《与象共舞》的同课异构中，完全为了"阅读"和完全为了"写作"价值取向的不同，直接导致了课的"学习目标""预习要求""教学重点""教学策略""板书设计"乃至"教学效果"的完全不同。完全相同的"教材"，完全不同的"课型"，这正是本体论决定着对"教材"的终极超越。

第三，超越"教师"。《周易·系辞》中解释"易"说："生生之谓易"，"生生"就是生命永远不息的运动。这种运动的最大特点就是"新"，而且是"日日新"，所谓"日新之谓盛德"。《大学》中说："苟日新，日日新，又日新。""新"者，生命的超越也。宇宙一片生机，万物生生不息，无非地道、天道、自然之道。"教师"作为"人道"，超越自己、超越过去、超越思想，乃是对生命的自然亲近和崇高敬畏。《与象共舞》的同课异构，是我在诗意语文的跋涉生涯中的又一次超越。我很清楚，此番努力对当代语文教学的现状改变不了什么，但我更清楚，"士不可以不弘毅，任重而道远"。

　　超越，在万山之巅，永无止境。

【附录】

望 月

——致王崧舟老师

曾经那么近地望月
月是月华
月是皎洁
月是千江有水千江月

醉过荷花的诗意
借过草船的睿智
痛过圆明园的沉默
然后枫桥的钟声敲打我无眠的日子
高高
低低
声声化作长相思

月的桂树下有没有两小儿辩日
月的流辉里有没有慈母情深的期许
我静静地看
看鱼游到了纸上的禅意

仰头望月
把语文望成宫殿式的房子
是谁轻轻地一抹
抹出了整个世界的诗意

当语文成了一种信仰

烛照着
一种情怀
一份担当
你就是这样的人
我也开始了我的守望

望月
在语文的世界里
在无数个轮回里
用孤独慈悲干净的心地

月是月华
月是皎洁
月是千江有水千江月

林志芳

后 记

此书的诞生，想来也是一段天纵的文缘。

从1999年执教《万里长城》算起，我推出的观摩课已不下20个，年年翻新，未曾中断。其间，亦有诗意语文的同好或出版社友人建议我对这些课品稍加整理、结集成书。我起过心也动过念，但一直以来要么是冗务缠身、不得空闲，要么是才思塞滞、有头无绪，终究不曾动笔。

2009年暑假，林志芳老师提出有意整理我的课堂教学实录。我闻言诧笑一声，心说，这就是了。仿佛这书稿已然天成，只等着她来杀青了。

志芳是山东济南师范学校的讲师，主讲"小学语文教学"，因邂逅我的《慈母情深》一课，遂与诗意语文结缘。后经李振村先生提点，又与我的工作室结缘半载。她是极纯粹的人，性情的浓与才识的灵，究非常人可比。

"学问无论做得怎样高深，如果没有性情，便仍是身外之物，到头终归一场虚妄，等于从来不曾有过。一切学问根底，包括哲学科学的，都必要是诗意的才是真的学问。"（朱天文《淡江记》）

以志芳的性情与才识，她要做的必是真的学问。果不其然，这两年她一直执著于对我的教学思想的研究与推广。《诗意语文课谱》的编撰，于她，竟是开启了另一番生命的洞天。劳绩消解着诗意，诗意抵抗着劳绩。如她所言："我的这些零星的文字，同样是心灵间片刻闪过的言语，难免稚嫩，却是一种切肤的体认；难免浅陋，却是我教育生命的确证。"

合当有缘，志芳有着绝大多数一线语文教师所没有的课程与教学论的学养积淀，在书稿编写过程中，她不仅呈现了2001—2010年我的代表课品的教学实录，还将其还原在语文课程改革的大背景中，或阐明宗旨，或标举立场，或贯通史迹，或直指鹄的，从史学观和本体论的视野梳理了我的语文教育思想的轨迹，并以发展的眼光体察其中的每一次超越。

无疑，这样的编写早已超出了一般的实录整理，其观照的是诗意语文的文化品格和生命境界。志芳曾几次跟我交流，其所写的文字，之前胸无成竹，之后再难忆起，竟是随写随悟、随悟随写，便自然而然地生出这创造的秩序和觉悟来。

我说，我亦有同感。文缘强求不得，文字强作不来，因其通乎神明、关乎心性也。于是，此书便命名为"诗意语文课谱"。"课谱"一词是化用了"年谱"的，"年谱"为人立传，"课谱"为课立传，读者诸君想必能知其深意的。

书中的"课品综述"与"课堂品评"，皆为志芳所写，其细腻雅致、灵动跳跃的文字为我的课品作了"精确妥帖"（朱光潜语）的解读。"课程反思"则是我对自己的课堂教学在课程与教育哲学层面上的反思与说明。这些文字，有的是当时写就的，有的则是为了本书的编辑刚刚补述的，但愿它们能与我的课堂实践遥相呼应、互通精神。

文缘如花，萌动、绽放，化作春泥，而后，寂然、诗意地栖居在大地上。

王崧舟
2011 年 2 月 28 日

图书在版编目（CIP）数据

诗意语文课谱：王崧舟十年经典课堂实录与品悟/王崧舟，林志芳著. —上海：华东师范大学出版社，2011.3
　ISBN 978－7－5617－8471－6

　Ⅰ.①诗… Ⅱ.①王… ②林… Ⅲ.①小学语文课—教学研究 Ⅳ.①G623.202
中国版本图书馆CIP数据核字（2011）第041730号

大夏书系·名师课堂
诗意语文课谱
——王崧舟十年经典课堂实录与品悟

著　者	王崧舟　林志芳
策划编辑	朱永通
审读编辑	杨　霞
封面设计	奇文云海
责任印制	殷艳红
出版发行	华东师范大学出版社
社　　址	上海市中山北路3663号　邮编 200062
网　　址	www.ecnupress.com.cn
电　　话	021－60821666　行政传真 021－62572105
客服电话	021－62865537
邮购电话	021－62869887　地址　上海市中山北路3663号华东师范大学校内先锋路口
网　　店	http://ecnup.taobao.com/
印刷者	北京密兴印刷有限公司
开　　本	700×1000　16开
印　　张	18.5
插　　页	1
字　　数	320千字
版　　次	2011年6月第一版
印　　次	2024年3月第二十一次
印　　数	62 001－63 000
书　　号	ISBN 978－7－5617－8471－6/G·4988
定　　价	49.80元
出 版 人	朱杰人

（如发现本版图书有印订质量问题，请寄回本社市场部调换或电话021－62865537联系）